JN421021

독일 제3제국 시대의 장애인과 정신질환자들에 대한 강제적 안락사

죽음의 가스실

이 저서는 2019년도 부산교육대학교 교내 연구과제로 지원받아 수행된 연구임.

죽음의 가스실: 독일 제3제국 시대의 장애인과 정신질환자들에 대한 강제적 안락사
Copyright © 2019 Kim Ki-Heung All rights reserved.
This Edition was published by Jipmoondang in 2019, Seoul, Korea.

이 책의 저작권은 저자에게 있습니다.
이 책의 출판권은 **(주)집문당**에 있습니다.
저작권법에 의하여 보호를 받는 저작물이므로 무단전재와 무단복제를 금합니다.

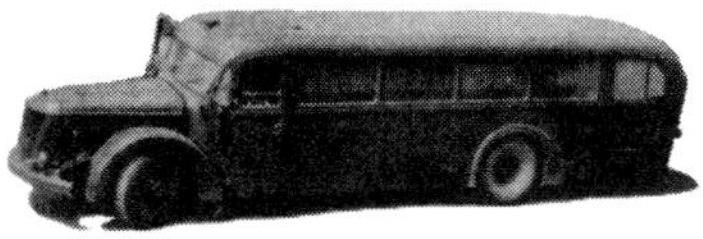

독일 제3제국 시대의 장애인과 정신질환자들에 대한 강제적 안락사

죽음의 가스실

김기홍 지음

집문당

죽음의 가스실
독일 제3제국 시대의 장애인과 정신질환자들에 대한 강제적 안락사

2019년 11월 30일 1판 1쇄

저자 | 김기흥
발행인 | 임동규
발행처 | **(주)집문당**
등록 | 1971. 3. 23. 제2012-000069호
주소 | 03134 서울시 종로구 돈화문로 82 집문당빌딩 5층
전화 | (02)743-3192~3 팩스(02)742-4657
이메일 | sale@jipmoon.co.kr
홈페이지 | www.jipmoon.co.kr

ISBN 978-89-303-1829-7 93300

가격 18,000원

이 도서의 국립중앙도서관 출판시도서목록(CIP)은 e-CIP홈페이지(http://www.nl.go.kr/ecip)와 국가자료공동목록시스템(http://www.nl.go.kr/kolisnet)에서 이용하실 수 있습니다.
(CIP제어번호: CIP2019042560)

"그런즉 믿음, 소망, 사랑, 이 세 가지는 항상 있을 것인데
그중의 제일은 사랑이라"

(성경, 고린도전서 13: 13)

머리말

오늘날 대부분의 국가들은 국민 개인이 가진 기본권인 인간 존엄성을 기본적으로 헌법에 규정하여 확고히 보장하고 있다. 역사적으로 볼 때 제1차 및 2차 세계대전에서 모두 패배한 독일은 1945년 연합군에 의하여 분단되어 분할 통치를 받은 후 1949년에 비로소 동·서독 정부가 각각 수립되었다. 특히 이때부터 구서독은 통일을 이룬 오늘날까지 기본법 제 1조 1항에 "인간의 존엄성은 저촉될 수 없다. 이것을 존중하고 보호하는 것이 모든 국가권력의 의무이다"라고 명시함으로써 인간 존엄성의 법적인 보장을 최우선적으로 선포하고 있다. 사실 이러한 인간의 절대적이고 무조건적인 존엄성의 법적 장치는 대체적으로 철학적 혹은 기독교 윤리적인 관점에서 출발하였다.

먼저 로마의 정치인, 변호사 및 문필가이자 철학자였던 키케로(Marcus Tullius Cicero, B. C. 106-B. C. 43)는 서력기원(西曆紀元) 전 시대에 있어서 이성적(理性的) 존재라는 이유로 유일하게 인간에게만 특별한 지위를 부여한 사상가였다. 또한 유럽의 계몽주의가 시작할 즈음에 독일의 자연법 철학자이며 역사학자였던 푸펜도르프(Samuel von Pufendorf, 1632-1694)에 의하면 인간이 존엄한 이유는 그가 이성(理性)이나 자율적 판단 혹은 자기결정력 등을 가졌기 때문이었다. 이어서 계몽주의 시대의 대표적인 철학자 가운데 한사람이었던 칸트(Immanuel Kant, 1724-1804)는 기본적으로 인간을 임의의 목적을 달성하기 위한 수단적인 존재가 아니라 목적적인 존재라고 보았다. 특히 그는 인간의 존엄성과 관련하여 인간이 가진 도덕적 자율성을 강조하였다.

한편 중세 시대의 도래와 함께 인간의 존엄성 개념과 관련하여 기독교

윤리적 관점이라는 새로운 사상이 나타났다. 즉 기독교적인 인간관의 핵심적인 사상 가운데 한 가지는 '하나님의 형상'(The Image of God)으로부터 출발하는데, 이는 인간은 창조과정에서부터 이미 다른 피조물과는 차별성을 가진 독특한 존재라는 점이다.

이처럼 전통적으로 철학적, 신학적인 사상들을 근간으로 하여 대부분 국가의 헌법에는 인간의 존엄성 및 평등사상이 법조항으로 명시된 것이다. 그럼에도 불구하고 독일의 히틀러와 민족사회주의자들은 특히 유대인뿐만 아니라 수많은 정신질환자 및 장애인을 대상으로 국가적으로 강제적 불임시술과 더불어 잔혹한 대학살을 자행하였다.

이에 본서에서는 특히 독일의 나치시대 당시에 장애인과 환자들을 대상으로 안락사 시설에서 행한 비인간적인 만행들을 고발하고, 이를 바탕으로 오늘날 다시 한 번 인간의 절대적이고 무조건적인 존엄성의 당위성을 논의하는 데 필요한 기초적인 정보를 제공하고, 또한 앞으로는 결단코 이러한 암흑의 역사가 되풀이되지 않도록 함께 고민하며 경계하기 위한 계기를 마련하고자 한다.

끝으로 이 책이 출판되도록 도와주신 집문당 출판사의 임동규 대표님과 관계인 여러분께 진심으로 깊은 감사를 드린다.

2019년 11월

저자 김기홍

차 례

제 I 부

서론

1. 연구의 필요성과 목적

2. 연구문제 및 연구방법

제 I 부

서론

1. 연구의 필요성과 목적

독일 제3제국 시대(1933-1945)에 아돌프 히틀러(Adolf Hitler, 1889-1945)와 그의 주된 추종세력이었던 민족사회주의자들은 그들의 집권기와 더불어 1939년부터 1945년의 제2차 세계대전 중 특히 장애인들을 소위 "살 가치가 없는 목숨(Lebensunwertes Leben)"으로 분류한 후 살해시설을 통하여 국가 주도의 계획적이고도 비인간적인 대량 학살을 자행하였다.

히틀러는 1889년 4월 20일 독일과 오스트리아 사이의 인(Inn)강과 접한 오스트리아 소재인 브라우나우(Braunau)에서 태어났다. 소작농이었던 히틀러의 선조들은 오스트리아 동북부에 위치한 주(主)인 니더외스트라이히(Niederoestereich) 출신이었으며, 그의 아버지 알로이스 히틀러(Alois Hitler, 1837-1903)는 오스트리아의 고위직 세관 공무원이었다. 1905년 히틀러는 성적 미달로 졸업을 하지도 못한 채 실업학교(Realschule)를 떠났으며, 이어서 1907년과 1908년 두 차례 빈(Wien) 미술대학에 입학지원

아돌프 히틀러

을 하였으나 잇달아 실패하고 말았다. 이에 히틀러는 한 동안 그림 엽서를 그리는 화가로 활동하며 생계를 유지하였다(Bauer, 2008).

1913년 5월에 그는 오스트리아의 병역 의무를 회피하기 위하여 독일 뮌헨(Muenchen)으로 이주하였으며, 그 이후 제1차 세계대전(1914-1918) 중에 자원병으로 바이에른(Bayern)군의 연대(聯隊) 전령으로 서부 전선에 투입되어 근무하였다. 히틀러는 전쟁 중에 여러 번 생명을 위협받을 정도의 부상을 당하였으며, 1918년 10월 영국의 가스 공격으로 일시적으로 시력을 잃기도 하였다.

1919년 9월 12일에 히틀러는 뮌헨 국방군(Muenchener Reichswehr)의 선전부 소속의 비밀정보원(Vertrauensmann: V-Mann)으로서 처음 독일 노동당(Deustche Arbeitspartei: DAP)과 접촉하고 일주일 후에 당원으로 가입하였으며, 1921년 7월에는 결국 독일 노동당의 당수에 오르게 되었다. 특히 그는 바이에른(Bayern) 지역의 경찰, 국방군 및 민족주의자들의 두터운 신임에 힘입어 1923년 11월 8일과 9일 사이에 뮌헨의 한 맥주홀에서 이른바 히틀러폭동(Hitlerputsch)을 주도하여 바이마르 공화국(Weimarer Republik)을 전복하여 의회 민주주의를 제거하고 민족주의 독재 정권을 수립하려고 하였지만 실패하였다. 그 이후 히틀러는 11월 11일 바이에른의 우핑(Uffing)에서 체포되어 1923년 11월 14일까지 보호 수감되었으며, 1924년 2월 21일까지는 미결수로 구류처분을 받았다. 이어서

1925년 7월 〈나의 투쟁〉 초판

1924년 2월 26일부터 같은 해 4월 1일까지 뮌헨의 특별재판소에서 재판을 받은 후 반란죄로 5년 금고형을 선고받았다. 그러나 히틀러는 이러한 재판 과정을 오히려 자신의 반공화정 사상을 선동하는 장(場)으로 이용하기도 하였다. 그는 실제로는 약 9개월의 수감 생활 후 1924년 12월 20일 이른바 모범수로 조기 석방되었다. 이때 히틀러는 자신의 수형 생활 기간 중에 그의 핵심적인 사상이나 가치관을 엿볼 수 있는 자서전인 "나의 투쟁" (Mein Kampf)을 저술하였다(Bracher, 1997).

1933년 1월 30일 히틀러는 바이마르 공화국의 대통령이었던 힌덴부르크(Paul von Hindenburg, 1847-1934)로부터 제국 수상으로 임명되었다. 그러나 그는 힌덴부르크 대통령 사후에 즉시 총통(Fuehrer)과 제국 수상(Reichskanzler)직을 겸하여 장악함으로서 당(黨), 정부 및 국가의 모든 고위 관직을 자신의 손아귀에 움켜쥐게 되었다. 동시에 히틀러는 최고명령권자로서 국방군으로 하여금 자신의 이름으로 충성맹세를 받기도 하였다.

1935년 9월 15일 독일제국의회는 민족사회주의의 근간을 이루는 정치이념 가운데 하나인 인종주의(racism)를 실현하기 위하여 뉘른베르크 인종법(Nuernberger Rassengesetz)을 공포함으로써 유대인 및 타민족을 탄압하고 말살하려는 법적 근거를 마련하기 시작하였다.

이어서 1939년 1월 30일 히틀러는 독일제국의회에서 행한 연설에서 유럽 내 유대인들을 말살하기 위한 새로운 세계대전의 필요성을 역설하였다. 결국 같은 해 3월 15일 독일 국방군은 체코슬로바키아를 점령하였고, 5월

파울 폰 힌덴부르크

23일에는 계속하여 독일 국방군의 모든 장군들에게 동부유럽에 대한 영토 팽창 정책인 "생활공간"(Lebensraum) 이념과 동시에 타국에 대한 자신의 공격 계획을 밝히기도 하였다. 결국 독재자 히틀러는 같은 해 9월 1일 폴란드에 대한 기습 공격 명령을 국방군에 하달함으로서 피비린내 나는 제2차 세계대전이 시작되었던 것이었다(Burleigh, 2000).

한편 1939년 8월 23일에 맺은 독-소간의 불가침조약을 일방적으로 파기한 히틀러는 다음 해인 1940년 7월 31일 소련에 대한 공격 계획을 지휘관들에게 전달하였고, 12월 18일 이른바 "바바로사 작전"(Unternehmen Barbarossa)에 서명하였다. 특히 히틀러는 군 지휘관들에게 이 전쟁을 동유럽에 대한 "멸절전쟁"(Vernichtungskrieg)이라고 강조하였으며, 결국 1941년 6월 22일 선전포고도 없이 소련에 대한 공격이 시작되었고, 점령지역에 대한 나치 친위대(Schutzstaffel: SS)와 이에 예속된 정보기관원(Sicherheitsdienst: SD)들에 의하여 조직적인 학살이 자행되었다. 독일의 패전이 가까워진 1944년 9월 25일에 히틀러는 병역 수행 능력이 없는 아동과 노인들까지도 특별부대에 편성하여 국경선 방어에 투입하기도 하였다. 1945년 1월 30일 히틀러는 마지막 라디오 연설을 하였는데, 이때 그는 연합군에 끝까지 저항할 것을 선동하며, 최후의 승리(Endsieg)를 맹세하였다. 같은 해 4월 29일 히틀러는 자신의 오랜 연인이었던 브라운(Eva Braun, 1912-1945)과 결혼식을 거행한 다음날 패전을 예감하고 부부는 베를린 총통 관저의 지하 방공호에서 함께 스스로 목숨을 끊어 생을 마감하였다(Frei, 2013).

다윗의 별(Davidstern)을 부착한 유대인

히틀러와 민족사회주의자들이 시종일관 지향하였던 주요 정치이념으로는 특히 반유대주의를 비롯하여 인종주의, 생활공간주의 및 민족공동체 사상 등을 들 수 있다. 먼저 그들은 특히 유대인들에 대해 역사적으로 중세시대부터 이미 오랫동안 극단의 적대적 감정을 가지고 있었다. 즉 당시 유대인들은 독일의 일상적인 사회로부터 철저히 고립된 생활을 해야만 하였으며, 아울러 그들은 상의에 유대인을 상징하는 다윗의 별을 반드시 부착하여 구별되도록 하였다.

또한 유대인들은 유일한 직업으로는 주로 대부업에 종사하는 경우가 많았는데, 이로 인하여 그들은 종종 믿을 수 없는 존재로 거센 비난을 받아야만 하였다. 특히 그들은 예수 그리스도에 대한 배반 및 십자가형 등의 종교적인 역사적 이유로 은둔형의 민족적 경향이 강하였다. 이러한 배경을 기초로 독일의 히틀러나 민족사회주의자들은 유대인들이 가진 부(富)에 대한 시기심은 독일 경제의 피폐함을 전가하는 등 철저하게 그들을 이용하였다. 이를 통하여 유대인들은 모든 악의 화신으로 묘사되었으며, 동시에 그들을 자본주의나 공산주의와 동일시되기도 하였다(Graml, et al., 1993)

독일 나치 정권의 총체적인 이념의 기초는 인종주의(racism)와 사회적 다윈주의(social darwinism)라 할 수 있다. 이와 관련하여 동·식물계의 생태 환경에서의 자연법칙이라 할 수 있는 다윈주의적인 생존경쟁 사상이 인간사회와 국가 간의 관계까지 전이되기에 이르렀다. 그로 인하여 다양한 인종 가운데서 가장 우수한 인종은 아리아족이며, 또한 그중에서도 독일계 인종이 가장 뛰어난 종족인 이른바 "군주적 인종"(Herrenrasse)에 해당하며, 나머지는 그들의 지배를 받아야 하는 소위 '열등한' 인종으로 취급하였다.

이러한 독일의 인종주의적 우월 사상은 "생활공간이념"(Lebensraumideologie)과도 밀접한 관련성을 지니고 있었는데, 히틀러와 민족사회주의자들은 게르만 민족이 최고의 가치를 가진 인종이라 여겼기 때문에 이에 더 넓은 땅에 대한 소유권을 가져야 할 것으로 보았다. 독일의 독재정권은 동부 유럽쪽에는 소위 열등한 인종들이 살고 있기 때문에 동쪽에 대한 팽창정책을 통하여 새로운 공간을 확보해야 한다고 보았다. 이들의 장기적인 목적은 무력을 통한 세계 재패였으며, 이러한 정치적 이념을 바탕으로 그들은 이미 전쟁을 염두에 두었고, 이를 달성하기 위하여 특히 군비 확충에 주안점을 두었다(Grüttner, 2014).

그뿐만 아니라 인종학으로부터 인종우생학 사상이 유래하였는데, 즉 인종은 순수하게 유지되어야 하며, 이를 위하여 자연 도태는 촉진되어야 하는 것으로 보았다. 또한 유전적으로 건강한 후손을 생산하기 위해서는 이른바 '열등한' 인간은 근절되어야 한다고 보았다. 이러한 인종우생학 이념의 결과 가운데 한 가지가 바로 지체장애인과 지적장애인, 정신질환자 등에 대한 국가의 조직적이고 강제적인 안락사(euthanasia)를 자행한 것이다. 사실 "안락사(εὐθανασία, euthánatos)"는 고대 그리스 시대에서 "εὖ 혹은 eu"는 '좋은, 옳은, 아름다운' 등의 의미를 가지고 있다. 즉 고통의 경감, 위로 및 격려를 통하여 죽음의 과정을 용이하게 하는 것을 말한다. 그러나 민족사회주의시대 이후로 이 개념은 장애인, 환자, 노인, 반사회적 행동을 하는 사람 등은 무능력자로 여겨 "거추장스러운 존재(Ballaexistenz)"로 낙인을 찍어 그들의 삶은 사회공동체에 아무런 의미나 유용한 가치가 없으므로 가스, 약물 혹은 음식물 박탈 등을 통하여 대량 학살해야 한다는 뜻과 동일한 의미로 보았다(Klee, 1983).

그 당시에 민주주의 사상은 히틀러와 그 추종자들에게는 거짓이나 무책임하거나 혹은 파괴적인 사상으로 보이는 등 매우 부정적인 것으로 묘사되었다. 당시 민족사회주의 독일노동자당(Nationalsozialistische Deutsche Arbeiterpartei: NSDAP)의 과제는 우선 독일 사람들의 불분명한 사상들을 파악하는 것이었다. 그런 후에는 정치적으로 가장 결정적인 중심 사상이라고 여기는 것을 홍보하여 결국 대중들로 하여금 이른바 정치적 인종투쟁(Rassenkampf)에 참여하도록 선동하는 것이었다. 이들은 민족사회주의 독일노동자당(NSDAP) 그 자체를 국민들을 위한 유일한 세계관으로 동일시하였기 때문에 다른 정당의 존재는 의미가 없는 것으로 간주하였다.

한편 히틀러 정권에 있어서 민족공동체(Volksgemeinschaft)나 총통전권주의(Fuehrerprinzip) 사상과 관련된 슬로건은 예를 들어, “너는 아무것도 아니다. 너의 민족이 모든 것이다!”(Du bist nichts, dein Volk ist alles!) 또는 “총통은 명령을 내리고, 우리는 죽을 때까지 당신을 따른다”(Führer befiehl, wir folgen dir bis in den Tod) 등 전체주의적이며 독재적인 사상으로 철저히 무장되었던 것이다. 즉 이른바 순수 게르만 인종의 보존이라는 공동의 목적을 바탕으로 민족공동체는 총통의 우상화 깃발 아래에서 강력한 투쟁 공동체로서의 의미를 동시에 지니게 되었다(Kershaw, 1989).

이와 같은 여러 가지 정치 이념의 배경 가운데 특히 만성 질환자나 장애인들은 사회적인 관심으로부터 멀리 있는 존재였다. 히틀러와 민족사회주의자들은 이들을 “민족공동체의 짐”(Belastung der Volksgemeinschaft) 또는 “살 가치가 없는 목숨”(Lebensunwertes Leben) 등으로 분류한 후에 처절한 죽음 속으로 몰아넣었다. 이와 같은 만행에는 정신과 의사를 비롯하여 신경과 전문의, 소아과 의사 및 기타 전문의, 간병인과 시설행정 직원 등이 희생자들을 진단 · 평가하거나 살해하는 과정에 깊이 관여하였다. 장애인이나 질환자들의 생존 여부를 결정적으로 판가름 짓는 잣대로는 주로 치료 가능성, 교육 가능성 혹은 노동 가능성 여부 등이었다.

히틀러와 민족사회주의자들은 앞서 언급된 자신들의 주요 정치 이념들을 소위 합법적으로 실현하기 위하여 매우 많은 법령을 제정하였다. 특히 나치 정권은 언필칭 독일 국민들을 유대인들의 위협으로부터 보호하기 위한 명분으로 2,000여 개 이상의 반유대인법을 제정·공포하였다. 이 가운데 가장 대표적인 법이 바로 1935년 9월 15일 시행된 이른바 뉘른베르크 법령(Nuernberger Gesetz)이다. 이 법에 따라서 아리아족은 특히 유대인과는 결혼이 엄격하게 금지되는 등 본격적으로 유대인에 대한 대대적인 탄압이 시작되었다. 아울러 히틀러 독재정권의 인종주의적 망상은 유대인들뿐만 아니라 환자 또는 장애인들까지도 자신들에게는 위협적인 존재로 간주하였다. 즉 만성질환자나 장애인들은 아리아족 혈통의 순수함과 품질을 떨어뜨리고, 더 나아가 인류 사회의 발전을 가로막는 위해 요소로 보았던 것이었다. 이와 관련하여 1933년 7월 14일에 제정되고 1934년 1월 1일부터 발효된 "차세대 유전성 질병 예방법"(Gesetz zur Verhuetung erbkranken Nachwuches)은 아리아족의 혈통을 질병이나 장애 등 위험 요소로부터 보호하고자 함이었다. 그래서 히틀러는 이 법을 근거로 하여 해당 대상자들에게 국가적인 첫 번째 범죄 행위가 국가적인 차원에서 자행한 강제 불임시술이었다. 제3제국 시대인 1933년부터 1945년까지 이러한 범죄로 약 400,000여 명의 희생자가 생긴 동시에 수천 명의 대상자들 가운데 특히 여성들이 수술 시 부작용이나 후유증으로 숨지거나 수술 전에 스스로 목숨을 끊는 사람들도 발생하였다. 이 법에 적용되어 의무적으로 시술을 받아야 하는 대상으로는 먼저 선천성 지적장애를 비롯하여 조현병, 조울증, 유전성 간질, 유전성 무도병(舞蹈病), 유전성 맹 및 농, 유전성 중증 지체장애, 중증 알코올 중독 등이 해당되었다. 대상자들에 대한 불임시술의 실행 결정 여부는 당시 고등법원에 소속된 유전성 건강법원(Erbgesundheitsgericht)의 소관으로 되어 있었다. 또한 불임시술 여부는 고등법원과 유전성 건강법원에서 지정한 위생학 전문의 각각 한명으로 구성된 위원회가 결정권을 가졌다(Benzenhöfer, 1999).

히틀러와 민족사회주의자들의 우생학과 인종우생학에 대한 광적인 집착은 결국 "Aktion T-4"라고 명명된 대량 학살 프로그램을 통하여 절정에 이르렀다. 나치 정권은 수 만 명의 환자와 장애인들을 수송한 후에 특별 시설에서 독주사 및 독가스로 처참하게 살해하였던 것이었다.

이에 이 책은 히틀러와 그의 주된 추종 세력이었던 민족사회주의자들이 망상적인 정치 이념 아래에서 장애인들을 대상으로 살해 시설에서 자행하였던 반인륜적인 국가적 범죄를 고발하고자 한다. 아울러 앞으로는 결코 이와 같은 절대적이고 무조건적인 모든 인간의 기본적인 인간(생명) 존엄성이 훼손되는 역사가 되풀이되지 않도록 경계하는 데 필요한 자료와 계기를 마련하는 데 의미를 두고자 한다.

2. 연구 문제 및 연구 방법

이 책은 히틀러 치하의 안락사 시설을 통하여 자행되었던 수많은 장애인에 대한 대량 학살 행위의 실태를 알아보고, 이를 통하여 시사점을 도출하는 데 주요 목적이 있다.

이를 위하여 당시 6곳의 각 지역별로 설립된 안락사 시설들을 중심으로 히틀러의 "Aktion T-4" 프로그램에 따른 장애인 살육 실태에 대하여 현장 방문과 더불어 문헌 및 인터넷 정보 등 관련 자료들을 바탕으로 그 실상들을 살펴보고자 한다.

제 II 부

독일 제3제국의 지역별 대량 학살이 자행된 안락사 시설

1. 베른부르크(Bernburg) 안락사 시설
2. 브란덴부르크(Brandenburg an der Havel) 안락사 시설
3. 그라페넥(Grafeneck) 안락사 시설
4. 하다마(Hadamar) 안락사 시설
5. 하르트하임(Hartheim) 안락사 시설
6. 피르나 존넨쉬타인(Pirna-Sonnenstein) 안락사 시설

제 II 부

독일 제3제국의 지역별 대량 학살이 자행된 안락사 시설

히틀러와 민족사회주의자들은 1933년 3월 24일 "민족과 국가 위기 제거 법률"(Gesetz zur Behebung der Not von Volk und Reich), 즉 전권위임법(Ermaechtigungsgesetz)에 의거하여 입법권 등 모든 권력을 장악하자마자 장애인과 환자들에 대하여 가차 없이 강제적인 불임시술 프로그램을 실행하였다. 그뿐만 아니라 1938년 3월 12일 히틀러가 독일국방군을 진격시켜 합병한 오스트리아의 경우에도 1940년부터 1945년 사이에 최소한 약 6,000여 명의 남성과 여성들이 자신의 의지와 상관없는 불임시술을 받았던 것이었다(Drechsel, 1993).

나치 정권은 이른바 "열등한 생명"(minderwertiges Leben)에 대한 멸절 정책을 시종일관 지속하였는데, 이는 단지 이념적인 측면에서 뿐만 아니라, 비용과 이익과의 관계를 감안한 국가의 예산 절약 정책의 일환으로도 시행되었음을 알 수 있다(Fittkau, 2006).

이는 1945년 6월에 미국의 법률가이자 육군 장교였던 찰스 다머론

나치의 장애인에 대한 부정적 이미지 선동 포스터

(Charles Dameron, 1914-2002)이 조사관으로서 오늘날 오스트리아에 소재한 하르트하임(Hartheim) 지역의 옛 가스시설에서 이른바 "하르트하이머 통계"(Hartheimer Statistik) 자료가 든 철제 서류함을 발견하였다(Schwanninger, 2011).

이는 그 당시 안락사프로그램이었던 "Aktion T-4"의 내부 목적과 동시에 그림과 같이 당시 독일제국 내에 베른부르크(Bernburg), 브란덴부르크(Brandenburg), 그라페넥(Grafeneck), 하다마(Hadamar), 하르트하임(Hartheim, 오늘날의 오스트리아), 피르나-존넨쉬타인(Pirna-Sonnenstein) 등 총 6곳의 이른바 "Aktion T-4" 살해시설에서 자행된 장애인과 질환자들에 대한 월별로 독가스를 이용한 강제적 안락사와 관련된 통계자료를 담고 있는 총 39쪽 분량의 소책자였다. 그 당시 시설 관계자들은 이 자료들을 바탕으로 식료품비, 임대료, 인건비 등에 있어서 경비절감 대책을 마련하기도 하였다. 당시 독일 제3제국에 속한 지역에서 "Aktion T-4" 프로그램에 의거하여 설치된 전체 6곳의 학살시설에서 1940년 1월부터 1941년 8월까지만 최소한 약 70,000여 명 이상의 장애인과 정신질환자들이 독가스를 통하여 조직적인 집단 학살로 희생되었다(Kohl, 2000).

이러한 만행은 1941년 8월에 히틀러의 명령에 의하여 공식적으로 잠시 중단되었는데, 이에 결정적인 요인으로는 안락사 시설 주변의 소요 사태와 특히 가톨릭 및 개신교 교회 등 종교 단체에서의 거센 저항이 큰 작용을 하였던 것으로 보인다. 그러나 장애인과 질환자 등에 대한 제거 프로그램은

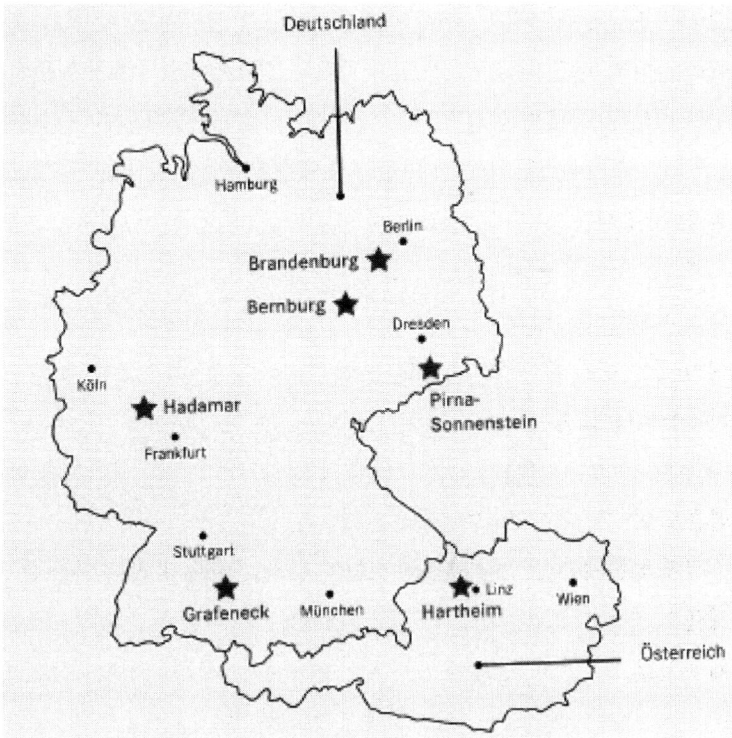

독일 3제국 당시 장애인 안락사 시설 지역 위치

1942년부터는 국가적인 차원에서 각 장애인 혹은 정신질환자 시설 등 각 지역들을 중심으로 은밀한 방법을 통하여 교묘하게 지속적으로 실행하였다.

더군다나 제2차 세계대전이 오래 동안 이어질수록 전상자들을 위한 병상이나 재원(財源)이 더 필요해졌고, 이에 따라서 의료인들은 요양원이나 의료시설에 있는 수많은 환자들을 임의적으로 살해하기도 하였다. 이를 흔히 '야만적 안락사'(Wilde Euthanasie)라 부르는데, 이때 희생된 환자나 장애인들은 당국으로부터의 다량의 약물 주사, 의료적 방치 혹은 의도적인 굶김 등을 통하여 목숨을 잃었다. 아울러 아동안락사와 관련하여서는 전쟁이 끝날 때까지 이어졌는데, 장애아뿐만 아니라 당시 사회적 규범이나 가치에 위배되는 일탈행동을 하는 아동 및 청소년들도 함께 그 대상에 포함되었다. 이러한 나치 정권의 국가적인 범죄 행각의 결과는 오늘날까지도 뚜렷하게 남아 있는데, 하나의 단적인 예로 다른 유럽 국가들에 비하여 독일이나 오스트리아의 경우에는 1945년 이전에 출생한 장애인의 수가 현저히 적은 것을 알 수 있다(Faulstich, 1998).

히틀러 독재정권은 베를린의 티어가르텐(Tiergarten)가 4번지에 본부를 두고 운영하였던 안락사 프로그램인 "Aktion T-4"를 통하여 총 200,000여 명 이상을 대량 학살하였다. 그들 가운데 지체장애, 지적장애 및 정신질환자들을 대상으로 1940년부터 1945년까지 약 70,000여 명 이상이 나치스 친위대(Schutzstaffel: SS), 의료인 및 간병인들에 의하여 무고하게 참혹한 죽음을 맞이한 것이었다(Hamm, 2005).

이에 히틀러와 그 추종자들은 이러한 광적인 국가 차원의 인종 및 보건 정책을 실현하기 위하여 당시 독일 제3제국 지역에는 1939년부터 1941년까지 <표 II-1>과 같이 총 6곳의 안락사 전문 시설을 설립하였으며, 총 70,273명의 장애인들이 비참한 최후를 맞이하였다.

나치 정권하에 장애인이나 환자들에 대한 안락사 프로그램은 주로 민족사회주의 독일노동자당(NSDAP)의 당 수뇌부 정치인이었던 필립 보울러(Philipp Bouhler, 1899-1945)와 외과의사이며 히틀러의 주치의였던 칼 브란트(Karl Brandt, 1904-1948)에 의하여 "아름다운 죽음"(Schoener Tod) 혹은 "자비로운 죽음"(Gnader Tod)이라는 미명하에 주도되었다. 장애인과 환자들에 대한 안락사 프로그램에는 여러 대학병원과 베를린 소재 "Aktion T-4" 프로그램 본부에 근무 중인 약 40여 명의 의사가 가담하였다. 그리고 장애인과 환자들은 3명의 의사가 직접적인 진단이나 평가 과정 없이 단지 서류로만 그들의 생사를 결정하였던 것이었는데, 의료진들의 주요 관심사는 선별 대상자의 노동 가능성과 치료 가능성 여부였으며, 이에 따라서 그들의 죽음과 삶이 결정되었다(Hinz-Wessels, 2015).

〈표 II-1〉 안락사 시설의 지역별 장애인 희생자 현황

지역별(현재)	안락사 시행 의사 명	직위(기간)	희생자 수(명)		합계
			1940 (년)	1941 (년)	
Bernburg (독일 Sachsen-Anhalt 주)	Irmfried Eberl(1910-1948) Heinrich Bunke(1914-2001)	원장(40.11-41.8) 부원장(40.11-41.8)	784	8,601	9,385
Brandenburg (독일 Brandenburg 주)	Irmfried Eberl(1910-1948) Aquilin Ullrich(1914-2001) Heinrich Bunke(1914-2001)	원장(40.2.1-40.11) 부원장(40.3-40.11) 부원장(40.8-40.11)	9,772	-	9,772
Grafeneck (독일 Baden-Wuettemberg 주)	Horst Schumann(1906-1983) Ernst Baumhard(1911-1943) Guenther Hennecke(1912-1943)	원장(40.1-40.11) 부원장(40.1-40.4) 부원장(40.4-40.12)	9,839	-	9,839
Hadamar (독일 Hessen 주)	Ernst Baumhard(1911-1943) Friedrich Berner(1904-1945) Curt Schmalenbach(1910-1944) Adolf Wahlmann(1876-1956) Guenther Hennecke(1912-1943) Bodo Gorgass(1909-1993)	원장(41.1-41.6) 원장(41.6-41.8) 원장(41.12-42.7) 원장(42.8.5-45.4) 부원장(41.1-41.6) 부원장(41.6-41.8)	-	10,072	10,072
Hartheim (오스트리아)	Rudolf Lonauer(1907-1945) Georg Renno(1907-1997)	원장(40.4-45.4) 부원장(40.5-41.8)	9,670	8,599	18,269
Pirna-Sonnenstein (독일 Sachsen 주)	Horst Schumann(1906-1983) Curt Schmalenbach(1910-1944) Klaus Endruweit(1913-1994) Kurt Borm(1909-2001)	원장(40.6-41.8) 부원장(40.가을-40.12) 부원장(40.12-41.4) 부원장(40.12-41.8)	5,943	7,777	13,720
합계					71,057

이처럼 히틀러와 민족사회주의자들은 국가적인 안락사 범죄 행위를 다음과 같은 시기 및 대상별로 단계적, 조직적으로 자행하였다(Kaul, 1973).

1. 아동안락사(Kinder-Euthanasie): 1939-1945

2. 성인안락사(Erwachsenen-Euthanasie): 1940-1945

1) “Aktion T-4” 프로그램(중앙정부적인 차원에서의 독가스 살해): 1940. 1-1941. 8

2) 중앙정부 주도의 안락사보다는 지역적 또는 안락사 시설 자체적인 차원에서의 약물 살해 혹은 기아사(飢餓死)를 통하여 학살함: 1941. 9-1945

3. “Aktion 14f13” 프로그램(다양한 강제수용소 시설의 병약자, 노인 및 노동 능력 상실자에 대한 안락사): 1941. 4-1944. 12

1) 1단계: 1941. 4-1944. 4

2) 2단계: 1944. 4-1944. 12

4. “Aktion Brandt” 프로그램: 1943. 6-1945

부상군인의 증가로 병상 부족 현상이 발생하여 이를 확보하고자 공중폭격이 비교적 적은 지역의 양로원, 치료 및 요양시설 환자들을 타 기관으로 대거 강제 이송시킴. 이 과정에서 시설 내의 환자들이 과밀 수용이나 의도적인 방치 및 과다약물 처방 등을 통하여 대량 희생이 발생함.

사실 안락사 프로그램인 “Aktion T-4”의 실행을 위하여 후일 이를 지원하기 위한 매우 다양한 위장단체들이 설립되었다. 예를 들어, “독일제국 치료 및 요양시설 노동조합”(Reichsarbeitsgemeinschaft Heil-und Pflegeanstalten)에서 의료팀은 장애에 대한 신청서와 의료적인 심사에 입안하였다. 그리고 “공익 환자이송조합(Gemeinnuetzige Krankentransportgesellschaft)”은 장애인 및 환자들에 대한 운송 방법에 대하여 강구하고 조직하였는데, 차량은 대부분 회색 버스들로 구성되었다. 그리고 인사관리 시스템은 “시설 공공재단(Allgemeine Stiftung fuer Anstaltswesen)”의 책임하에 운영되었다. 1939년 말경부터 시설 환자들에 대한 이른바 “계획 경제적인 등록(planwirtschaftliche Erfassung)”을 위하여 각 시설에 신고서 양식이 발송되기 시작하였다. 여기에는 환자의 질병 유형, 시설 거주 기간, 노동 능력 여부 등을 기입하도록 되어 있었다. 그리고 환자는 다만 자신의 신상명세서에 기록된 내용만을 바탕으로 의사, 대학교수 및 시설장 등 세 명의 심사위원의 각각 독립적인 판단에 따라서 환자의 생사가 결정되었다. 만일 세 명의 심사위원들 간에 상이한 판정이 발생할 경우에는 주임심사위원이 최종적인 결정을 내리기도 하였다(Kramer, 1996).

그리고 각 시설에는 환자에 대한 구체적인 정보를 기입할 신상명세서에 이어서 기관 자체의 건립 연도, 면적, 특별 시설 여부, 철도 연결 관계 등의 질문을 담고 있는 두 번째 서식 용지도 계속 발송되었다. 히틀러와 민족사회주의자들은 이러한 방식을 통하여 안락사 대상자들에 대한 살해에 적합한 시설의 각종 정보와 자료를 입수하고자 하였다. 그 당시 희생된 장애인과 환자들은 일반적으로 등록, 심사, 이송, 살해, 은폐 소각, 기만 및 부당이득 등의 과정으로 희생되었다(Loewy/Winter, 1996).

- 병원이나 공공 보호시설: 색인카드 및 명부에 행정상 등록. 시설 외부의 의료인에 의하여 노동 능력 여부를 기준으로 도태대상으로 선정. 시설 당국은 안락사 시설로 이송될 것으로 예상되는 수용자의 구체적인 정보를 가진 명부를 보관.
- 중간기착시설(Zwischenanstalt)로 이송: 이곳을 이송의 종착점으로 은폐하고, 또한 안락사 시설의 수용자 정원 초과 시 이를 완충지로 활용함. 주로 버스를 운송 수단으로 활용하였으며, 특별한 경우에는 대중교통 수단을 사용함. 안락사 대상자를 중간기착시설로 이송할 때 차량에 동승한 시설 직원은 이곳에서 다시 원래 근무지로 복귀함. 중간기착시설에서 안락사 시설로의 수송 인원수는 안락사 시설의 수용 역량에 따라서 결정됨.
- 안락사 시설: 가스, 주사, 독극물, 영양실조, 추위, 학대 및 처형 등을 통하여 대량 학살 자행.
- 희생자들의 시신은 소각처리: 특별히 표시된 희생자들의 발치된 금니는 시설이나 연구소의 부당이득에 활용.
- 안락사 시설 내의 독립된 호적 사무소에서의 행정적 처리: 공식적으로 위조된 사망확인서의 연속적인 발급. 더군다나 예를 들어, 하르트하임 안락사 시설과 브란덴부르크 안락사 시설은 공식 문서를 발송할 경우에는 상대방 시설의 발신인 주소 및 성명이 인쇄된 편지지를 각각 사용. 이러한 치밀하게 계획된 행정적인 위조와 거짓을 통하여 히틀러와 민족사회주의자들은 희생자의 가족들로 하여금 희생자 당사자들이 매우 멀리 떨어진 시설에서 사망하였음을 믿게 하려는 의도와 아울러 먼 거리까지 가족들의 개인적인 시설 방문이나 혹은 이를 통하여 예상할 수 있는 여러 가지 불만불평을 사

전에 차단하려는 의도를 가짐. 또한 이러한 시설 간의 위조된 우편물의 운송을 위하여 특별한 수송차량이 운영됨.

- 안락사 시설의 부당이득 편취: 타 시설에서 이송되어 온 장애인이나 환자들이 안락사 시설에 도착한 직후에 이미 살해되었음에도 불구하고 거짓으로 꾸며진 거주 기간 동안의 거주비를 비롯하여 숙식 등의 비용 청구서를 해당 가족들이나 의료보험조합 등에 발급하여 요구함.
- 희생된 사람들의 소각 처리된 유골 단지를 해당 유가족과 상관없이 임의적으로 발송함. 아울러 이 과정에서 발생하는 비용을 유가족들이나 의료보험조합에 첨부하여 발송함.

1. 베른부르크(Bernburg) 안락사 시설

베른부르크 안락사 시설은 작센-안할트(Sachsen-Anhalt) 주의 잘레(Saale) 강변에 위치하였으며, 주립 치료 및 요양시설의 일부에 속하였다. 이 시설은 1940년 11월 21일부터 1941년 8월 24일까지 존속하였으며, 민족사회주의 시대에 이른바 “Aktion T-4” 안락사 프로그램의 일환으로 운영되었다. 그 당시 Brandenburg, Sachsen, Schleswig-Holstein, Anhalt, Braunschweig, Mecklenburg, Berlin 및 Hamburg 등 총 39곳의 환자 및 장애인 치료 및 요양시설로부터 강제로 끌려온 남성과 여성 및 어린이 9,385명과 6곳의 강제수용소로부터 이송된 수감자 약 5천여 명 등이 가스실에서 일산화탄소를 통하여 대량으로 살해되었다. 그뿐만 아니라 그보다 훨씬 이전인 1934년에는 최소한 62명의 여성과 75명의 남성을 대상으로 베른부르크 시설에서 강제적으로 불임시술이 시행되었다.

또한 그들은 원근 각처의 여러 치료 및 요양시설에서 특별 버스 편으로 이송되어 왔으며, 안락사 시설에 도착한 직후에는 강제적으로 탈의하였으며, 아울러 결혼반지나 시계 등 개인적인 물건들은 모두 반납하여야만 하였다. 이러한 물건들은 직원을 통하여 소위 유산관리부(Nachlassabteilung)

에 등록되었던 것이었다. 또한 그들은 살해된 후에 사망확인서에 기록될 위조된 사인(死因)을 미리 결정하기 위하여 의사 앞에서 잠시 동안 진단을 받는 형식적인 과정을 거치기도 하였다(Schulze, 1999).

1940년 여름 베를린의 안락사 중앙본부에서는 브란덴부르크(Brandenburg an der Havel)에 설치된 'Aktion T-4' 프로그램에 따른 안락사 시설을 폐쇄하고 대신에 베른부르크 안락사 시설에서 이를 실행할 것을 결정하였다.

안락사 대상이 된 장애인과 환자들은 그들이 독가스실에 입장하기까지도 간병인들을 동행시킴으로써 끝까지 희생자들에 대한 범죄 행위를 숨기려고 시도하였다. 그런 후에는 샤워실로 위장 처리된 가스실 안으로 이끌려 결국은 일산화탄소가 실내로 주입되기에 이르렀던 것이다. 그리고 난 후에 시설 관계자는 밖에서 가스실에 설치된 작은 창문을 통하여 실내 희생자들이 죽어가는 끔찍한 경과를 살폈다.

1940년 11월 21일 베른부르크 안락사 시설에 첫 번째 안락사 대상의 수송차량이 도착하였다. 이때 수송버스 안의 장애인이나 환자 등 안락사 대기자들은 폐쇄되고 나무로 지어진 차고지에만 하차가 허용되었다. 그들은 하차 후에 완전 탈의한 후에 나이와 건강 상태에 맞는 위장된 사인을 미리 결정하여 나중에 사망확인서에 기입하기 위하여 담당 의사로부터 간단한 의료 심사를 거친 후에 등록 과정을 마치고 사진을 찍는 절차로 이루어졌다. 베른부르크 안락사 시설에서는 한 번에 약 60-75명의 희생자들이 병원 간병인과 간호사들에게 이끌려 지하에 설치된 14㎡ 크기의 가스실에서 질식의 고통 속에서 생명을 잃어갔다. 지하의 작은 가스실에는 3-5분 정도의 시간에 집중적으로 일산화탄소가 주입되었고, 그들은 죽음의 공포에서 소리를 지르고 문을 치기 시작하였다. 그러나 그들은 약 20분 후에는 결국 처참한 죽음을 맞이하였고, 잠시 후에는 지하실의 환풍기가 작동되어 죽음의 가스를 밖으로 배출하였다. 희생자들의 시신은 곧바로 옆에 위치한 소각로에서 즉각 처리되었는데, 이러한 참혹한 죽음을 당한 희생자들의 연령은 겨

안락사 시설 내 가스실의 일부

우 7세부터 84세까지 연령대가 포함되어 있었다(Merkel, 2007).

그리고 2-3주 후에 안락사 시설은 정형화된 이른바 위로편지(Trostbrief)와 사망통지서를 거주하고 있는 가족들에게 발송하였는데, 이때 동봉된 사망확인서에는 위장된 사인, 실제 사망 일시보다 2-3주 늦은 날짜로 위조한 사망 일자, 사망 장소 등이 기입되었다. 1941년 8월 24일 베른부르크 안락사 시설도 히틀러의 명령에 의하여 독가스를 이용한 살해 행위를 일시 중단하기도 하였다.

베른부르크 안락사 시설은 사실 1940년 10월 28일 폐쇄된 브란덴부르크 시설을 대체한 시설로, 맨 먼저 수공업자들은 당시 제2남자 숙소였던 건물의 지하실에 샤워실로 위장된 가스실, 시체실, 시체 해부실 등이 건설하였다. 그뿐만 아니라 당시 베를린에 위치하였고, 1887년부터 2012년까지 운영되었던 열기 난방 기구 생산 업체였던 코리(KORI) 사가 제작한 두 개의 시체소각로도 각각 설치되었다. 또한 그 당시 브란덴부르크 시설에 종사하였던 대부분의 직원들이 베른부르크 시설로 이동하였고, 이후로는 국가기관의 통제로 자행된 안락사 범죄가 이른바 'Aktion Brandt' 프로그램을 통하여 각 지역시설을 중심으로 계속하여 이어졌다. 오늘날 이 자리에는 히틀러와 민족사회주의자들에 의하여 베른부르크에서 안락사로 목숨을 잃은 사람들을 위한 기념관이 자리 잡고 있다(Klee, 1985; Hirschinger, 2001; Hoffmann, 1996).

1) 안락사 희생자들의 출신지

베른부르크 안락사 시설에서 희생된 수많은 장애인 및 환자 등의 출신지는 매우 다양하게 나타났다.

〈표 II-2〉 중간기착시설 현황 및 희생자 수

시설 명(과거)	시설 명(현재)	소재지 명	희생자 수 (명)
Jerichow 주립 치료시설	노동자복지 (Arbeiterwohlfahrt: AWO) 전문병원	Sachsen-Anhalt 주(州)의 Jerichow	390
Uchtspringe 주립 치료시설	Uchtspringe 대학부속병원	Sachsen-Anhalt 주(州)의 Uchtspringe	864
Altscherbitz 주립 치료시설	Altscherbitz 소재 작센(Sachsen) 병원	Sachsen주(州)의 Altscherbitz	1,385
-	Brandenburg 소재 Asklepios 대학부속병원	Brandenburg 주(州) 근교의 Goerden	1,110
Neuruppin 주립 정신과 병원	-	Brandenburg 주(州) Neuruppin	1,497
Teupitz 주립시설	-	Brandenburg 주(州) Teupitz	1,564
Koenigslutter 주립 치료 및 요양시설	노동자복지(Arbeiterwohlfahrt: AWO) 정신의학센터	Niedersachsen 주(州) Koenigslutter	423

즉 브란덴부르크(Brandenburg), 작센(Sachsen), 슐레스비히 홀쉬타인(Schleswig-Holstein) 등의 옛날 프로이센 주(州) 지역과 안할트(Anhalt), 브라운슈바이크(Braunschweig), 메클렌부르크(Mecklenburg) 등의 옛 독일 주와 베를린(Berlin), 함부르크(Hamburg) 등 주로 대도시 지역에 있었던 치료 및 요양시설에 거주하였던 사람들로 구성되었다. 또한 희생자들의 일부는 베른부르크 안락사 시설로 이송되어 본격적으로 살해를 당하기 전에 몇몇 요양시설이나 정신과 시설에서 몇 주 혹은 몇 달 동안 〈표 II-2〉와 같이 이른바 중간기착시설에 대기 중인 사람들도 포함되었다.

2) 연도별 희생자 수 현황

나치 정권이 저질렀던 장애인과 환자들에 대한 안락사 범죄의 연도별 희생자 현황과 관련한 통계 자료는 〈표 II-3〉과 같다. 1940년 11월부터 1941

〈표 II-3〉 연도별 희생자 수

1940년			1941년								
11월	12월	합계(명)	1월	2월	3월	4월	5월	6월	7월	8월	합계(명)
397	387	784	788	939	1,004	1,084	1,316	1,406	1,426	638	8,601
총 9,385											

년 8월까지 베른부르크 지역 안락사 시설에서 발생한 전체 희생자 9,385명 중 약 92%는 1941년에 히틀러와 민족사회주의자들에 의하여 자행되었음을 알 수 있다. 그리고 베른부르크 안락사 시설에 처음으로 수송되어 희생된 사람은 25명으로 1940년 11월 21일 노이루핀(Neuruppin) 지역 출신이었다.

3) 안락사 가담 의료인

또한 베른부르크 안락사 시설에서 환자 및 장애인들을 대상으로 안락사 행위에 가담한 자들은 주로 당시 의사들이었다. 안락사 프로그램인 “Aktion T-4”의 주동자였으며 경제학자이자 나치스 친위대(Schutzstaffel: SS) 고위직이었던 빅토르 브락(Viktor Brack, 1904-1948)과 히틀러의 외과 주치의였던 칼 브란트(Karl Brandt, 1904-1948)는 안락사 대상에 대한 실행 권한을 원칙적으로는 단지 의료인들에게만 허용하였다(Kater, 2002).

이는 히틀러가 1939년 9월 1일 자신의 전권위임서(Ermaechtungsschreiben)에서 안락사에 대한 권한을 의사들에게

빅토르 브락

칼 브란트

만 한정하였기 때문이었다. 즉 장애인과 환자들이 살해되는 가스실의 가스 조절 콕에 대한 모든 권한은 결국 해당 안락사 시설의 가스 살해 담당 의사의 손에 전적으로 달려있었던 것이다. 물론 안락사 과정에서 담당 의사의 부재나 혹은 다른 여러 가지 이유가 있을 경우에는 가스 밸브는 비의료인들에 의한 임의적인 조작도 가능하도록 허용되기도 하였다. 안락사 시설 내 모든 의료진들은 외부와 문서 교환을 할 경우에는 대부분 자신의 원래 이름을 표기하지 않고 대부분 서로 가명을 사용하였다(Mitscherlich/Mielke, 2004).

베른부르크 안락사 시설에서 장애인과 환자들을 대상으로 안락사 범죄에 가담한 의료진으로는 대표적으로 두 사람을 들 수 있다. 우선 1940년 11월부터 1941년 8월까지 시설장이었던 이름프리트 에베를(Irmfried Eberl, 1910-1948, 가명은 Schneider를 사용)과 1940년 11월부터 1941년 8월까지 부시설장이었던 하인리히 분케(Heinrich Bunke, 1914-2001, 가명은 Keller를 사용함)가 안락사에 적극 가담한 살해 의료인에 해당한다.

4) 베른부르크 안락사 시설에서 일시적 안락사 중단

1926년부터 1945년까지 존재하였던 제국 선전부(Reichspropaganda)의 최고 책임자이자 히틀러의 최측근이었던 요셉 괴벨스(Joseph Goebebels, 1897-1945)는 1941년 1월 31일 일자로 된 자신의 일기장에서 다음과 같이 기록하고 있다(Barth, 2003).

요셉 괴벨스

필립 보울러

> 보울러(Philipp Bouhler, 1899-1945)와 함께 정신질환자들에 대한 박멸과 관련된 문제에 대하여 암묵적으로 협의하였다. 4만여 명이 이미 제거되었지만, 아직 6만여 명을 더 없애야 한다. 이는 가혹하지만, 꼭 필요한 작업이다. 또한 이 일은 지금 실행되어야 한다. 보울러는 이 일에 가장 적합한 사람이다...(이하 생략).

당시 장애인들과 환자들에 대한 나치 정권의 살해 행위에 대하여 가톨릭이나 개신교의 종교지도자나 저명인사들의 공개적인 수많은 저항운동이나, 또는 이러한 범죄 행위에 대한 영국의 공중 홍보 전단물의 살포 등이 있었다. 이러한 움직임들이 당시 중앙정부의 통제 가운데 가스를 이용한 대량 학살 정책의 중단에 결정적인 계기가 되었는지, 또한 각 지역 시설이 임의적인 안락사 주체가 되어 자체적으로 과다한 약물중독이나 의도적인 영양 결핍 등을 통하여 안락사가 계속되었는지는 여전히 논쟁의 여지가 있다(Schmuhl, 1999).

5) 베른부르크의 "Aktion 14f13"과 "Aktion Reinhardt" 프로그램

히틀러와 민족사회주의자들은 먼저 "Aktion 14f13" 프로그램을 통하여 더 이상 노동 능력이 없거나 기타 다른 이유를 내세워 그들의 기대 밖에 있는 수감자들을 도태시키고 멸절하는 데 주요 목적을 두었다. 이때 희생자들 속에는 주로 남녀 유대인, 집시, 동성애자, 반사회적 행동장애인, 여호와의 증인, 강제노역자 등이 포함되었다. 이 참혹한 학살 프로그램은 강제수용소 안에 수많은 노동 불능자로 간주되었던 수용자들에 대하여 1941년 봄부터 가동되었던 것이었다. 그리고 히틀러 시대의 가장 대표적인 안락사 프로그램 중 하나였던 'Aktion T-4'는 당시에 자신의 노동 능력이나 치료 가능성 등의 여부에 따라 사회적으로 도태시키거나 경우에 따라서는 멸절시키기 위한 유일한 도구로 이용되었다. 이때 참혹하게 안락사를 당한 수많은 희생자들은 주로 노동 능력의 결핍뿐만 아니라, 소위 인종주의 및 종교적인 이유 등으로도 핍박과 학살의 대상으로 전락하였던 것이었다. 그리고 베른부르크 안락사 시설에는 부헨발트(Buchenwald), 그로스 로젠(Gross-Rosen), 플로센뷔르크(Flossenbuerg), 노이엔감메(Neuengamme), 라벤스브뤽(Ravensbrueck), 작센하우젠(Sachsenhausen) 등 다양한 강제수용소 출신의 수감자 약 5,000여 명이 강제로 이송되었다. 1943년 초여름까지도 부헨발트 수용소의 베르니게로데(Wernigerode) 분소(分所) 거주자들의 안락사 희생자들의 시신이 베른부르크 안락사 시설에서 여전히 소각되기도 하였다. 그 이후 이 시설의 폐쇄 조치가 내려졌고, 1943년 8월에는 결국 병원재단에 이 건물이 다시 양도되기에 이르렀다(Grode, 1987).

그 밖에도 브란덴부르크(Brandenburg) 안락사 시설장이었고 의사였던 이름프리트 에베를(Irmfried Eberl)은 그 이후에 동일한 신분과 자격으로 베른부르크에서도 활동을 하였다. 그는 1942년 여름부터 독일의 점령지였던 폴란드에서의 "Aktion Reinhardt" 프로그램을 실행하는 데 있어서 트렙린카

베른부르크 안락사 시설 시체 소각장

(Treblinka) 지역의 안락사 시설의 책임자로 일하였다. 이 프로그램은 원래 독일이 점령하였던 폴란드와 우크라이나 지역의 모든 유대인과 집시족 등에 대한 조직적인 학살 계획을 담고 있었는데, 1942년 7월부터 1943년 10월까지 160-180여만 명의 유대인이 비참한 최후를 맞이하였다. 아울러 폴란드의 바르샤바 등 5개 도시 출신의 집시 약 5만여 명도 벨첵(Belzec), 소비보어(Sobibor) 및 트렙닌카(Treblinka) 지역 등 세 곳의 안락사 시설에서 목숨을 잃었다. 이때에도 독일의 안락사 시설에서 근무하였던 대부분의 남자 직원들이 독일이 점령하였던 폴란드 지역에 파견되어 그곳에서도 안락사 관련 시설의 설치 및 운영 과정에서 결정적인 역할을 하였다(Klee, 1983).

6) 1945년 이후

구동독(Deutsche Demokratische Republik: DDR, 1949-1990)은 정부 수립 후 초기에 구동독 지역에 있었던 베른부르크 시설의 안락사를 주제로 사실 말을 꺼내기는 하였지만, 겨우 1980년대에 이르러서야 다만 몇몇 병원의 직원들 간에 서서히 그 내용에 대한 논쟁이 시작되었다.

1994년 작센 안할트(Sachsen-Anhalt) 주립 기념관이 건립되었고, 해마다 14,000여 명의 방문객들이 찾아오는데, 개별적인 방문보다는 대부분 학생들로 구성된 단체가 높은 비율을 차지하고 있다. 이 기념관은 현재 작센 안할트의 주립대학 병원의 일부에 해당하며, 원래 1875년에는 "주립베른부르크 정신질환자 치료 및 요양시설(Landes-Heil-und Pflegeanstalt fuer

Geisteskranke zu Bernburg)"로 건립되었다. 제2차 세계대전 이후에 구동독 정부는 이 병원을 야전병원 형태로 계속 운영하였으며, 이후에는 신경정신과 병원으로 사용하였다. 그러나 오랫동안 이곳에서 히틀러와 민족사회주의자들이 자행한 대량 학살은 은폐되어 왔던 것이었다. 그 다양한 이유들 가운데 한 가지는 무엇보다도 구동독 정부와 관련이 있었는데, 이는 그 당시 구동독 사회주의통일당(Sozialistische Einheitspartei Deutschlands: SED)은 베른부르크에서 자행된 나치시대의 안락사 학살 사건에는 큰 관심이 없었기 때문이었다. 구동독의 집권 사회주의자들은 나치시대에 많은 희생자들이 발생하였지만 사실 그들이 사회주의적 영웅에도 해당되지 않았을 뿐만 아니라, 더군다나 집시나 동성애자들 등과 같은 단순 소수자 집단들로만 보았기 때문에 쉽게 무시하였던 것이다. 이에 1980년 초에 소수의 병원 관계자들만이 그 역사에 대하여 일부 관심을 가졌지만, 구동독 정부는 실제로 국가적인 차원에서는 전혀 관심을 가지지 않았다(Klee, 1986).

2. 브란덴부르크(Brandenburg an der Havel) 안락사 시설

장애인과 환자들을 대상으로 안락사 시설이 있었던 브란덴부르크 안 데어 하펠은 독일 동부 브란덴부르크 주에 있는 하펠강 연안에 위치하고 2016년 말 현재 인구 71,664명의 작은 도시이다. 또한 베를린으로부터는 서쪽으로 약 80km 떨어져 있으며, 이 지역의 안락사 시설의 오늘날 주소는 니콜라이플라츠(Nicolaiplatz) 28/30번지, 14770 Brandenburg an der Havel이다.

안락사 프로그램인 'Aktion T-4'를 위한 브란덴부르크 지역 시설은 과거 18세기(1790년)에 300여 명의 빈민들을 위하여 지은 곳에 설립하였다. 이곳은 1931년까지는 교도소로 사용하다가, 1933년과 1934년에는 강제수용소로 잠깐 동안 용도를 변경하기도 하였다. 그러다가 1934년에서 1939년

브란덴부르크 안락사 희생자 기념관 외부

까지는 다시 감옥으로 운영되었다. 그러나 1939년 12월 초부터는 안락사 시설로 사용하기 위하여 개축 작업이 대대적으로 시작되어 장애인과 환자들을 대량으로 학살하는 현장으로 전락하였다(Bendig, 2003).

히틀러 시대에 장애인과 환자들을 대량으로 멸절시키기 위한 음모로 건립된 안락사 시설은 여러 공간들로 구성되었는데, 먼저 각 치료 및 요양시설에서부터 특별 차량들을 통하여 수송되어 온 장애인과 환자들을 한 자리에 모으는 접수실, 대상자들을 위한 탈의실 및 의사를 통하여 안락사 대상에 대한 신분을 재확인하는 대기(진단)실 등이 포함되었다. 이어서 직원이나 간병인들은 대상 환자나 장애인들을 샤워실 등으로 위장된 죽음의 가스실로 끌고 갔다.

사실 장애인과 정신질환자들을 대상으로 하였던 국가적인 안락사 범죄는 이미 1939년 10월부터 모든 치료 및 요양시설에 설문지 형태의 신고 양식들이 발송되었다. 이에 관련된 각각의 시설 책임자들은 설문지를 작성하여 상부기관에 보고하였고, 담당 의료진들은 시설관계자들의 협력을 통하여 안락사 대상에 대한 진단 평가를 실시하였다. 이후 안락사 대상자들은 대부분 버스를 타 곧바로 안락사 시설로 이송되었는데, 종종 이들은 중간 기착지에 몇 주 혹은 수개월 동안 머물기도 하였는데, 이는 국가적인 범죄 사실에 대하여 오랫동안 은밀하게 비밀로 하려는 술책의 일환에 해당하였다(Ley/Hinz-Wessels, 2012).

1) 장애인과 정신질환자들에 대한 대량 학살

1940년 초에는 "Aktion T-4" 프로그램의 주요 책임자들이 독가스와 독주

브란덴부르크 안락사 희생자 기념관 내부

브란덴부르크 지역의 과거 안락사 시설 건물 I

사 등을 이용한 대량 안락사 상황을 살펴보기 위하여 브란덴부르크 소재의 안락사 관련 시설을 방문하기도 하였다. 그러나 이러한 강제적 안락사 행위에서 희생자나 가담자의 정체 등 정확한 진행 과정에 대해서는 지금까지도 아직 명확하게 밝혀지지 않고 있다. 또 1940년 2월부터 10월까지 도심지에 위치하고 있는 브란덴부르크 안 데어 하펠 지역에서 장애를 가지거나 정신질환을 가진 약 9,000여 명 이상의 남자, 여자 및 아이들이 안락사로 인하여 비밀리에 조직적으로 희생되었다. 그 첫 번째 희생자는 작센(Sachsen) 주의 발트하임(Waldheim)에 소재한 요양원의 정신 질환을 가진 범죄자들이었는데, 1940년 2월 1일부터 이곳에 거주하는 235명의 남자들이 브란덴부르크 안 데어 하펠의 안락사 시설로 수송되어 생명을 잃었던 것이었다. 또한 며칠 후에는 독일 중서부 지역 주인 노트라인-베스트팔렌(Nordrhein-Westfalen: NRW)의 뒤셀도르프(Duesseldorf) 근교의 베트부르크-하우(Bedburg-Hau)와 쾰른(Koeln) 근처의 뒤렌(Dueren) 지역의 장애인 시설로부터도 범죄 경력이 있는 정신 질환자들이 열차편으로 발트하임(Waldheim)을 경우한 후 다시 브란덴부르크 안 데어 하펠에 소재한 죽음의 가스실에서 잔인한 최후를 맞았던 것이었다. 브란덴부르크에서 살해된 환자나 장애인들은 모두 약 80여 곳의 인

브란덴부르크 지역의 과거 안락사 시설 II(옛 희생자의 시체 소각장터)

근 시설, 특히 베를린이나 작센(Sachsen)에서부터 이송되어 이곳으로 끌려와서 강제적인 안락사를 통하여 살해되었던 것이다(Peters, 2011).

예를 들어, 몇몇 희생자들의 사례를 소개하면 다음과 같다. 먼저 프리다 레트슐락(Frieda Rettschlag, 1912-1940)은 경련성 간질을 앓고 있었으며, 이로 인하여 4세 때 치료 및 요양시설에 입소하여 늘 그곳에서 살았다. 그러나 1940년 그녀는 베를린 근교에 있는 노이루핀(Neuruppin)에 있는 중간기착지(Zwischenanstalt)에 잠시 머무른 후에 1940년 10월 14일 브란덴부르크의 안락사 시설로 이송되었다. 그리고 같은 날 그녀는 28세의 나이로 비참한 죽음을 맞이하였다. 그 당시 대부분의 희생자 유가족들은 이 일에 대하여 전혀 아는 바가 없었는데, 희생된 가족이 제기한 거처에 대한 질문에 단지 관계 기관은 다른 시설로 옮겼다는 것 외에는 특별한 대답은 하지 않았다.

또 다른 희생자의 사례 가운데 한 사람인 막스 복쉬(Max Bocksch, 1884-1940)의 경우를 살펴보면, 그는 청소년 시절에 반사회적인 행동으로 자주

교도소를 들락거렸으며, 대부분 구걸로 자신의 생계를 유지하였다. 1922년 그는 아우구스테(Auguste)와 결혼을 하였지만 자녀는 없었고, 다른 사람들과 자주 분쟁을 일으키곤 하였다. 그 후 1936년에 경찰은 그를 치료 및 요양시설로 데리고 갔고, 이곳에서 그는 자신이 황제이고 왕이라고 주장하였는데, 급기야 의사는 그가 미쳤다고 간주하고 자녀를 가지면 안 된다고 이야기하였다. 결국 1937년에 막스 복쉬에게 국가는 강제적인 불임시술을 명령하고 자행하였다(Reiter, 2007).

이어서 1938년 그는 다른 시설로 이동하였고, 1940년 1월에는 다시 노이루핀(Neuruppin)으로 이송되어 6월 7일에는 브란덴부르크 안락사 시설로 보내졌고 이윽고 56세에 결국 안락사로 목숨을 잃었다. 그의 부인인 아우구스테 복쉬(Auguste Bocksch)는 베를린에 거주하였고 그의 남편이 어디에 있는지를 알고자 하였다. 이에 그 아내는 1940년 6월 17일 노이루핀(Neuruppin) 관련 시설에 편지를 보냈지만, 6월 21일 시설장으로부터 남편이 어디에 있는지 알지 못한다는 거짓 답장을 받았다. 그러나 남편은 이미 2주 전에 브란덴부르크 안락사 시설로 이송되어 곧바로 숨진 것이었다. 그 당시 강제적 안락사 희생자들은 특별 버스를 타고 해당 시설로 이송되었고, 대부분 이송 당일에 의사들에 의하여 죽음을 맞이하였다. 수송버스는 해당시설의 큰 건물 앞에 정차하였고, 이 안에 가스실이 있었다(Vellguth, 2014).

환자 및 장애인을 안락사 시설로 수송한 차량

차량에서 하차한 희생 대상자들은 남녀로 먼저 분리되었고, 이어서 탈의를 해야 하였으며, 그들의 가슴에는 도장이 찍혔다. 그리고 시설 관계자들은 해당 장애인과 환자들을 담당 의사들에게 안내해 갔으며, 그곳에서 의사들은 최종적으로 그들을 살펴본 후에 멸절 대상 여부를 진단, 평가하였다. 그 후에 시설 담당 직원은 희생 대상자들에 대하여 사진 촬영을 하였고, 곧바로 그들은 가스실로 옮겨진 것이었다.

대부분의 살해시설이었던 당시 안락사 가스실은 '샤워실(Duschraum)' 등의 이름으로 위장 하여 마치 샤워실처럼 보였다. 이른바 샤워실 앞에는 가스통이 가스관에 연결되어 있었고, 이것은 가스실 바닥에 많은 작은 구멍들이 뚫린 관으로 이어져 연결되어 있었다. 아울러 내부에는 벽을 따라서 긴 의자들이 놓여 있었다. 한 번에 대략 18-20명씩 가스실로 입장하였고, 그들은 모두가 나체 상태였다. 그 이후에 문이 닫히고 화학자였던 알버트 비트만(Albert Widmann, 1912-1986)이 가스관의 밸브를 개방하였고, 독가스는 관을 타고 가스실로 주입되기 시작하였다. 1분여 뒤에 가스실의 사람들은 서서히 바닥으로 쓰러지거나 긴 의자에 눕기 시작하였다(Abmayr, 2009).

한편 독일의 화학자였으며, 1960년에 심문을 받았지만, 중병으로 재판이 중단된 아우구스트 베커(August Becker, 1900-1967)가 가스실 출입문에 달린 작은 창을 통하여 안을 살펴보았으며, 5분 후에는 가스실에 있던 사람들이 잠을 자는 것처럼 조용하였고, 이어서 가스실의 창문과 문은 열리고 가스실은 환기되었다. 이어서 몇몇 남자들이 사망한 사람들을 가스실로부터 끄집어낸 후에 시신 가운데 금니를 뽑아내었고, 곧바로 시체 소각로에서 수많은 죽음들이 소각 처리되었다(Mathias, 1987).

알버트 비트만

Landes-Pflegeanstalt Brandenburg a. H.

Brandenburg a. H., den 9. Juli 1940
Neuendorfer Straße 90c
Fernruf: Brandenburg 4272

Frau
Luise Koselowski
B e r l i n
Gollnowstrasse 33

Sehr geehrte Frau Koselowski,

in Erfüllung einer traurigen Pflicht müssen wir Ihnen die Mitteilung machen, dass der Patient Oskar Koselowski, der erst vor kurzem aus verwaltungstechnischen Gründen nach Brandenburg a.H. in unsere Anstalt verlegt wurde, hier am 8.Juli 1940 an einem Gehirnschlag verstorben ist.

Zu dem erlittenen Verlust sprechen wir Ihnen unser herzlichstes Beileid aus und bitten Sie, in dem Gedanken Trost zu finden, dass der Patient von einem schweren und unheilbaren Leiden erlöst wurde.

Auf polizeiliche Anordnung hin mussten wir die Einäscherung sofort veranlassen. Sollten Sie es wünschen, dass die Urne mit den sterblichen Überresten auf dem dortigen Friedhof beigesetzt wird, so übersenden Sie uns bitte eine Einverständniserklärung der zuständigen Friedhofsverwaltung. Die Übersendung der Urne erfolgt kostenlos. Falls wir innerhalb von 14 Tagen keine Mitteilung von Ihnen vorliegen haben, werden wir die Beisetzung anderweitig veranlassen.

Anliegend übersenden wir Ihnen 2 Sterbeurkunden zwecks Vorlage bei den Behörden mit der Bitte, diese sorgfältigst aufbewahren zu wollen.

Heil Hitler !

위로편지

한편 환자 및 장애인들에 대한 집단 살해 행각은 비밀리에 자행되었고, 안락사 시설에는 브란덴부르크시 당국의 소속인 소위 제2브란덴부르크 호적 사무소(Standesamt Brandenburg II)가 설립되었는데, 이곳에서는 모든 희생자들의 이름, 출생일 및 사망일 등을 기록하였다. 이와 같은 관청의 명의로 공공연하게 희생자의 사망 원인, 사망 일자 및 사망 장소 등에 있어서 위조된 사망증명서가 유가족들뿐만 아니라, 건강보험 및 공원묘지 등의 관련 기관에 발송되었기 때문에, 그들은 비밀리에 국가적인 범죄 사실을 교묘하게 은폐할 정도였으므로 일반 국민들은 희생자들이 언제, 어떻게 희생되었는지 도무지 알기 어려웠다. 특히 살해된 희생자들의 사망 일자를 위조한 이유는 결국 돈 문제였다. 그 당시 모든 장애인이나 환자들은 자신들이 생활하였던 시설에 관리비를 지불하였다. 이에 시설 관계자들은 이미 오래전 희생자들이 살해되었음에도 불구하고 유가족들이나 관계 건강보험 기관에 조작된 사망 일자를 통보하여 더 많은 비용을 청구하였다(Maruhn, 2002).

이러한 불법적인 재정은 베를린에 있는 "Aktion T-4" 안락사 프로그램 본부에 보내어졌고, 이는 수많은 안락사 시설의 관련 직원 월급이나 희생 대상자들을 수송하는 차량 운영비 및 인거비 등에 사용되었다.

안락사 희생자 유가족들에게 두통의 편지가 발송되었는데, 특히 여기에는 친인척의 죽음에 대한 유감 표시와 함께 장애나 질병으로 인한 고난에 찬 삶을 마감하였다는 위장된 위문편지(Trostbrief)와 아울러 폐렴이나 맹장염 등으로 변조된 사망증명서가 함께 동봉되어 있었다. 또한 이 편지의 내용 중에는 시신은 규정에 의하여 곧바로 소각되었고, 가족은 유골단지를 직접 받든지 혹은 안락사 시설의 인근 지역에 매장도 가능하다는 내용이 담겨있었다. 이에 대한 결정을 위하여 유가족들에게 2주 동안의 시간을 허락하였다.

그리고 희생자들의 사망 장소와 관련해서도 대부분 사실 브란덴부르크임에도 불구하고 남부독일에 있는 그라페넥(Grafeneck)이나 오스트리아의 하르트하임(Hartheim) 등 원거리의 다른 지역으로 위조되어 작성하였다. 이를 믿은 유가족들은 거리가 멀어 갈 수가 없었고, 그곳에 희생자들이 살았고, 또한 동일 장소에서 생을 마감한 것으로 고스란히 믿었던 것이다. 어떤 유가족들도 안락사 시설 안으로 들어올 수가 없었는데, 이는 그곳이 치료시설이나 요양시설이 아니고 살해시설이라는 사실이 알려질 수 있기 때문이었다. 이러한 안락사 시설의 거짓된 행정은 장애인이나 질환자들이 브란덴부르크에서 살해되었음에도 불구하고 일관된 거짓말은 위문편지나 사망증명서도 그라페넥이나 하르트하임 등 전혀 다른 지역의 안락사 시설의 명의로 위조되어 발송되었던 것이었다. 그곳에서도 또 다른 특별 호적 사무소가 개설되어 있어서 당시 6곳의 안락사 시설들이 관련 서류들을 상호 교환하여 조직적으로 계속적인 국가적 사기 행각을 일삼았던 것이었다. 예를 들어, 당시 대상자가 실제로는 브란덴부르크 안락사 시설에서 살해된 환자들과 관련된 서류는 그라페넥의 안락사 시설에 개설된 특별 호적 사무소로 발송되었다. 그러면 그라페넥의 호적 사무소는 브란덴부르크를 대신하여 자신의 명의로 된 편지지나 편지봉투를 이용하여 위문편지나 사망증명서가 작성되어 희생자들의 유가족에게 보내면 유가족은 자신의 친인척이 먼 거리에 있는 그라페넥 시설에서 사망한 것으로 감쪽같이 속았던 것이었다. 그 반면에 브란덴부르크 안락사 시설의 호적 사무소는 그라페넥이나 하르트하임 안락사 등 타 지역의 시설을 대신하여 위조된 서류를 동봉한 편지들을 관계 유가족들에게 발송하였다. 이처럼 나치 정권은 대부분의 희생자였던 장애인과 정신질환자에 대한 집단적 안락사 범죄를 오랫동안 철저히 은폐하였다. 지금도 여전히 희생자 유가족은 안락사 대상이었던 친인척들이 언제, 어디서, 무슨 일로 죽음을 맞이하였는지 전혀 알지 못하고 있다(Westermann et al., 2011).

이어서 세 명의 당시 안락사 희생자들의 사례를 소개하고자 한다(Richarz, 1987, Domes, 2008). 먼저 엘제 아스벤트(Else Aswendt, 1914-1940)는 여성으로서 베를린의 양말 가게에서 일을 하였다. 그러나 1933년 가을부터 그녀는 변하기 시작하였는데, 즉 고객들에게 더 이상 친절하지도 않았고 쉽게 흥분하거나 많이 울기도 하였다. 그리고 그녀는 다른 사람들은 보거나 들리지 않는 환시나 환청을 가졌던 것이었다. 1934년 아스벤트는 처음으로 대학병원에 갔으며, 그 후에는 치료시설로 보내졌다. 1935년에 베를린에 소재한 법원은 그녀가 아이를 가지지 못하도록 불임시술 판결을 내렸는데, 이는 엘제 아스벤트의 의지와는 상관없이 강제적으로 이루어졌다. 그 후에 그녀는 양(養) 가족과 더불어 아주 짧은 기간은 친 부모와 같이 살기도 하였지만, 대부분 시간을 치료 및 보호시설에 살았으며, 그곳에서는 특별 침대와 주사약물을 통하여 비교적 조용히 지냈다. 1938년 3월 그녀는 베를린 근교의 노이루핀(Neuruppin) 주립시설에 입소하였으며, 1940년 6월 20일 브란덴부르크 안락사 시설로 이송되어 결국 26세의 나이에 죽음을 맞이하였다.

이어서 클라라 야콥(Klara Jacob, 1901-1940)은 학교 재학 중 자주 낙제를 하여 진학을 하지 못하였다. 1924년 결혼을 하여 두 자녀를 낳았는데, 딸은 일찍이 사망하였고, 아들 발터(Walter)는 살아남았다. 그녀는 사실 전혀 문제가 없었는데, 어느 날 갑자기 자주 공포심을 가지는 등 변화가 일어나 1939년에는 스스로 치료 시설에 입소하였다. 그러나 남편은 그의 아내가 왜 갑자기 그렇게 많은 공포심을 가졌는지를 몰랐다. 1938년 의사의 말에 의하면, 클라라 야콥은 더 이상 아기를 가질 수 없다고 하였다. 왜냐면 그녀의 인지 상태가 양호하지 못하여 강제적인 불임시술을 받아야 하였기 때문이었다. 1939년 초에 법원은 그녀가 더 이상 아이를 가져서는 안 된다고 판결하고, 1939년 봄에 결국은 강제적으로 불임시술을 자행하였다. 그녀는 계속하여 베를린 치료시설에 오랫동안 거주하였고, 가족들이 종종 그곳을 방문하였으며, 그녀는 가족들에게 편지를 보내곤 하였다. 1940년 6월 26일 브란덴부르크 안락사 시설로 이송되어 39세의 나이로 목숨을 잃었다. 그러나 시설 관계자는 클라라 야콥의 유가족들에게 그녀는 1940년 7월 12일에 신장염으로 오스트리아 하르트하임에서 사망한 것으로 전하였는데, 사실 이 모든 것은 다 거짓이었다.

한편 쿠르트 하인츠 폰 크릭스하임(Kurt Heinz von Kriegsheim, 1901-1940)은 브란덴부르크 안 데어 하펠에서 태어났다. 그는 인문계 고등학교인 김나지움을 졸업하고 대학에서 공부도 하였는데, 1920년에는 머리를 다쳤다. 그 이후로 그는 처음으로 경련성 간질을 겪었으며, 이어서 1924년 그는 자신의 학업을 마친 뒤, 계속하여 부모와 함께 거주하였다. 그런데 그의 행동에 문제가 종종 발생하였는데, 다른 사람들과 자주 다투고, 게다가 자살을 시도하기도 하였다. 그래서 그는 브란덴부르크에서 멀리 떨어진 곳의 치료시설에 들어갔다. 그는 이곳에서 친절하게 일을 하면서 가족들에게 편지를 보내기도 하는 등 가족들을 많이 생각하였는데, 특히 그의 아버지가 사망하였을 때나 그의 형이 2차 대전에 참전해야 하였을 때는 매우 슬퍼하였다. 이어서 1940년 8월에 그는 어느 중간기착지시설에 왔는데, 같은 해 10월 23일 그는 결국 브란덴부르크의 안락사 시설로 끌려와서 39세의 나이로 목숨을 잃었다.

이처럼 브란덴부르크에서는 많은 사람들이 비참한 죽음을 맞이하였는데, 주로 치료시설이나 요양시설에 입소되었던 정신질환을 가진 범법자, 장애나 질병을 가진 아동 및 청소년 혹은 장애나 정신질환을 가진 유대인 등이었다. 그 가운데 특히 정신질환을 가진 범법자들이 브란덴부르크에서 가장 먼저 희생되었는데, 그들은 1933년부터 이른바 '위험한 상습범 및 안전과 개선을 위한 조치법(Gesetz gegen gefaehrliche Gewohnheitsverbrecher und ueber Massregeln der Sicherung und Besserung)'에 의거하여 나치 정권은 이들을 위험한 전과자로 간주하고 그들 자신뿐만 아니라, 모든 사람을 그들로부터 보호하기 위해서는 감옥보다는 환자로 취급하여 주로 치료나 요양시설에 입소시킨 것이다. 또한 이 법률은 민족사회주의 정권의 정적(政敵), 여호와의 증인, 남성 동성애자 혹은 국가 재정을 필요로 하는 빈자(貧者)들에게도 적용되어 희생의 제물로 전락하였다(Mueller, 1997).

예를 들어, 에리히 내저(Erich Naeser, 1899-1940)는 브란덴부르크에서의 첫 번째 희생자들 가운데 한사람이었다. 그는 1차 세계대전에서 총탄에 의하여 머리에 부상을 입었는데, 오랫동안 의식불명 상태에 있었고, 이로 인하여 나중에는 거듭해서 무능력자가 되었다. 이에 그는 연금수령자가 되길 원하였지만 계속 일을 해야만 하였다. 그는 다른 사람들과 종종 분쟁을 일으켜서 경찰과 자주 충돌을 일으키다가, 1935년에는 한 달 동안 감옥에 투옥되기도 하였다. 그는 그곳에서도 잘 지내지 못하였는데, 어느 날 그는 다른 재소자를 공격하여 중상을 입혔고 결국 숨지게 되었다. 이에 법정은 에리히 내저를 환자로 판결을 내리고 위험한 인물로 지목을 한 후에 자신의 의지와는 상관없이 감옥이 아닌 치료시설로 이송되어야 하였다. 그는 법원에 탄원서를 보냈지만 아무 소용이 없었고, 치료시설에서도 마찬가지로 직원들이나 다른 환자들과 다투는 등 잘 지내지 못하였다. 1940년 2월 1일에 그는 브란덴부르크의 안락사 시설로 보내졌고, 그의 나이 41세에 결국 생을 마감하였다.

이어서 하인리히 슐테(Heinrich Schulte, 1897-1940) 박사의 경우를 살펴보면 다음과 같다. 그는 1차 세계대전 중에 군인으로 참전하였다. 그 후에 대학에서 의학을 공부하여 의사가 되었다. 그러나 1926년 그는 자신이 변한 것을 감지하게 되었는데, 즉 무엇인가를 지나치게 골똘히 생각하거나 쉽게 흥분하는 등 정신적으로 문제를 느낀 것이다. 이에 그는 자신이 정신적인 질병을 가진 것으로 간주하고 스스로 요양시설로 들어간다. 그러나 그의 증세는 호전되지 않았고 결국 의사직을 중단하고, 문필가로 일을 하며 잡지에 글을 기고하기도 하였지만, 정신 건강 상태는 점점 더 심각해졌다. 이에 그는 1934년에 결국 후견인을 선정받았고, 어떤 일도 스스로 더이상 결정할 수 없게 되었다. 그리고 그는 며칠이 지나지 않아 경찰에 의하여 체포되었는데, 그가 기고한 글이 당시 나치 정권과 적대적인 프랑스를 옹호하는 내용이라는 것이었다. 이에 재판부는 슐테 박사가 반독일적이고 조국을 배신하여 위험한 인물이라고 판결하여 치료시설로 송치하도록 하였다. 그리고 1940년 3월 초에 중간 기착지 시설이 있는 작센(Sachsen)으로 옮겼다가, 같은 해 4월 4일 결국 브란덴부르크 살해시설에서 43세에 죽임을 당하였다.

그 당시 브란덴부르크에서 희생된 장애 및 질병을 가진 아동 및 청소년들은 모두가 브란덴부르크 괴르덴(Brandenburg-Goerden) 지역의 시설에서 왔으며, 약 340여 명 이상이 목숨을 잃었던 것이었다(Berger, 2013).

또한 의사들은 그들의 질병에 대하여 더 많은 정보를 수집하고자 이른바 시체를 정밀하게 해부하여 인체실험을 자행하였는데, 특히 그 가운데서도 희생자들의 두개골을 열어 뇌를 적출하여 수많은 의료진들이 있는 베를린의 카이저 빌헬름 연구소(Kaiser-Wilhelm-Institut)에 연구용으로 발송하였다. 그 당시 브란덴부르크 괴르덴 지역 시설의 시설장이며 신경정신과 의사였던 한스 하인츠(Hans Heinze, 1895-1983) 교수와 카이저 빌헬름 연구소의 의사이자 뇌 과학자인 율리우스 할러포르덴(Jullius Hallervorden, 1882-1965)이 함께 뇌를 중심으로 협동 연구를 실시하였다(Schreiber, 2001).

한스 하인츠 교수는 정신질환 아동 및 청소년들을 대상으로 의료 활동을 하였는데, 그는 브란덴부르크에서의 국가적인 안락사 범죄를 이미 알고 있었다. 이러한 대량 학살 프로그램에서 그는 아동 및 청소년들 가운데 멸절 대상자인 정신질환자들을 진단, 평가하였다. 한편 카이저 빌헬름 연구소에서 근무하였던 율리우스 할러포르덴 교수도 마찬가지로 이미 1940년 봄부터 브란덴부르크의 안락사 시설에서 많은 사람들이 학살당하고 있음을 알고 있었다. 그는 희생자들의 시체를 자세히 해부하고 연구하면서 질병과 몸의 관계성을 밝히기 위하여 노력하였다. 특히 할러포르덴 교수는 매우 많은 뇌를 조사하였는데, 당시 약 700여 개 이상의 희생된 아동 및 청소년들의 뇌가 안락사 시설로부터 제공되었다. 이를 연구한 관련 의사

율리우스 할러포르덴

들은 발견된 다양한 질병에 대한 보고서를 발표하고 동시에 이를 의학 전문 잡지에 기고하였다. 몇몇 보고서들은 1945년 이후에 출판도 되었지만, 뇌 연구에 관여한 의사들은 당시 뇌 연구의 중요성, 정당성 및 당위성을 주장하며 일말의 양심의 가책도 느끼지 않았다(Falkenstein/Schneider, 2012).

안락사로 희생된 사람들의 뇌 연구와 관련하여 먼저 베르너 뵈트거(Werner Boettger, 1925-1940)의 사례를 살펴보면 다음과 같다. 그는 자신의 부모와 함께 베를린 근교의 포츠담(Potsdam)에서 살았다. 그가 4살 때 백일해(百日咳)를 앓는 동시에 경련성 간질 증상이 거듭하여 나타났고, 결국 학교에 갈 수 없는 지경에 이르렀다. 그래서 7살 때에 그는 포츠담의 한 시설로 갔는데, 의사의 소견에 의하면 백일해로 인하여 뇌가 손상되었다고 하였다. 그는 이 시설에서 학교를 다녔지만 학습이 거의 불가능하였고, 12세 때 그의 머리를 다시 진찰하였는데, 뇌에 이상이 있어 많은 문제를 일으키고 거의 무능력하다는 소견을 내놓았고, 그는 브란덴부르크 괴르덴(Brandenburg-Goerden) 지역으로 이송되었다. 의료진들은 이 환자에 대하여 많은 것을 알고자 하였고, 특히 경련성 간질의 원인과 증상을 조사하고자 브란덴부르크 안락사 시설로 보냈고 결국 1940년 10월 28일 15세의 나이로 생을 마감하였다. 그의 뇌는 의료진들의 연구와 조사를 위하여 베를린으로 발송되었다.

이어서 엘리자베트 야로쉬(Elisabeth Jarosch, 1925-1940)의 경우를 보면, 그녀는 어릴 때 베를린으로 왔으며, 아주 짧게 학교를 다녔다. 엘리자베트는 매우 불안한 아이였으며, 종종 근육경련이 발생하였다. 이에 따라서 의사들이 재차 진찰하였지만 병명이나 원인을 알 수가 없었다. 그래서 그녀는 10세 때에 포츠담에 있는 시설로 갔으며, 그곳에서 엘리자베트는 처음에는 다른 아이들에게 매우 친절하게 대하였는데, 대부분 혼자 놀곤 하였다. 그러나 1937년부터 그녀의 신상기록부에는 좋지 못한 내용들이 기록되었는데, 예를 들어, 엘리자베트는 새로운 것을 배우지 못한다든지 혹은 다른 아이들과는 아무것도 할 수 없다고 보는 등 학습과 사회성에 문제가 있다는 것이었다. 이에 그녀는 브란덴부르크 괴르덴 시설로 옮겨졌고, 그곳의 의료진들은 그녀에 대해서 더 많은 것을 알고자 하였는데, 특히 그녀의 뇌에 대하여 관심을 가지고 조사를 하였다. 결국 1940년 10월 28일 그녀는 브란덴부르크 안락사 시설로 끌려갔고, 15세의 나이에 목숨을 잃었다. 그녀의 뇌는 의료진들의 연구 재료로 베를린의 카이저 빌헬름 연구소로 보내졌다.

2) 유대인 환자들에 대한 살해

히틀러는 1933년 7월 "차세대 유전성 질병 예방법(Gesetz zur Verhuetung erbkranken Nachwuchses)"을 공표함으로써 수많은 유전성 질환이나 장애를 가진 사람들이 강제적인 불임수술을 강요당하거나 시설에 감금되었다. 더군다나 유대인 안락사 대상자들에 대해서는 이른바 "T-4 특별프로그램(Sonderaktion)"이라는 미명하에 1940년 여름에 브란덴부르크 안 데어 하펠 중심지에서 당시 독일 제3제국 지배하의 있던 유럽의 유대인들에 대한 첫 번째 대량 학살을 자행하였다. 아울러 수많은 안락사 시설 관련자들이 브란덴부르크에서 독가스를 이용한 안락사 기술을 전수받아 모든 시설뿐만 아니라 독일이 점령한 폴란드 혹은 우크라이나 지역으로 추방된 모든 유대인들에 대한 멸절 프로그램에 적용하였다. 이것이 안락사 범죄에 깊이 관련된 나치스 친위대(Schutzstaffel: SS)의 고위 관리자였던 라인하르트 하이드리히(Reinhard Heydrich, 1904-1942)의 이름을 딴 이른바 'Aktion Reinhard' 프로그램이었다(Detzel, 1992).

특히 나치 정권 시대에 유대인들에게 적용되는 특별 법령에 의하면, 그들은 어떤 나라도 소유해서는 안 되고, 그들의 이름은 모든 사람들이 알도록 지어야 하였다. 예를 들어, 모든 유대인 남자들은 이스라엘(Israel), 여성들은 사라(Sara)라는 이름을 각각 붙여야만 하였고, 더군다나 그들은 이른바

나치 친위대 표장(標章)

라인하르트 하이드리히

신분카드(Kennkarte)라는 특별 증명서를 법에 의거하여 반드시 소지하여야 하였다. 이에 따라서 특히 유대인들은 1933년부터 독일제국에서 그 당시 열등한 민족으로 간주되어 매우 혹독하게 취급당하였으며, 이때 희생된 유대인들은 정신질환을 가진 유대인이라는 이유로 특별 집단으로 간주되었다. 당시 치료시설이나 요양시설에는 이들을 위한 특별명부가 비치되어 있었을 뿐만 아니라 환자 신상기록부에도 특별한 표식이 기록되어 있었다. 히틀러와 민족사회주의자들은 치료 및 요양시설에 유대인 환자나 장애인들을 다른 환자나 장애인들과는 함께 거주하지 못하도록 분리 조치 계획을 하였지만, 재정적인 부담으로 완전히 실행되지는 못하였다(Rensmann/Schoeps, 2008).

유대인 환자나 장애인에 대한 첫 번째 안락사 만행은 브란덴부르크에서 자행되었는데, 약 800여 명 이상이 희생되었다. 이러한 자료는 그 당시 안락사에 관여하였던 의사인 이름프리트 에버를(Irmfried Eberl, 1910-1948)의 근무일지에서 기록된 내용이었다. 여기에는 예를 들어, 유대인 희생 대상자들의 브란덴부르크 도착 일자, 이전에 거주하였던 치료 혹은 요양

신분카드의 앞면(좌)과 내면(우)

시설 이름 및 인원 수 등을 담고 있었다(Ley, 2010b).

당시 살해된 유대인 환자나 장애인들과 관련되어 먼저 리차르트 필립쉬탈(Richard Philippstahl, 1867-1940)의 경우를 살펴보면 다음과 같다(Kropat, 1997).

그는 유대인이었고, 그의 부인은 유대인이 아니었으며, 두 아이를 두었다. 이 가족은 20년 동안 브란덴부르크의 북서쪽에 위치한 비텐베르게(Wittenberge)에서 살았다. 그리고 1938년 11월에 유대인 박해의 밤(Pogrom-Nacht) 사건이 발발하였는데, 히틀러와 그의 추종자들이었던 민족사회주의자들이 유대인들을 무자비하게 공격하여 유대인 소유의 회당이

이름프리트 에버를

나 거주지 등을 대량으로 파괴하였다. 1938년 11월 10일 일단의 민족사회주의자들이 리차르트 필립쉬탈의 집으로 들어와서 집을 마구 부수었고, 가구 등 집기들을 가져갔으며, 그 과정에서 그의 아들 에른스트(Ernst)가 부상을 입었다. 이어서 리차르트 부자는 감옥으로 끌려가서 갖은 고문을 받은 후에 다시 석방되었다. 그러나 리차르트 필립쉬탈은 무의식 상태에 빠져 병원으로 옮겨졌고 온전히 건강을 회복하지는 못하였다.

1939년에 그의 가정에 불행이 계속하여 일어났는데, 먼저 리차르트 필립쉬탈이 노이루핀(Neuruppin) 지역의 시설에 들어가고, 민족사회주의자들이 그의 아들 에른스트를 학대하였다. 더군다나 그의 딸이 4월에 사망하였고, 몇 달 후에는 그의 부인도 결국 병환으로 세상을 떠났다. 리차르트 필립쉬탈에게는 이제 아들만 있었는데, 1940년 7월에 그의 아들은 아버지로부터 베를린 소재의 부흐(Buch) 지역 시설에 있다는 소식을 받았다. 이에 그 아들은 아버지를 방문하고자 하였지만 시설로부터 그곳에 있지 않다는 이야기를 전해 들었다. 그래서 그 아들은 이곳저곳 수소문을 하였지만 아버지의 소재를 알 수가 없었다. 그러던 중 1940년 11월 12일 아들 에른스트가 오늘날 폴란드 첼름(Chelm) 지역의 정신질환자 시설로부터 그의 아버지가 1940년 11월 11일 심장마비로 세상을 떠났다는 소식을 듣게 되었다. 그러나 그것은 모두가 거짓이었다. 사실은 그의 아버지가 이미 1940년 7월 20일 브란덴부르크의 안락사 시설로 이송되었고, 73세에 비참한 죽음을 맞이하였던 것이었다. 그런데 유대인이었던 리차르트 필립쉬탈의 실제적인 사망일이 위조된 이유는 돈 때문이었는데, 즉 민족사회주의자들은 그가 첼름 지역의 정신질환자 시설에 그때까지 살았다고 주장하며, 이에 대한 추가 비용을 가족들에게 청구하였다. 결국 나치 정권은 무고한 인명을 살상한 것도 부족해 사망일을 거짓으로 통보하여 가족들에게 희생자의 시설 비용을 더 많이 징수하는 파렴치한 처사를 보이기도 하였던 것이었다. 이에 그 당시 나치의 안락사 프로그램이었던 베를린의 "Aktion T-4"의 본부는 희생자들의 목숨을 담보로 엄청난 재정을 보유하게 되었다.

이처럼 죽음의 안락사 시설에 있었던 대부분의 유대인 환자나 장애인들은 살해되었고, 극히 일부만 살아남았지만, 1945년 종전 이전에 대부분 사망하였다. 이들은 베를린에 있는 유일한 이스라엘인들의 치료 및 요양시설에 수용되어 있었고, 그들을 위한 전용 병원도 한 곳에만 있었다. 그곳은 병상도 충분하지 못하였을 뿐만 아니라, 음식물도 부족하여 대부분 아사하거나 혹은 질병으로 목숨을 잃었다. 게다가 1941년부터 유대인 환자들은 폴란드에 있는 멸절 시설로 강제적으로 이송되어 그곳에서 독일 나치들에 의하여 살해되었다고 한다. 예를 들어, 쿠르트 넬한스(Kurt Nelhans, 1891-1940)는 유대인으로서, 1차 세계대전 중에는 군인이었지만 질병으로 인하여 진통제의 도움 없이는 살 수 없게 되었고, 이러한 그의 삶이 10여 년이나 넘었다. 그는 진통제를 복용하지 않고 살아가려 노력하였지만 성공하지를 못하였고, 약품이 필요하였지만 의사는 더 이상 처방전을 발급해주지 않았다. 그래서 그는 처방전을 스스로 위조하여 작성하였는데, 이는 엄연한 금지 사항이었다. 이에 1938년 그는 법정에 서게 되었고, 법정은 그를 위험한 인물로 판단하고 치료시설에 들어갈 것을 명령하였다. 이에 6개월간의 치료시설 생활을 마치고 집으로 가게 되었고 그의 상태는 호전되었다. 그러나 1938년 11월 이른바 유대인 박해의 밤(Pogrom-Nacht)이 발발하였고, 민족사회주의자들이 유대인을 적대적으로 간주하여 폭력적인 공격을 가하였다. 이것은 쿠르트 넬한스에게는 매우 고통스런 일이었고, 다시 그는 진통제와 더불어 마약까지 필요로 하게 되었다. 그는 결국 약물 중독자가 되었고 다시 치료시설로 들어가야 하였다. 1940년 7월 초 의사는 그에게 더 이상 문제가 없고, 신체도 건강하다고 말하면서, 추가적으로 그가 치료시설에 머물면서 마약 없이 사는 것을 배워야 할 것이라고 하였다. 그러나 결국 1940년 7월 쿠르트 넬한스는 수많은 유대인 환자들이 수감되었던 베를린의 부흐 시설로 이송되었고, 잠시 후에 다시 브란덴부르크 안락사 시설로 옮겨져 49세의 나이로 생을 마감하였다. 안락사 관계 시설은 유가족들에게는 그가 1940년 11월 10일에 사망하고, 첼름 지역의 정신질환자 시설에서 숨진 것으로 거짓 통보하였다.

또 다른 사례 가운데 알마 핀쿠스(Alma Pinkus, 1898-1940)는 유대인 여성으로 영유아보육을 공부하여 이러한 직종에 종사하였다. 그러나 그녀는 심한 위장병을 앓고 있었는데, 1931년 봄에 위출혈이 발생하였고, 이에 치료 및 요양시설로 이송되었다. 그리고 얼마 뒤 다시 퇴원하였지만 더 나아지지 않아 1934년부터 1940년 여름까지 다시 시설 입소하였다. 1940년 7월에 그녀는 또다시 유대인 환자들이 있는 베를린의 부흐 시설로 갔다가 결국 브란덴부르크 죽음의 시설에서 42세의 나이로 살해되었다. 그러나 나치 정권은 그녀가 1941년 1월 28일 첼름 지역의 정신질환자 시설에서 뇌막염으로 사망하였다고 주장하는 등 사망 일자, 사망 장소 및 사망 원인 등 일체를 조작하여 가족들에게 알린 것이었다.

3) 특별한 사례의 장애인과 환자

히틀러와 민족사회주의자들은 대부분의 장애인이나 환자를 브란덴부르크 안락사 시설에 도착한 후에 즉각적으로 무참하게 대량으로 살해하였지만, 몇몇의 경우에는 생존할 수 있었다. 당시 안락사 시설의 의사들은 모든 환자나 장애인들을 대상으로 진단을 통하여 이른바 '죽어야 할' 사람과 '살아도 될' 사람으로 구분하였다. 그 당시 대략적으로 약 18명의 남성, 1명의 여성 및 13명의 아동 및 청소년 등 극히 소수의 장애인이나 환자들이 아직 노동 능력이 어느 정도 잔존해 있다는 이유로 안락사 결정을 보류하였다. 그들은 브란덴부르크 안락사 시설 가운데 감방이 있는 건물에 약 1주일 동안 머물렀고, 그 후에 브란덴부르크 괴르덴 시설로 이감되어 그곳에서 몇 달을 지내다가 다시 다른 치료 및 보호시설로 옮겼다. 특히 13명의 아동 및 청소년들은 즉시 살해되지 않고 계속 살도록 허용되기도 하였다(Bendig, 2003).

그중에 마르고트 케베(Margot Kebe, 1935-1940)는 독일 동부의 작센안할트(Sachsen-Anhalt)의 우흐트쉬프린게(Uchtspringe) 지역 치료시설에서 살았는데, 그 후에 그녀는 1940년 9월에 브란덴부르크 안락사 시설로 옮겨졌다. 그러나 그녀는 즉시 안락사를 당하지 않고 5일을 계속 그곳에 머물렀다. 이후에 마르고트 케베는 괴르덴 시설로 옮겨졌지만 2주 후에는 열병과 함께 구토 증세가 일어나, 1940년 10월 7일 5세 때 결국 사망하였다. 당시 시설관계자는 가족들에게 그녀의 심장이 매우 약하였다고 전하였지만, 그것이 마르고트 케베의 실제적인 사인인지는 확인할 길은 없었다.

그럼에도 불구하고 당시 안락사 시설로 옮겨온 장애인이나 환자들 가운데 즉각적으로 죽음을 당하지 않은 사람들이라고 하더라도 모두가 살아남은 것은 아니었다. 앞에서 언급된 마르고트 케베 등과 같이 많은 경우에는 괴르덴 시설에서 숨을 거두었다. 동시에 일부 대상자들은 나중에 살해당하거나 2차 세계대전 이후에 곧 사망하기도 하였다. 다만 안락사 실행이 유보된 2명의 환자나 장애인만이 2차 대전 후에 괴르덴 시설에서 겨우 살아서 나올 수 있었다. 특히 안락사 대상의 장애인이나 환자 가운데 남성이 많이 차지하는 이유는 정확히 알려진 바는 없는데, 아마도 그들은 1차 대전 중에 독일을 위해 전투에 참여한 전상자 군인이었을 것이라고 짐작할 수 있다. 예를 들어, 아돌프 쉬타인보른(Adolf Steinborn, 1893-1972)의 경우에는 1940년 6월에 브란덴부르크 안락사 시설로 이송되어 왔다. 하지만 그는 즉시 죽음을 당하지 않았으며 괴르덴 시설에서 얼마간 거주하다가, 1946년에 그는 다시 호프눙스탈(Hoffnungstal) 지역 시설에 가서 살다가 1972년에 생을 마감하였다.

4) 희생자 시신에 대한 소각 처리

브란덴부르크 안락사 시설 내부의 창고에는 자체적으로 두 개의 시체소각로가 각각 설치되어 있었는데, 이는 가스실 뒤편의 별도의 공간에 마련되어 있었다. 그 당시 브란덴부르크 시민들은 종종 연기, 악취 혹은 소각로 불빛을 보기도 하였지만, 시체소각로의 굴뚝이 달려 있었는데, 낮게 설치되어 시설 외부로부터는 쉽게 눈에 드러나지 않았던 것이었다. 사실 처음에는 시체 소각로가 시내 중심지에 설치되어 있어 주변 시민들이 이를 통하여 밤낮으로 무엇인가를 소각하는 것을 알아채기 시작하였다. 그리고 베를린에서 1887년부터 2012년까지 운영되었던 열기난방 제작사인 코리(Kori)로부터 공급된 두 개의 이동용 시체소각로가 처음으로 이곳의 안락사 시설 내부에 각각 설치되었다(Perz et al., 2008).

따라서 나치 정권은 이러한 범죄 행각을 더 이상 비밀리에 진행할 수 없어 1940년 7월에 소각로를 다른 곳으로 옮겼는데, 이곳은 브란덴부르크에서 약 6km 떨어져 있으며 당시에 총 6가구가 살고 있는 파터담(Paterdamm)이라는 외곽지 작은 마을이었다. 이 소각로는 그곳의 한 부지에 들어섰고, 주변에 이미 있던 몇몇 건물들이 용도에 따라 개조되기도 하였으며 전깃불도 설치되었다. 이 부지에는 높은 나무판자로 된 담장이 둘러쳐졌고, 아무도 함부로 이 지역으로 들어올 수가 없었다. 나치의 친위대(Schutzstaffel: SS) 대원들로 구성된 경비병들이 삼엄하게 경계를 맡고 있었다. 그리고 이곳은 외부적으로는 화학 실험장이라는 이름으로 위장하기도 하였다(Ley/Hinz-Wessels, 2012).

아울러 장애인이나 환자 등 희생자들의 시신은 또한 민족사회주의 추종자들인 나치의 친위대 대원들에 의하여 소각되었다. 2차 세계대전 이후에 그들의 증언에 의하면, 희생자들의 시신들은 대량으로 한꺼번에 소각되었

코리(Kori) 사의 고정용(위)과 이동용(아래) 시체 소각로의 모습

으며, 이에 따라서 시신의 재를 개인별로 구분할 수도 없었다. 오늘날까지도 그 당시 범법자들에 의하여 소각 처리된 희생자들의 재의 용도나 소재지에 대해서는 여전히 불분명한 상태로 남아있다.

5) 안락사 범행 가담자

장애인과 환자들을 대상으로 자행된 학살 행위는 브란덴부르크 안락사 시설에서는 약 70여 명의 남녀 직원들에 의하여 실시되었다. 이들 가운데 대부분은 남자 직원이며, 그 이름도 대부분 알려져 있다. 그 당시 안락사 범죄 가담자들은 단지 안락사 시설 구역에만 거주하였고, 시내 외출은 허락되지 않았다. 장애인과 환자들에 대한 강제적 안락사가 비밀리에 진행되어야 하였으므로, 직원들은 시내의 숙박시설이나 식당 등의 출입이 금지되었고 어떤 사람들과도 이야기를 해서도 안 되었다. 또한 그들은 자신들만의 여가활동 프로그램을 만들어 함께 소풍이나 파티를 벌이며, 그들끼리 결혼을 하였고, 자녀를 키웠던 것이었다.

한편 의사들도 안락사 범죄에 깊이 관여하였는데, 원칙적으로는 의사들만이 환자나 장애인들에 대한 안락사 시행이 허락되었다. 안락사 시설에는 통상 2명의 의사들이 동일한 시간에 일을 하였는데, 즉 한 명은 안락사 시설의 시설장인 의사이며, 또 다른 한 명의 의사가 함께 근무하였다. 이 의사들은 모두 남자이며 대부분 30세 미만으로 구성되었고, 희생자들을 살해하는 데 직접 가담하였으며, 이는 히틀러의 지시였다. 당시 이곳의 의료진들은 안락사 대상자들을 잠시 살펴본 후에는 추후 사인에 대한 근거를 미리 찾기 위하여 질병에 대하여 확정하고 환자 개인 명부에 기입하였다. 이후 의사들이 가스관의 밸브를 열었고, 가스가 가스실로 주입되어 환자나 장애인들은 서서히 생명을 잃었던 것이었다. 이어서 의사들이 가스실 창문을 통하여 내부를 살피는 가운데 희생자들의 사망 여부를 확인하였다. 그 후에 의사들은 희생자들이 질병으로 사망하였다는 가짜 사망진단서를 발급하였다.

1945년 2차 세계 대전 종전 이후에 안락사에 가담한 의사들 가운데 몇몇은 스스로 목숨을 끊었으며, 또 다른 2명의 의사는 자신이 질병으로 재판을 받을 수 없다며 거짓으로 재판을 연기하였고, 그 이후에 유죄 판결을 받았지만 잠시 수감생활을 한 후에는 석방되었다. 예를 들어, 브란덴부르크 안락사 시설의 의사였던 아쿠일린 울리히(Aquilin Ullrich, 1914-2001)는 1940년부터 그곳에서 젊은 나이에 근무를 시작하였으며, 그 후에는 베른부르크 안락사 시설에서 동일한 업무를 맡았다. 또한 이어서 군인으로서 활동하였고, 전후에는 다시 의사로 재직하였다. 그는 강제적 안락사 범행 가담 의사로서 법정에 섰지만, 1988년에 이르러서 판결을 받았지만 20개월의 짧은 기간을 복역하고, 2001년 87세의 나이로 생을 마감하였다(Klee, 2005).

그 밖에도 당시 브란덴부르크 안락사 시설에 11명의 간병인과 4명의 간호사들도 희생자들의 대량 학살에 적극 가담하였다. 이들은 모두 이전에는 치료 및 요양시설에서 일하였던 인력들이었는데, 그 이후에 브란덴부르크 안락사 시설로 보내진 것이었다. 안락사 시설의 고위관계자들은 모든 간병인과 간호사들에게 당시 자행되고 있는 장애인과 환자들에 대한 안락사 행위에 대하여 설명하고, 이를 비밀로 할 것을 약속하기도 하였다. 그 때 간병인과 간호사들은 인근 장애인 시설이나 환자 요양시설로부터 안락사 대상들을 이송할 때에 함께 특별 수송버스에 동승하였다. 희생자들은 안락사 시설에 도착하면 모두 탈의해야 하였고, 이후 간병인과 간호사들은 희생 대상자들은 의사에게 간단한 검사를 받은 후에 곧바로 가스실로 안내되었다.

사실 2차 세계 대전 후 안락사 범죄에 가담한 간병인이나 간호사들 가운데 단지 소수만이 처벌을 받았다. 그러나 이들에 대한 재판은 1950년 이전에 다 이루어졌는데, 당시의 안락사 범죄에 가담한 간병인이나 간호사들은 엄한 처벌을 받았다. 이는 1950년에만 하더라도 많은 사람들이 여전히 장애인이나 환자들에 대하여 행해진 잔혹한 안락사 범죄를 기억하고 있었기 때문이었다. 예를 들어, 칼 드레멜(Karl Drehmel)은 25년 이상을 치료 및 요양시설에서 간병인으로 일을 하였다. 그 후에 그는 1940년 2월에 브란덴부르크 안락사 시설로 오게 되었고, 그곳에서 최고위 간병인이었다. 이어서 1940년 말에는 베른부르크 안락사 시설에서 근무하였지만 1941년 여름에 중병에 걸렸고 2차 세계대전 중 54세의 일기로 세상을 떠났다.

한편 최소한 7명의 경찰과 2명의 나치 돌격대(Sturmabteilung: SA) 대원들도 브란덴부르크 안락사 시설의 범죄에 가담하였다. 경찰은 주로 안락

나치 돌격대 표장(標章)

사 시설의 사무행정을 책임지거나, 안락사 대상들을 운송하는 차량의 운전자로 활동하였다(Longerich, 1989). 그리고 나치 돌격대 대원들은 희생자들의 시신을 나르거나 소각하는 일을 담당하였다. 1945년 이후 그들 가운데 다만 소수만이 법적 처벌을 받았고, 대부분 전쟁 중에 사망하거나 스스로 목숨을 끊어 자신의 생을 마쳤다. 그들 가운데 몇몇 예를 들어보면 다음과 같다.

먼저 프리츠 히르헤(Fritz Hirche)는 브란덴부르크 형사로, 1933년부터 민족사회주의 독일노동자당(Nationalsozialistische Deutsche Arbeiterpartei: NSDAP)의 당원이었다. 그는 1940년 봄에 브란덴부르크 안락사 시설로 왔고, 이른바 특별 호적사무소(das besondere Standesamt)의 행정 책임자였다. 이후에 그는 베른부르크 안락사 시설에서 근무하였으며, 나중에는 유대인들을 대량 학살하는 시설에서 근무하였다. 그리고 또다시 형사직으로 복귀하였고, 1945년 52세의 나이로 스스로 목숨을 끊음으로써 생을 마감하였다.

이어서 에리히 푹스(Erich Fuchs)는 나치돌격대 대원이었는데, 1940년 봄에 브란덴부르크 안락사 시설로 와서 희생자들의 시신을 나르는 차량의 운전자로 근무하였다. 그 이후에는 베른부르크 안락사 시설에서 근무하였다. 그는 1966년 재판을 받게 되었는데, 4년 금고형을 받았지만, 한번도 수감되지는 않았고, 78세로 1980년에 사망하였다.

아울러 비밀부대와 유사한 나치친위대(SS)의 경우에도 장애인과 환자에 대한 국가적인 범죄였던 대량 학살에 가담하였는데, 브란덴부르크 시설에서 최소한 17명의 나치친위대 대원들이 공범으로 깊이 관여하였던 것이었다. 그들은 브란덴부르크 안락사 시설에서 희생자들의 시신을 소각하고,

시신으로부터 금니를 뽑아내는 일을 담당하였다. 그리고 몇몇 나치 친위대원들은 브란덴부르크 안락사 시설이나 파터담에 있는 시신 소각로를 지키는 경비병으로 근무하였다. 그 밖에도 그들은 희생자들의 시신을 차량으로 운반하는 운전자로 활동하기도 하였다. 1945년 전쟁이 끝난 후에 나치 친위대원들은 장애인 및 환자에 대한 살인죄로 법정에 세워졌지만, 그들 중 소수만 처벌을 받았다. 아울러 친위대원 중 몇몇은 유대인에 대한 학살 범죄로 법적으로 처벌되기도 하였다. 예를 들어, 빌리 메치히(Willi Maetzig)는 브란덴부르크 안락사 시설의 경비병으로 근무하였는데, 그는 1933년부터 나치 친위대원이 되었다. 1940년 1월 말경에 브란덴부르크 안락사 시설로 왔고, 이 기관의 정문을 지키는 경비병으로 근무하였다. 그 이후에는 베른부르크 장애인 및 환자 안락사 시설에서 근무하기도 하였으며, 또한 유대인 학살 시설에서 일하기도 하였다. 1962년 그는 자신의 행적을 털어놓기도 하였다. 그러나 그는 후일에 심판대에 서지 않았고, 또한 어떤 처벌도 받지 않았다(Mueller/Zilkenat 2013).

그리고 장애인 및 환자들에 대한 안락사 범죄 행위와 관련하여, '특별 호적 사무소'에서는 최소한 5명의 남성과 11명의 여성 직원이 안락사 시설의 사무업무를 담당하였다. 이들은 모두 다른 시설에서 왔는데, 대부분 자원하여 이곳으로 왔으며, 이는 안락사 시설에서 많은 돈을 벌 수 있다고 들었기 때문이었다. 또한 이들은 히틀러와 민족사회주의자들의 대량 살인 범죄행각에 대하여 일체 함구하도록 약속하여야 하였다. 이 직원들은 주로 어떤 시설에서 언제 안락사 대상들을 운송하는지에 관한 업무를 책임졌던 것이었다. 또한 그들은 희생자들의 이름과 사망 일자 등이 기록된 카드식 목록표를 자세하게 기입하였다. 그리고 그들은 희생자들의 가족들에게 발송되는 편지, 즉 이른바 위로편지(Trost-Brief)를 작성하였고, 관련 의사들은 이에 서명을 하였다. 그뿐만 아니라, 이들은 희생자들의 위조된 사망 일자가 기록된 사망증명서를 준비하여 특별호적사무소 공무원들의 서명을 받기도 하였다. 그럼에도 불구하고 1945년 이후 관계 사무실 직원들은 거의 아무도 어떤 재판을 받지 않았으며 따라서 처벌도 받지 않았다.

그 밖에 브란덴부르크 안락사 시설에는 2명의 요리사와 식당 도우미들이 있었고, 그들은 작업장이나 세탁실 혹은 청소작업 등을 담당하였다. 이들에 대한 전후의 재판이나 처벌은 없었으며, 단지 그들 가운데 한명이 자신이 안락사 시설에서 본 내용을 설명하는 증인으로만 역할을 하였다. 또한 당시 독일과 오스트리아에는 총 6개 지역에 안락사 살해시설이 설치되어 있었는데, 그곳에서 히틀러 독재정권은 장애인들과 환자들을 대상으로 독가스를 통한 대량 학살을 자행하였다.

그러나 나치 정권은 1941년 8월부터는 독가스로는 더 이상 살해하지 않았으며, 또한 여기에 관여하였던 안락사 범죄 가담자들 가운데 '숙련공'에 해당하는 약 90여 명 이상이 1942년부터는 다시 동부 유럽으로 옮겨 그곳에 설치된 대형 수용시설에서 특히 유대인들을 학살하는 일에 참여하기도 하였다. 당시 폴란드에 있는 수많은 유대인들이 특히 Belzec, Sobibor 혹은 Treblinka 지역 등에 설치된 대규모 죽음의 수용소에서는 브란덴부르크에서 장애인이나 환자들을 대상으로 실시한 대량 학살 때 습득한 방법과 마찬가지로 독가스를 통하여 죽임을 당하였다. 이곳에서 약 60만 명에서 1백 만 명의 유대인들이 희생되었는데, 이러한 유대인을 향한 대량 학살은 1942년 3월부터 1943년 10월까지 약 20개월 동안 진행되었다. 당시 희생자 대부분은 폴란드 출신 유대인이었으며, 이는 소위 'Aktion Reinhardt'라 명명된 프로그램하에 일어났다. 예를 들어, 그 당시 경찰 공무원이었던 크리스티안 비르트(Christian Wirth, 1885-1944)는 처음에는 브란덴부르크, 하르트하임과 하다마 지역 안락사 시설에서 근무하였다. 그 후에 그는 계속하여 유대인 학살 프로그램인 'Aktion Reinhardt'의 행정 감독관으로 일하였는데, 1945년 이태리 출신의 반민족사회주의 저항 세력에게 결국 목숨을 잃었다(Hilberg, 1990).

6) 히틀러와 민족사회주의자들의 안락사 행위에 대한 저항 운동

히틀러와 민족사회주의자들의 만행에 대하여 그 당시에 단지 소수만이 저항운동을 펼쳤다. 예를 들어, 로타 크라이식(Lothar Kreyssig, 1898-1986)은 당시 판사였으며, 브란덴부르크 지역의 한 법원에 근무하였다. 그는 장애인과 환자들을 관리하였는데, 즉 그들의 후견인 관련 업무를 담당하였다.

크라이식 판사는 당시에 두 가지 사항에 주목하였는데, 우선 장애인들이 점점 더 빈번하게 시설 간 이동이 잦다는 사실과 그리고 그들 가운데 많은 사람들이 갑자기 숨진다는 것이었다. 이런 점에 의구심을 가진 로타 크라이식 판사는 제국 법무부 장관에게 이에 대한 편지를 보냈고, 당시 나치 친위대 고위 관리이자 베를린의 안락사 프로그램인 'Aktion T-4'의 최고 행정책임자였던 필립 보울러(Philipp Bouhler, 1899-1945)를 경찰에 살인 혐의로 고발하였다. 로타 크라이식 판사는 여러 시설에 있는 많은 장애인들을 돌봐왔으며, 또한 시설장들에게 자신의 장애인들을 다른 시설로 데리고 가게 해서는 안 된다고 강력하게 말하였다(Ley, 2010).

이러한 그의 여러 가지 노력에도 불구하고 나치 정권은 장애인과 환자들에 대한 안락사 행위를 중단하지 않았다. 로타 크라이식 판사가 필립 보울러를 경찰에 고발조치를 하였지만 경찰은 이에 대하여 어떤 조치도 취하지 않았고, 그가 돌보았던 장애인들을 계속하여 다른 기관으로 이송해 갔다. 그리고 로타 크라이식은 1942년 3월부터 이러한 히틀러의 학살 행위에 대한 반대 활동을 계속할 수 없었는데, 이는 그가 판사직에서 강제적

로타 크라이식

파울 브라우네

헤르만 괴링

으로 물러났기 때문이었다.

이어서 파울 브라우네(Paul Braune, 1887-1954)는 개신교 목사로서 장애인과 환자들이 거주하는 시설을 운영하고 있었다. 그는 반민족사회주의자였으며, 버스로 장애인들이 다른 여러 시설로 이송되는 것과 그곳에서 곧바로 살해된다는 사실을 알게 되었다. 그래서 그는 더 구체적으로 알아보기 위하여 장애인들의 가족뿐만 아니라, 다른 장애인 시설 운영 책임자, 목사 및 담당 공무원들과 이에 관해 대화를 나누었다. 이를 통하여 많은 사실들을 파악하였고, 이를 바탕으로 '치료 및 요양시설 수용자들에 대한 계획적인 이송(移送)'이라는 제목의 보고서를 작성하였다. 그리고 그는 이것을 1940년 7월에 히틀러와 그의 최측근 중 한사람인 헤르만 괴링(Hermann Goering, 1893-1946)에게 보냈다. 그 후 곧바로 브라우네 목사는 체포되었으며, 나치 정권은 장애인과 환자들에 대한 살해 행위를 은폐하기 위하여 정식으로 재판 과정도 거

베른하르트 리히텐베르크

클레멘스 아우구스트 그라프 폰 갈렌

레오나르도 콘티

치지 않은 채 그를 3개월 동안 투옥한 후에 석방하였다(Bautz, 1990).

이어서 가톨릭계와 관련하여 베를린의 주교좌(主教座) 성당의 주요 인물이었던 베른하르트 리히텐베르크(Bernhard Lichtenberg, 1875-1943) 신부도 마찬가지로 장애인과 환자들이 살해당하고 있음을 감지하였고, 아울러 1941년 8월 3일 당시 주교였던 폰 갈렌(Clemens August Graf von Galen, 1878-1946)의 반(反)히틀러에 대한 설교를 알고 있었다.

베른하르트 리히텐베르크 신부는 이러한 나치 정권의 만행에 저항하면서, 장애 자녀를 잃은 한 어머니에 관한 편지글을 작성하였다. 이어서 그는 당시 의사였으며, 민족사회주의 추종자이며 장애인과 환자에 대한 안락사 만행에 가담한 레오나르도 콘티(Leonardo Conti, 1900-1945)에게 이를 발송하였다. 그는 이 편지를 통하여 장애인들이 살해당하는 이유와 더불어 무슨 이유로 콘티가 이것을 허락하였는지를 알고 싶어 하였다. 그러나 콘티는 이에 대하여 전혀 답변을 하지 않았으며, 리히텐베르크 신부는 계속하여 나치 정권의 유대인 박해에 대해 저항하였다(Knauft, 1985; Bierbaum, 1964).

그 결과 1941년 10월에 리히텐베르크 신부는 체포되었고, 2년간 감옥 생활을 한 후 석방되었다. 이어서 그는 강제수용소로 가야하였는데, 이미 감옥에 수감된 기간 중에 병을 얻어 강제수용소로 가는 도중에 숨졌다. 그의 시신은 다시 베를린으로 옮겨갔고, 장례식은 화요일 아침 9시 30분에 예정되어 있었다. 이에 히틀러와 민족사회주의자들은 조문객이 많이 오지 않기를 기대하였으나 수 천 명의 기독인들이 온종일 장례 행렬에 동행하였다.

7) "Aktion T-4" 안락사 프로그램의 종결

이처럼 독가스를 통하여 자행한 나치의 장애인과 환자들에 대한 대량 학살은 1941년 8월까지 지속되었는데, 많은 사람들이 이에 대하여 저항하자 히틀러 정권은 잠시 동안 이러한 만행을 일시 중단하였다.

아동전문부서

그러나 이후에도 1941년 가을부터 1945년까지 계속하여 히틀러 독재정권의 장애인과 환자들에 대한 비인간적인 범죄는 기아사(飢餓死), 진정제 다량 투여 등의 다양한 방법으로 이어졌다. 아울러 장애를 가진 영유아들도 안락사 대상에 포함되었다. 즉 지체 및 지적 장애를 가진 것으로 진단된 아동 및 청소년들은 위장된 특별한 부서였던 '아동전문부서(Kinder-Fach-Abteilung)'로 옮겨졌는데, 이는 기존의 치료 및 요양시설 혹은 병원의 정신과 시설들을 이용하여 당시 독일제국에는 약 30여 곳에 설치되어 있었다. 그 가운데 한 곳이 브란덴부르크 인근에 있는 괴르덴(Goerden) 지역에 이 시설이 있었는데, 이곳의 의사들은 장애아들을 진단하고, 다량으로 진정제를 투여하여 살해하거나 혹은 그들을 대상으로 인체실험을 자행하기도 하였다. 아울러 그곳에서는 강제수용소에서 이송된 수감자들을 살해하기도 하였는데, 즉 그들 가운데 병이 들거나 혹은 더 이상 노동 능력이 없다고 판단된 경우에는 존넨쉬타인, 베른부르크 혹은 하르트하임 등의 안락사 시설로 옮겨 독가스 주입으로 비참하게 죽임을 당하였다(Nedoschill, 2001). 제2차 세계 대전 이후, 예를 들어 이곳의 안락사 시설장이며 독일-오스트리아계 의사였던 이름프리트 에버를(Irmfried Eberl, 1910-1948)은 구서독에서 체포되었고, 그는 울름(Ulm) 지역의 교도소에서 스스로 목숨을 끊었다. 또한 안락사 범죄에 가담하였던 다른 두 명의 의사였던 아쿠일린 울리히(Aquilin Ullrich, 1914-2001)와 하인리히 분케(Heinrich Bunke, 1914-2001)는 1960년부터 형사상 기소가 되었지만, 1987년에 겨우 프랑크푸르트(Frankfurt/M)에서 가벼운 금고형 판결을 받았으며, 그 외에 국가적인 범죄에 가담한 직원들도 대부분 가벼운 처벌에 거쳤다. 히틀러 독재 정권의 안락사 행위에 가담한 범죄자들에 대하여 동서독에서 대부분 1946년부터 1952년까지 재판이 이루어졌고 일부는 중한 벌을 받기도 하였다. 그러나 1952년 이후에는 동독에서의 재판은 거의 이루어지지 않았지만, 동독 정부는 관련 범죄자들을 재판을 통하여 엄하게 처벌하였다고 주장하였다. 서독에서도 1950년 이전에 재판을 통하여 히틀러 정권하에 이루어진 장애인과 환자들에 대한 살해 행위는 범죄라 판결을 내렸지만, 단지 소수만 엄벌에 처해졌다. 그러나 1950년 이후에는 그들에 대한 어떤 법적 조치도 거의 이루어지지 않았거나, 당시 소수의 범법자만 재판에 회부되었다. 그리고 1960년부터 서독에서는 다시 재판을 통하여 처벌이 이루어졌지만, 더 이상 중한 벌은 내려지지 않았다. 이에 대해 서독 재판부는 범죄자들의 범행이 혼자만의 책임이 아니라는 점, 상부의 명령에 따라서 조력하였을 뿐이라는 점 등을 들어 대부분 가벼운 처벌을 받아 짧은 기간의 금고형을 언도하였다고 설명하였다(Klee, 2005; Dvorak, 2013).

특히 안락사 시설에서 장애인과 환자들을 대상으로 직접적인 살인 행위를 한 3명의 의사들에 대하여 판결이 내려지기까지 23년이나 소요되었다. 즉 앞서 언급된 바와 같이 브란덴부르크와 베른부르크의 안락사 시설의 의사였던 아쿠일린 울리히와 하인리히 분케, 그리고 존넨쉬타인 안락사 시설의 클라우스 엔드루바이트(Klaus Endruweit, 1914-1994)가 해당된다. 이들에 대하여 1966년에 1차 재판이 프랑크푸르트 법정에서 있었다. 이때 법원은 1967년 안락사 범죄에 가담한 3명의 의사들에 대하여 무죄 판결을 내렸는데, 이는 그들이 다만 상급자의 명령과 지시를 따랐을 뿐이라는 점을 들었다. 그러나 3년 후 상급법원에서 재판이 열렸지만, 거짓 질병을 이유로 재판이 연기되었는데, 이들은 그 후에도 사실 여전히 15년 이상을 의사로 계속 활동을 하였다. 이후 1986년에 두 번째 재판이 개최되었고, 1988년에 아쿠일린 울리히와 하인리히 분케에 대한 판결이 선고되었는데, 이 두 명은

Gesetz zur Verhütung erbkranken Nachwuchses

vom 14. Juli 1933

nebst Ausführungsverordnungen

Bearbeitet und erläutert von

Dr. med. Arthur Gütt

Dr. med. Ernst Rüdin

Dr. jur. Falk Ruttke

1933년 7월 14일 차세대 유전성질병예방법 공표

단지 안락사 행위에 조력을 하였을 뿐이라는 이유로 3년형을 받았다. 그러나 그들은 실제로는 울리히의 경우는 1년 8개월, 분케는 1년 6개월만 각각 교도소 복역 생활을 하고 석방되었다(Klee, 2004).

8) 희생자들의 권리를 위해 투쟁한 사람들

1933년 7월 14일 "차세대 유전성 질병 예방법(Gesetz zur Verhuetung erbkranken Nachwuchses)" 혹은 "유전성건강법(Erbgesundheitsgesetz)"이라고도 부르는 법이 의결되었고, 이어서 다음해 1월 1일부터 법이 발효되었고, 이것은 민족사회주의자들의 첫 번째 인종법(Rassegesetz)이었다. 이러한 법적 근거를 통하여 1945년 종전까지 지적장애인 및 지체장애인 혹은 정신질환자 등 약 400,000여 명이 강제적으로 불임시술을 받았다(Hilder, 1996; Hamm, 2017).

1939년 9월 1일 히틀러는 교서를 통하여 이미 계획한 안락사 프로그램을 체계화하기 시작하였다. 이에 안락사를 위한 가스 시설에서와 기타 치료 및 요양시설에서 약 300,000명 이상의 장애인 및 환자들이 독가스와 약물 혹은 의도적인 기아사로 목숨을 잃었던 것이었다. 이후 나치 정권에 의하여 희생된 사람들의 인권을 위해 1987년부터 '안락사 및 강제불임수술 피해자 연맹(Bund der Euthanasie-Geschaedigten und Zwangssterilisieren)'이 결성되었다. 이 단체는 당시 나치 정권의 피해자들로 구성된 자조 단체로서 자신의 인생사를 증언하기도 하고, 아울러 자신의 권리를 쟁취하기 위하여 함께 투쟁하기도 하였다. 이 단체의 회원들은 장애인과 환자들이 히틀러와 민족사회주의자들로부터 살해되거나 강제로 불임시술을 받은 희생자임을 널리 알리는 일을 하였다. 게다가 그들은 나치가 참혹한 불법을 통하여 자행한 범죄와 희생자를 결코 잊지 않기를 바라며, 아울러 희생자들의 명예회복과 재정적인 측면 등 여러 가지 방법으로 희생자들을 지원하고 보상해야 한다고 주장하는 것이다. 그러나 오늘날까지 단지 100여 명의 희생자들만이 약간의 보상금을 배상받는 데 그치고 있다. 그리고 2007년에 비로소 독일연방의회는 드디어 나치 정권의 강제적인 불임시술과 장애인 및 환자에 대한 안락사가 범죄 행위라고 공식적인 결론을 내렸다(Bendig, 2003).

3. 그라페넥(Grafeneck) 안락사 시설

독재자 히틀러와 민족 사회주의자들은 사회적 다윈주의와 인종우생학 등의 이념을 바탕으로 각 인간의 가치와 의미를 인종 및 노동 능력 등에 따라 매우 엄격히 평가하였다(Conrad-Martius, 1955).

히틀러와 민족사회주의 정권은 노동 능력이 없는 사람이나 혹은 시설에 거주하는 사람들은 사회나 국가적인 짐으로 간주하였다.

이들을 위하여 음식, 거주지, 간병인 등이 필요하였는데, 이는 곧 국가 재정이 소요되며, 또한 국민 개인 부담으로 작용한다는 것이었다. 이와 같은 정치적 선전물은 1935년에 제작되었는데, 그들은 이러한 자신의 이념을 담

장애인과 환자들에 대한 부정적 이미지 확산을 위한 정치적 선전 그림

고 있는 그림을 학교 교과서에도 수록하기도 하였다.

독재자는 이러한 소위 '소비적'인 재정을 차라리 절약하여 다른 국가적인 용도로 사용되어야 한다고 보았다. 이러한 이념 형성에 당시 의료인들이 적극적으로 동조하여 장애인들의 삶은 무가치하고 많은 돈이 낭비되기 때문에 그들에 대하여 감금 조치나 불임시술 혹은 심지어 제거할 것을 조언하였다. 하지만 지금까지 그들을 이른바 '합법적'으로 멸절할 법적 근거가 부족하였기 때문에 1933년 7월 14일에 제정된 "차세대 유전성질병예방법(Gesetz zur Verhütung erbkranken Nachwuchses)" 등 새로운 다양한 법률들이 나오게 되었고, 이를 근거로 의료인들에게 장애인이나 환자를 대상으로 강제적으로 불임시술을 자행하고 심지어 살해할 권한이 부여된 것이다(Adam, 2003).

1939년 9월 1일 히틀러가 자신의 측근인 필립 보울러와 칼 브란트에게 보낸 서신에 장애인들을 멸절할 권한을 위임하였다(Schumuhl, 1999).

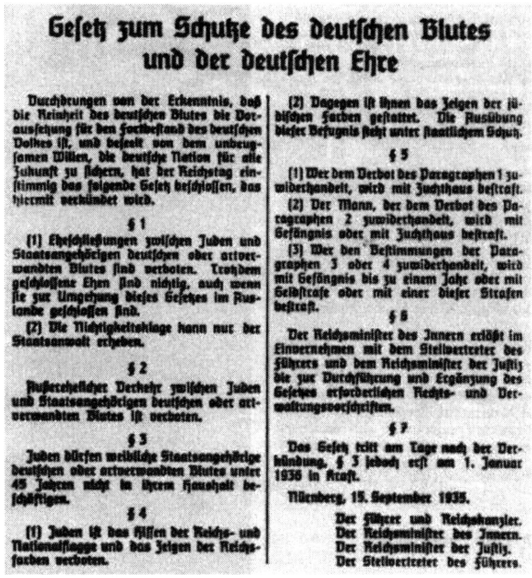

Gesetz zum Schutze des deutschen Blutes und der deutschen Ehre

Durchdrungen von der Erkenntnis, daß die Reinheit des deutschen Blutes die Voraussetzung für den Fortbestand des deutschen Volkes ist, und beseelt von dem unbeugsamen Willen, die deutsche Nation für alle Zukunft zu sichern, hat der Reichstag einstimmig das folgende Gesetz beschlossen, das hiermit verkündet wird.

§ 1

(1) Eheschließungen zwischen Juden und Staatsangehörigen deutschen oder artverwandten Blutes sind verboten. Trotzdem geschlossene Ehen sind nichtig, auch wenn sie zur Umgehung dieses Gesetzes im Ausland geschlossen sind.

(2) Die Nichtigkeitsklage kann nur der Staatsanwalt erheben.

§ 2

Außerehelicher Verkehr zwischen Juden und Staatsangehörigen deutschen oder artverwandten Blutes ist verboten.

§ 3

Juden dürfen weibliche Staatsangehörige deutschen oder artverwandten Blutes unter 45 Jahren nicht in ihrem Haushalt beschäftigen.

§ 4

(1) Juden ist das Hissen der Reichs- und Nationalflagge und das Zeigen der Reichsfarben verboten.

(2) Dagegen ist ihnen das Zeigen der jüdischen Farben gestattet. Die Ausübung dieser Befugnis steht unter staatlichem Schutz.

§ 5

(1) Wer dem Verbot des Paragraphen 1 zuwiderhandelt, wird mit Zuchthaus bestraft.

(2) Der Mann, der dem Verbot des Paragraphen 2 zuwiderhandelt, wird mit Gefängnis oder mit Zuchthaus bestraft.

(3) Wer den Bestimmungen der Paragraphen 3 oder 4 zuwiderhandelt, wird mit Gefängnis bis zu einem Jahre oder mit Geldstrafe oder mit einer dieser Strafen bestraft.

§ 6

Der Reichsminister des Innern erläßt im Einvernehmen mit dem Stellvertreter des Führers und dem Reichsminister der Justiz die zur Durchführung und Ergänzung des Gesetzes erforderlichen Rechts- und Verwaltungsvorschriften.

§ 7

Das Gesetz tritt am Tage nach der Verkündung, § 3 jedoch erst am 1. Januar 1936 in Kraft.

Nürnberg, 15. September 1935.

Der Führer und Reichskanzler.
Der Reichsminister des Innern.
Der Reichsminister der Justiz.
Der Stellvertreter des Führers.

나치의 혈통보호법(Blutschutzgesetz) 조문

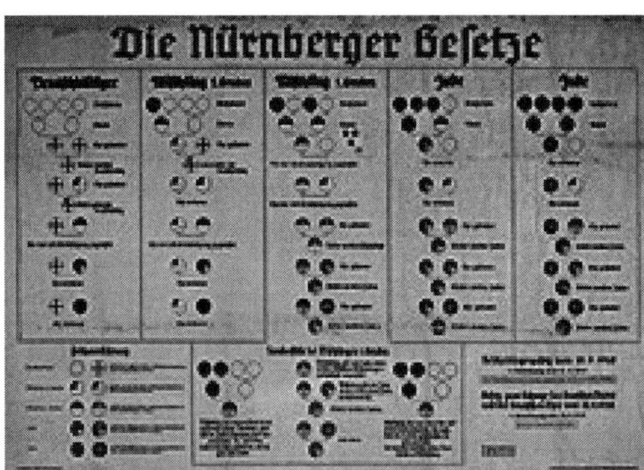

나치의 혈통보호법(Blutschutzgesetz) 선동 화보

당시 안락사 만행에 관여한 가담자들은 매우 다양한 지역에 있었는데, 대부분 베를린에 거주하였다. 그 가운데 필립 보울러와 칼 브란트의 집무실

은 베를린의 Tiergartenstrasse 4번지에 위치한 건물에 있었다. 이러한 주소로 안락사 프로그램을 흔히 'Aktion T-4'라 칭하였는데, 이 건물은 오늘날 더 이상 존재하지 않는다. 그리고 많은 안락사 관련 범죄자들은 당시 뷔템베르크(Wuettemberg) 주 수도였던 슈투트가르트(Stuttgart)에 거주하기도 하였는데, 예를 들어, 오이겐 쉬텔레(Eugen Staehle, 1890-1948)와 오토 마우테(Otto Mauthe, 1892-1974)는 슈투트가르트의 내무부 고위 공무원이었다. 아울러 바덴(Baden) 주의 수도였던 칼스루에(Karlsruhe)에도 관련자들이 다수 있었다(Essner, 2002). 그리고 그라페넥에도 히틀러의 반인간적인 범죄에 가담자가 거주하고 있었는데, 여기에는 의사, 경찰, 간호사, 요양사(간병인), 행정공무원, 버스기사 등이 각각의 역할과 과제를 부여받고 안락사 범죄에 협력하였다(Barbian/Fischer/Wittmann, 2015).

'Aktion T-4' 베를린 본부에서는 안락사 시행을 전쟁 발발과 동시에 시행하려고 결정하였으며, 가스실에서 살해하고자 뷔템베르크에 가스실을 건설하였다. 이에 슈투트가르트의 책임자들은 그라페넥 지역에서 안락사를 시행할 시설을 찾았던 것이다. 베를린의 안락사 책임자들은 안락사 대상자에 대한 조사를 위하여 모든 시설에 수용자들에 대한 질문 항목을 담고 있는 질문지를 동봉하여 편지를 보냈다. 이에 각 시설장들이나 병원장들은 설문지를 작성하여 다시 발송지로 전달하여야 하였다. 그러면 안락사 프로그램의 베를린 본부에서는 각 시설로부터 회수된 설문지 자료를 바탕으로 그라페넥으로 이송

„Die Judennase ist an ihrer Spitze gebogen. Sie sieht aus wie ein Sechser..."

유대인들을 적대시하는 그림을 담고 있는
아동도서(1930년대)

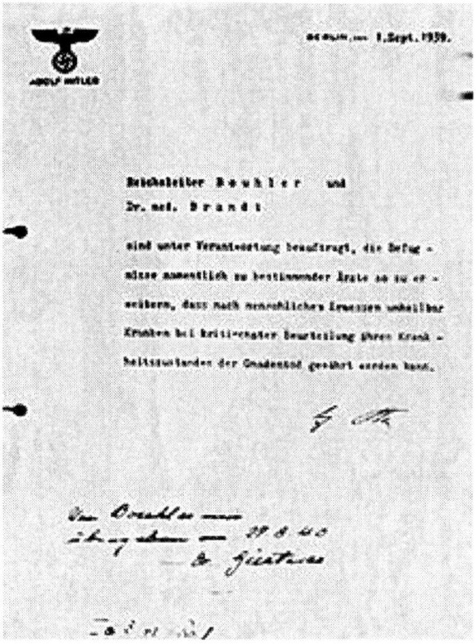

필립 보울러와 칼 브란트에게 보낸
히틀러의 안락사 위임 서신

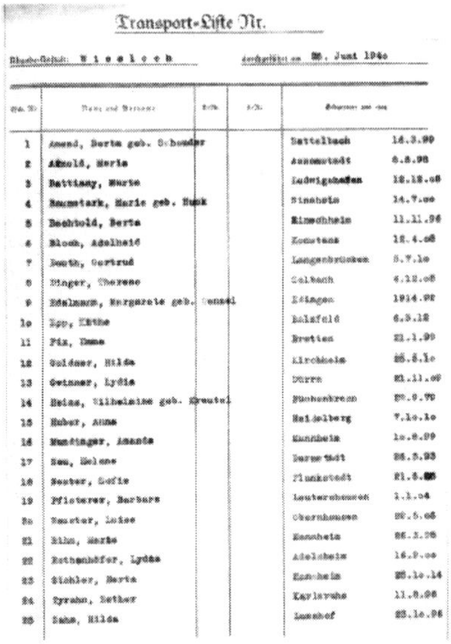

비스로호(Wiesloch) 지역 시설의
안락사 대상자 목록표

되어 안락사를 시킬 대상과 기존 시설에 계속 거주할 수 있는 사람들을 결정하였다. 이때 안락사 대상은 주로 노동 능력이 없는 자, 유대인 그리고 법정에서 유죄 판결을 받은 자까지 포함되었다. 이러한 선별과정을 거쳐 각 시설에 해당하는 안락사 대상 목록이 작성되었고, 칼스루에와 슈투트가르트의 안락사 행정 책임자들은 수많은 해당 시설로 각각의 목록표를 우편으로 보냈다. 이 편지에는 시설장들이 각각 해당 대상자들을 그라페넥 시설로 보낼 것이 지시되어 있었다.

그라페넥의 안락사 시설은 독일 남서쪽의 오늘날 바덴 뷔템베르크(Baden-Wuettenberg) 주 로이트린겐(Reutlingen) 시의 고마딘겐(Gomadingen) 지역에 자리 잡고 있었다. 히틀러와 민족사회주의 시대의 안락사 프로그램이었던 이른바 'Aktion T-4'에 의거하여 1940년에 주로 바이에른(Bayern), 바덴(Baden)과 뷔템베르크(Wuettemberg), 헤센(Hessen) 및 노트라인 베스트팔렌(Nordrhein-Westfalen) 출신의 장애인 10,654명이 조직적으로 비참한 학살을 당하였다(Morlok, 1985).

1) 안락사 시설 위치

사실 나치 시대에 자행되었던 그라페넥 지역의 안락사 시설은 그라페넥 성(Schloss)에 설치되었다. 그라페넥 성은 원래 1560년경에 휴가나 사냥용 별장(Jagdschloss)으로 뷔템베르크의 여러 공작(公爵)들에 의하여 설립되었다. 그 후 1762년부터 1772년 사이에 바로크 양식의 성으로 확장되었다. 1928년에는 장애인, 노인 및 정신 질환자 등을 돌보는 기독공익재단인 사마리아인재단(Samarieterstiftung)이 성을 구입하였고, 100여 명의 남자 장애인을 위한 주거 시설과 아울러 1930년에는 독자적인 공원묘지 시설도 갖추게 되었다. 이 성은 튀빙겐(Tuebingen)시로부터 남동쪽으로 약 25km 거리에 위치하고 있다(Klee, 1985b).

2) 시설 개축과 안락사 시행

"Aktion T-4" 안락사 프로그램의 계획 과정에서 베를린 지역의 'Aktion T-4' 사무실과 밀접한 협력 관계를 맺고 있는 슈투트가르트(Stuttgart)의 뷔템베르크 내무부는 사마리아인재단을 최적의 장소로 지목하였다. 왜냐하면, 그 당시 이곳 시설은 안락사 시설로 개축하는 데 대부분의 공간적인 입지 조건들이 골고루 갖추어져 있었기 때문이다(Stöckle, 2012).

그라페넥 안락사 시설

즉 이곳이 독일에서 첫 번째

그라페넥 대량 학살용 옛 건물(가스실)

1866년 루드빅스하펜 BASF 공장

안락사 시설로 선택된 두 가지 정도의 근거들을 찾을 수 있는데, 우선 성(城)의 지역적 특성 가운데 하나로는 비교적 높은 숲속의 외딴곳에 자리 잡고 있고, 진입로가 두 곳 밖에 없어 외부로부터 쉽게 보호받을 수 있다는 점이었다. 또 다른 한 가지는 성은 행정 부서 건물로써 직원들에게 매우 적합하였는데, 이는 사무실이나 거주용 공간이 이미 다수 구비되어 있었기 때문이었다(Knittel, 2018).

독일의 민족사회주의 정부는 1939년 10월에 뷔템베르크의 여러 공작들의 소유인 사냥용 별장인 이 성을 강제로 압류 조치하였다. 그리고 같은 해 10월 13일에는 1938년부터 1944년까지 뮌진겐(Muensingen) 지역의 행정책임자였던 리차드 알버(Richard Alber, 1893-1962)는 그라페넥 성을 다음날까지 비우라는 지시를 내렸다. 1939년 10월 14일 이른바 '제국의 목적을 위하여(fuer Zwecke des Reiches)'라는 미명하에 공식적으로 압류 처분이 내려졌다(Roessner, 2012).

이에 1939년 10월부터 1940년 1월까지 그라페넥 지역의 옛 사마리아인 재단은 앞으로 자행될 대량 학살 시설이라는 목적에 맞게 용도가 변경되었다. 이 성의 전체 건물에 거주, 행정, 특별호적 사무소 및 경찰관서 등이 설치되었다. 그뿐만 아니라 약 100개의 침상이 설치된 목재 가건물도 세워졌고, 수송차량인 회색 버스 주차장, 시체 소각로 및 창고형의 가스실도 추가적으로 건립하였다. 아울러 슈투트가르트와 베를린 출신의 직원들을 모집하였는데, 여기에는 의사, 경찰공무원, 사무직원, 차량 수송자, 요양사, 건물 관리인, 경비인력 및 시체 소각자 등이 포함되었다. 1939년 10월에서 12월 사이에는 단지 10-20명의 관계인들이 이 성에 거주하였지만, 1940년에 접어들면서 이미 약 100여 명의 남녀 직원들로 급속히 증가하였다. 또한 이곳에는 라인홀트 포어베르크(Reinhold Vorberg)를 최고 책임자로 세우고 'Aktion T-4' 프로그램의 실행을 위하여 수송을 책임지는 공익환자 이송 유한책임회사(Gemeinnuetzige Krankentransport GmbH: Gekrat)의 중앙사무소가 함께 자리 잡고 있었다(Friedland, 1997).

그라페넥 지역 안락사 시설에서 히틀러의 'Aktion T-4' 프로그램에 따라서 계획적인 학살 행위는 1940년 1월 18일 샤워실로 은폐된 가스실에서 환자 및 장애인들을 대상으로 시작되었다. 여러 지역의 시설로부터 강제적으로 이송되어 온 안락사 대상자들은 그라페넥에 도착한 직후에 탈의해야 하였고, 의사로부터 아주 간단한 검사를 받은 다음에 모두 한 공간에 들어가

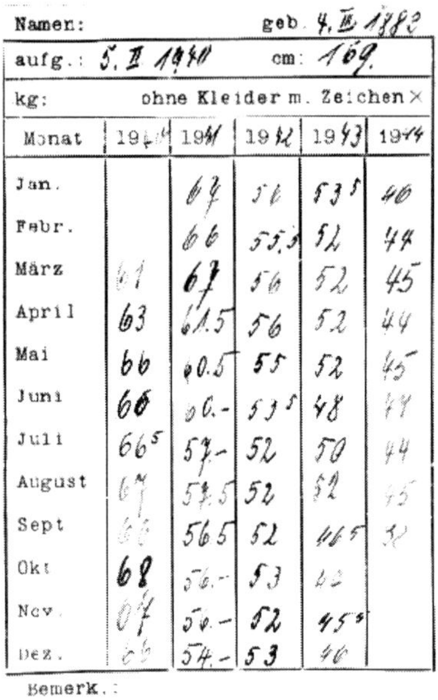

Namen: geb. 4. III. 1882

aufg.: 5. II. 1940 cm: 169.

kg: ohne Kleider m. Zeichen ×

Monat	1940	1941	1942	1943	1944
Jan.		67	56	53^{5}	46
Febr.		66	55.5	52	44
März	61	67	56	52	45
April	63	61.5	56	52	44
Mai	66	60.5	55	52	45
Juni	66	60.-	53^{5}	48	[illegible]
Juli	66^{5}	57.-	52	50	44
August	67	57.5	52	52	45
Sept	66	56.5	52	46^{5}	[illegible]
Okt	68	56.-	53	[illegible]	
Nov.	67	56.-	52	45^{5}	
Dez.	66	54.-	53	46	

Bemerk.:

에글핑 하르 치료 및 요양시설의 환자 체중 기록표

야 하였다. 안락사 가담자들은 실제로는 가스실임에도 안락사 대상들에게는 샤워실이라고 속였던 것이었다. 그 당시 가스실로 사용한 건물은 오늘날 더 이상 존재하지 않는다. 당시 이 건물 옆에는 버스 차고지, 시신 소각장 등이 나란히 설치되어 있었다.

그 당시 시설 담당 의사는 일산화탄소가 가스실에 주입되도록 지시하였고, 그 가스는 당시 루드빅스하펜(Ludwigshafen)에 소재한 화학제품 제조사인 독일 BASF(Badische Anilin-& Soda-Fabrik)에서 생산되었다. 그 첫 번째 희생자는 에글핑 하르(Eglfing-Haar)의 치료 및 요양시설에 입소된 환자들이었다. 이들은 또한 시설 당국의 가스 살해뿐만 아니라 의도적인 영양실조로 인한 아사로 목숨을 잃은 경우도 허다하였다(Scheuing, 2004).

그라페넥 안락사 시설에서는 모두 약 48개의 장애인 혹은 정신질환자 시설로부터 이송된 사람들이 희생을 당하였는데, 바덴 뷔템베르크 지역에서 약 83%인 40여 곳, 바이에른 지역에서 6곳, 헤센과 노트라인 베스트팔렌에서 각각 한 곳의 시설들이었다. 아울러 1940년 12월 13일 마지막 희생자들이 시체 소각로에서 처리되었으며, 이러한 일련의 안락사 과정들은 그라페넥의 안락사 시설 주변의 주민들에게는 알려진 사실인데, 이는 시체 소각로에서 분출되는 끊임없는 연기나 냄새 때문이었다(Tuemmers, 2011).

그라페넥 안락사 시설은 1940년 12월에 결국 폐쇄되었는데, 주된 이유

어린이 안전대피소(KLV)행 특별열차를 기다리는 아동들

로는 우선 은밀하게 자행된 대량 살상 행위가 드러났고, 이에 대한 교회나 시설 쪽에서의 저항이 점점 확대되었기 때문이었다. 이 시설 폐쇄 후 직원들은 헤센 주에 있는 하다마르 안락사 시설로 옮기게 되었다. 그곳과 그리고 다른 지역의 안락사 시설에서 장애인과 환자들에 대한 학살 행위는 1941년 8월까지 거침없이 자행되었다. 그 이후 그라페넥 성의 건물은 이른바 어린이 안전대피소(Kinderlandverschickung: KLV)로 사용되었다. 이는 히틀러가 제2차 세계대전 당시 독일 공군이 연합국의 민간인에 대한 무차별 폭격에 대한 응징 보복으로 영국의 독일에 대한 맹렬한 공중 폭격으로부터 약 250만 명의 독일 아동 및 청소년들을 좀 더 안전한 지역으로 이동시켜 보호하고 교육하려고 고안된 시설이었다(Dabel, 1981).

1945년에 이 시설은 프랑스 점령군의 행정관청으로 사용하였고, 1946년에 다시 사마리아인재단에 반환되었다. 아울러 1947년부터 전쟁 발발 당시에 그라페넥 시설에서 쫓겨났고, 전쟁에서 생존한 정신 질환자와 장애인들은 다시 이곳 성으로 귀환하였던 것이었다. 1999년과 2000년에는 사마리아인 재단이 새로운 건물들을 증축하기도 하였다.

〈표 II-4〉 그라페넥 안락사 시설의 월별 희생자 수

월별	1	2	3	4	5	6	7	8	9	10	11	12	합계
희생자 (명)	95	234	500	410	1,119	1,300	1,262	1,411	1,228	761	971	548	9,839

3) 안락사 희생자 수 및 사례

그라프넥에서 희생된 장애인 및 환자와 관련하여 다양한 통계자료가 있지만, 이른바 하르트하임 통계(Hartheimer Statistik)에 의하면 1940년 1월부터 12월까지 일 년 동안 총 9,839명이 가스실에서 잔인하게 살해되었다(Klee, 1985).

이 자료는 1945년 6월 미국 조사관이었던 찰리 다메론(Charles Dameron)이 과거의 가스실이었던 하르트하임 시설에 대하여 조사하던 중에 부서진 강철 격실 속에 이른바 '하르트하임 통계' 자료가 들어있었다. 여기에는 'Aktion T-4' 프로그램과 관련하여 에드문트 브란트(Edmund Brandt)가 작성한 39쪽 분량의 소책자가 들어 있었는데, 이 속에는 당시 독일제국에 총 6곳의 안락사 시설에서 장애인과 환자들을 가스로 살해한 월별 통계 자료가 기록되어 있었다(Kinzig/Stöckle, 2011).

1940년 1월부터 12월까지 희생자의 통계를 살펴보면, 전체 9,839명 가운데 약 14%가 8월에 자행되었으며, 이어서 6월 및 7월에 집중되어 있었다. 그러나 뷔템베르크 주의 그라페넥 사건 관련 재판이 열린 1949년 여름에 희생자 수는 최종적으로 총 10,654명으로 집계 · 확정되었다. 이어서 크라페넥에서 희생된 몇몇 희생자들의 사례들을 살펴보면, 먼저 테오도르 키나스트(Theodor Kynast)의 경우는 다음과 같다(http://www.s522790709.online.de).

1904년 6월 28일 우크라이나의 차코프(Charkow)에서 출생한 키나스트의 관한 이력은 구체적으로 밝혀진 것은 많지 않다. 그의 어머니는 핀란

드 출신이며, 아버지는 슈투트가르트의 괴핀겐(Göppingen) 근교에 있는 가이슬린겐(Geislingen) 지역 출신이었다. 키나스트는 세 명의 남매가 있었는데 그 가운데 둘은 어린나이에 사망하였고 그의 형은 빈넨덴(Winnenden) 치료시설에서 20세에 역시 사망하였다. 이처럼 그의 인생에서 고통의 여정은 대부분의 일생 동안 어두운 역사 가운데서 진행되었다. 그는 뷔템베르크의 괴핑엔(Goeppingen)에서 부모와 함께 살았는데, 아버지는 기계 기사였으며, 1939년 6월에는 온 가족이 레히베르크하우젠(Rechberghausen)에서 남쪽의 괴핑엔으로 이사를 갔다. 그러나 어릴 때 그는 정신분열증 진단을 받고 괴핑엔의 한 치료소에 입원하게 되었고, 그곳에서 그는 사회의 공적 비용으로 치료받는 환자로 오랫동안 입원을 하였다.

테오도르 키나스트

그 이후 나치 정권이 들어서자 1940년 10월 14일 키나스트는 뷔템베르크 내무부 규정에 의거하여 다른 74명의 남자 환자들과 함께 괴핑엔에서 빈넨덴(Winnenden) 지역의 치료소로 이송되었다. 이는 희생자들이나 범죄 가담자들의 흔적을 감추기 위하여 그라페넥으로 가기 전에 중간기착지인 다른 시설로 잠시 동안 옮겨 체류하도록 하는 규정에 따른 것이었다. 희생자들이 버스 편으로 이송될 때는 통상 모든 창문들이 모두 가려진 상태였다. 그곳에서 그는 36세의 나이로 1940년 11월 29일 괴핑엔에서 온 16명의 환자들뿐만 아니라 여러 다른 지역에서 온 환자들과 함께 빈넨덴에서 다시 그라페넥 안락사 시설로 이송된 그 날 바로 살해되었다. 키나스트는 나치 정권의 안락사 계획인 'Aktion T-4' 프로그램에 따라서 1940-1941년 사이에 그라페넥 안락사 시설과 다른 5곳의 안락사 시설에서 희생된 70,000여 명

'살인자'라는 단어가 쓰여진 비스킷

키나스트의 죽음을 기리는 기념표식

의 정신질환자나 지적장애인들 가운데 한 사람이었다.

이어서 그라페넥의 특별 호적사무소(Sonderstandesamt)에서 발급된 사망확인서와 이른바 위로편지(Trostbrief)가 괴핀겐의 부모에게 발송되었는데, 여기에는 1940년 12월 3일로 기입되어 있었는데, 즉 희생된 환자들의 사망 일자와 사망 원인이 의도적으로 조작되었던 것이다. 실제로는 민족사회주의자들에 의해 살해된 사망자들의 주된 사인으로 폐결핵과 객혈로 위조되었다. 아울러 그라페넥 주립요양원(Landes-Pflegeanstalt Grafeneck) 명의의 편지에는 마찬가지로 'Dr. Ott'와 'Zorn'이라는 각각의 가명으로 기록된 호적사무소의 공무원 이름으로 서명되어 있었다. 그 당시 그라페넥 안락사 시설에서 키나스트 가족에게 발송된 소위 위로편지에는 다음과 같이 기록되어 있었다(Wildt, 2008).

> 그는 고통을 겪을 필요가 없었습니다... 왜냐하면, 의료 경험에 기초한 지식에 따르면 그는 결코 개선되거나 회복될 수 없었기 때문에 죽음은 그에게 진정한 해결책임을 의미합니다.

키나스트의 죽음 이후에 안락사 관련 책임자들은 그의 부모에게 그가 생전에 입은 몇 가지 옷가지들을 보냈다. 그러나 그때 그의 부모는 아들의 옷에서 비스킷 하나를 발견하였는데, 이 비스킷 윗부분에 '살인자(Moerder)'라는 단어가 쓰여져 있었다. 이를 통하여 그의 부모는 모든 것이 거짓이라는 것과 자신의 아들이 살해되었음을 알았다. 2007년 4월에 키나스트의 죽음을 기념하기 위하여 과거 그가 살았던 괴핀겐 집 앞 바닥에 기념 표식을 설치하였다.

이어서 그라페넥 안락사 시설에서 희생된 헬레네 크뢰츠(Helene Kroetz, 1919-1940)의 짧은 생애를 살펴보면 다음과 같다(https://www.gedenkort-t4.eu/de). 그녀는 어릴 때 바덴 뷔템베르크(Baden-Wuettemberg) 주의 오버우어바흐(Oberurbach)에서 가족들과 함께 살았는데, 그녀의 아버지는 정육업자이자 숙박업자였는데, 헬레네는 어릴 때에 뇌막염을 앓았다.

의료진들은 그녀를 더 이상 도와줄 수 없었으며, 그녀는 질병 때문에 많은 것을 잊어버리기 일쑤일 뿐만 아니라, 겨우 몇 단어만 말할 수 있는 수준이었다. 의사는 그녀가 지적장애를 가진 것으로 진단하였고, 이로 인해 학교에는 갈 수 없다고 말하며, 시설에 거주하는 것이 더 낫다고 일러주었다. 이에 그녀의 부모는 제텐(Setten) 지역의 개신교 사회봉사 시설(Diakonie)에 신청서를 제출하였고, 오랫동안 그곳에서 기거하였다. 이 시설에서 기록한 보고서에 의하면, 헬레네는 시설 내에서 산책을 즐거

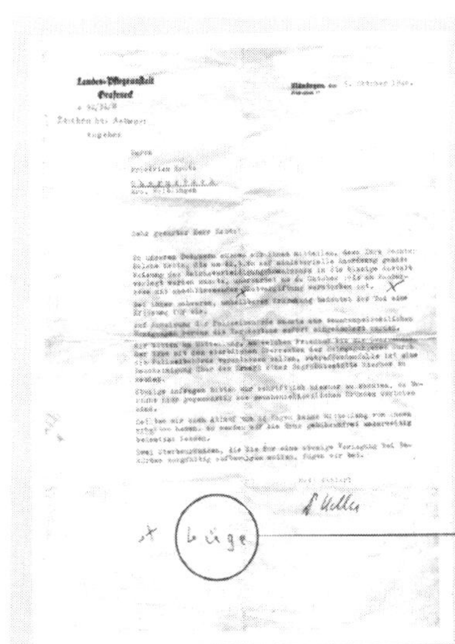

헬레네 부모에게 보낸 '위로편지'

이 하였으며, 공놀이나 다른 사람과의 이야기를 자주하였다고 한다. 그리고 늘 인형을 가지고 다녔으며, 보고서에는 그녀가 일은 전혀 할 수 없는 것으로 서술되어 있었다.

이후에 안락사 범죄자들은 그녀를 그라페넥 안락사 시설로 강제로 이송하였고, 1940년 9월 18일 21세의 나이로 그곳에서 살해되었다. 이후 그녀의 가족은 이른바 위로편지를 받았는데, 가족가운데 누군가 편지 하단에 '거짓말(Luege)'이라는 단어를 추가적으로 기입한 것을 볼 수 있다. 이 편지에는 헬레네가 질병으로 사망하였다는 것과 그녀가 죽는 것이 차라리 그녀 자신을 위해서 더 좋았다는 것이 주요 내용이었는데, 이는 모두가 거짓이었다.

또한 안나 렌케링(Anna Lehnkering, 1915-1940)의 불행하였던 일생을 살펴보면 다음과 같다(https://de.wikipedia.org). 그녀는 지금의 노트라인 베스트팔렌(Nordrhein-Westfalen) 주의 오버하우젠(Oberhausen) 근교의 소도시인 쉬테르크라데(Sterkrade) 지역에서 부모와 오빠들과 함께 살았다. 그녀의 부모는 그곳에서 숙박시설을 운영하였는데, 안나가 6세 때에 아버지가 사망하였고, 그 후에 어머니는 재혼을 하였다. 안나는 특수학교에 다녔는데, 이는 그녀의 성적이 매우 낮았기 때문이었다.

안나 렌케링의 기념표지판

그녀는 직업교육도 불가능하였으며, 집에서 겨우 어머니를 약간 도와줄 정도였다. 그녀가 19세 때에 어머니는 이혼을 하였고, 방세를 내지 못할 정도로 재정적으로 어려워 어머니와 형제들 모두는 이사를 해야 하였다. 그녀의 어머니는 하루 종일 일을 해야 하였으므로 안나를 돌볼 수가 없었다.

따라서 그녀의 어머니는 오늘날까지 노트라인 베스트팔렌 주에 있는 베트부르크 하우(Bedburg-Hau) 지역 정신과 시설에 입소시켰다. 그곳의 의사는 안나에게 지능검사를 실시하였는데, 검사지의 질문 가운데서 많은 실수를 함에 따라 지적장애로 진단하였다. 그 당시 지능검사 가운데 한 가지 질문을 예를 들면, "아이(Kind)와 난쟁이(Zwerg) 사이에 차이는 무엇인가?"라는 것이었다. 이에 대해 안나는 "아이들은 학교에 가고 또 놀기도 한다. 난쟁이는 산타클로스 모자처럼 생긴 끝이 뾰족한 모자(Zipfel-Muetzen)를 쓴다"라고 대답하였다. 안나는 사실 베트부르크 하우 정신과 병원을 원하지 않았고, 어머니에게 돌아가고 싶어 하였지만 간병인들은 이를 허락하지 않았다. 이에 그녀의 상태는 더욱 더 악화되었고, 또한 일도 하기를 원하지 않았다. 결국 그녀는 기차 편으로 그라페넥으로 가야 하였고, 그곳에서 24세의 나이에 살해당하였다.

사실 안락사 가담자들은 이러한 대량 학살을 비밀리에 진행하려고 하였지만, 몇 주 후에는 더 이상 은밀하게 진행할 수 없었는데, 이는 많은 사람들이 그라페넥에서 일어나는 일을 알게 되었기 때문이다. 그러나 단지 소수의 사람들만이 히틀러 정권의 야만적인 범죄 행위에 저항하였을 뿐이었다. 그 이유는 몇 가지로 살펴볼 수 있는데, 우선 많은 사람들은 그라페넥에서의 장애인 및 환자에 대한 안락사 정책을 긍정적으로 여긴 나머지 반대하려고 하지 않았다. 그리고 다수는 장애인들이 살해되는 데에 상관하고 싶지 않았던 것이었다. 아울러 어떤 이들은 안락사 행위에 반대하고자 하였지만 그 방법을 알지 못하였다. 또는 그들 가운데 일부는 나치 정권에 공포나 두려움을 가진 자들도 있었기 때문이었다. 그러나 매우 소수만이 히틀러의 이러한 만행의 사회정책에 반대하여 범죄자들을 경찰에 신고를 하였지만, 당시 경찰은 나치 정권과 한 통속이었으므로 아무런 조치를 취하지 않았다. 안락사 범죄자 가운데 다수는 경찰 자신이 그라페넥 안락사 시설에서 장애인과 환자들을 대상으로 대량 살해를 자행하는 데 가담한 당사자였던 것이었다(https://www.aerzte zeitung.de).

여기에서 나치의 만행에 저항하였던 하인리히 헤르만(Heinrich Hermann, 1879-1961)의 사례를 소개하고자 한다(http://s522790709.online.de). 그는 기독교 재단의 빌헬름스도르프(Wilhelmsdorf) 지역 시설의 시설장이었다. 히틀러와 민족사회주의자들은 빌헬름스도르프 지역 시설에 설문지를 발송하고, 이에 답을 하여 상부에게 보고하라고 지시하였다. 그러나 시설장이었던 그는 매우 용기를 내어 이에 응하지 않았는데, 그는 만일 이 설문지에 대한 보고서를 발송하면 자신이 돌보는 장애인이나 환자들이 틀림없이 살해될 것임을 이미 인식하였던 것이다. 이러한 그의 행동에 안락사 범죄 최고책임자들은 격노하였고, 그들은 빌헬름스도르프로 가서 직접 설문조사를 실시하였다. 결국 빌헬름스도르프 지역 시설의 수용자들은 하다마르 시설에서 안락사를 당하였다. 그럼에도 불구하고 하인리히 헤르만은 자신의 시설에 있는 환자나 장애인 등 많은 인명을 구하기도 하였다.

하인리히 헤르만

그 당시 독일제국은 오늘날 오스트리아의 하르트하임을 비롯하여 전체 6곳의 안락사 시설에서 장애인 및 환자들을 가스로 대량으로 학살하였다. 그들은 각 시설마다 가스실, 시체 소각장 등을 자체적으로 설치하고 만행을 저질렀다. 1941년 8월에 독가스를 통한 안락사 범죄 행위는 일시 중단되었지만, 여전히 독물주사 혹은 의도적인 기아사 등으로 수많은 목숨이 계속 희생되어 왔다(Von Platen-Hallermund, 2005).

나치 정권은 사실 정신질환자 및 장애인뿐만 아니라, 600-650만여 명의 유대인들을 참혹하게 학살하였는데, 이를 흔히 홀로코스트(Holocaust) 혹은 쇼아(Schoah, 히브리어로 대참사, 멸망 등을 의미)로 불린다. 이를 위하여 나치 정권은 특히 폴란드 점령 지역 4곳의 대단위 강제 수용소를 건설하였는데, 이를 이른바 멸절수용소(Vernichtungslager)라 하였다(Rückerl, 1977).

그라페넥 안락사 시설의 시체소각장 연기

그라페넥에서 장애인 및 환자들을 대상으로 안락사를 자행한 범죄자들은 가스실에 대하여 해박한 지식을 지니고 있었다. 그들 가운데 많은 살해 가담자들이 폴란드에 설치된 유대인 멸절시설로 이사하여 일을 계속하기도 하였다. 그곳에서 그들은 대규모 가스실을 건설하였고, 수많은 유대인 등이 비참한 죽음을 맞이하였다(Hagemann, 2000).

호스트 슈만

4) 안락사 범죄 가담자

먼저 안락사 범죄와 관련하여 세 명의 주범을 소개하고자 한다. 첫째로 호스트 슈만(Horst Schumann, 1906-1983)인데, 그는 작센 안할트(Sachsen-Anhalt) 주의 할레

크리스티안 비르트

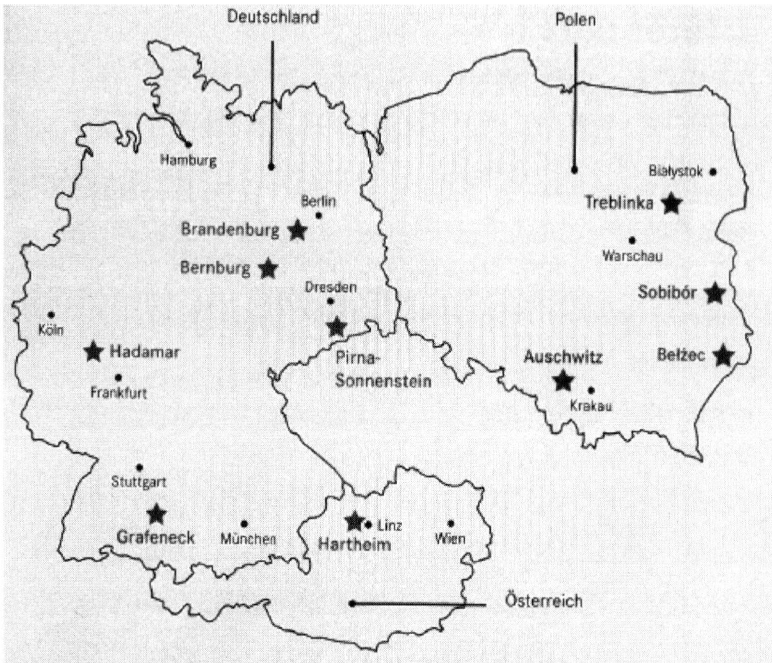

유대인 학살을 위한 멸절수용소 위치

(Halle) 지역 출신의 의사였다(Schilter, 1998).

그는 그라페넥 안락사 시설의 시설장이었고, 장애인과 환자들이 수용된 가스실로 일산화탄소를 주입시켜 살해한 장본인이었다. 그리고 희생자 가족들에게 발송할 사망 확인서를 위조하여 작성할 것을 고안해낸 인물이다.

이후에 호스트 슈만은 소위 멸절수용소(Vernichtungslager)인 아우슈비츠(Auschwitz) 강제 수용소의 의사로 전출되어 갔으며, 그곳에서 많은 사람들을 대상으로 끔찍한 생체 실험을 자행하였다. 또한 안락사 대상자를 선별하는 결정권을 가진 직위에 있었지만, 전후에 그는 어떤 처벌도 받지 않았던 것이었다.

이어서 크리스티안 비르트(Christian Wirth, 1885-1944)는 슈투트가르

아우슈비츠 수용소

트(Stuttgart) 지역의 경찰 공무원이며, 그라페넥 안락사 시설의 행정책임자였다. 그 이후 독일이 점령한 폴란드의 작은 지역에 있던 세 지역(Belzec, Sobibor, Treblinka)의 멸절시설의 시설장으로 있었다. 이 세 지역에서 약 2백만 명, 특히 유대인들이 희생당하였는데, 결국 그는 제2차 세계대전 중이었던 1944년 5월 26일 자신도 유격대원에게 살해당하였다. 그러나 전쟁 후에 슈투트가르트 주 법원은 크리스티안 비르트에게 무죄를 선고하였다(Riess, 2004).

파울리네 크나이슬러

파울리네 크나이슬러(Pauline Kneissler, 1900-사망일 미상)는 노트라인 베스트팔렌(Nordrhein-Westfalen) 주의 두이스부르크(Duisburg)와 베를린(Berlin)에서 각각 간호사로 일하였다.

그녀는 그라페넥 안락사 시설에서 수송차량을 타고 안락사 대상자들을 실어 나르는 일에 조력하였다. 그때 타 지역의 시설에서 그라페넥 안락사 시설에 도착한 장애인이나 환자들은 파울리네 크나이슬러가 안내하여 죽음의 건물로 들어간 후에 탈의 과정을 도왔으며, 계속하여 진료실로 이끌어 갔던 것이었다. 그 후에 간호사였던 그녀는 특히 하다마르(Hadamar)와 카우프보이렌(Kaufbeuren) 지역의 시설에서 희생자들을 독주사로 살해하는 일에 가담하였다. 전후에 그녀는 살인동조 혐의로 프랑크푸르트(Frankfurt/

〈표 II-5〉 그라페넥 안락사 시설의 주요 범죄 가담자 현황(계속)

	가담자 명	직위 및 활동 내용
행정적 측면	Ludwig Sprauer (1884-1962)	• 바덴(Baden) 지역의 최고위 보건공무원이며, 해당 지역 안락사 프로그램 실행과 관련한 행정책임자 • 바덴 내무부의 위임을 받아 장애인 및 환자의 신고서를 바탕으로 그라페넥 안락사 시설로 이송되어야 하는 대상자의 목록 작성
	Otto Mauthe (1892-1974)	뷔템베르크 지역의 최고위 보건공무원이며, 해당 지역 안락사 프로그램 실행과 관련한 행정 책임자
	Eugen Staehle (1890-1948)	• 뷔템베르크 내무부의 보건국장으로서 "Aktion T-4"프로그램과 관련하여 그라페넥 시설을 안락사 시설로 선발하는 과정에서 결정적인 역할을 함 • 자신이 관리하였던 뷔템베르크 내무부의 보건국이 "Aktion T-4"프로그램을 위한 지역 본부로서의 역할을 함
의료적 측면	Horst Schumann (1906-1983)	• 의료 국장으로서 "Aktion T-4","Aktion 14f13"프로그램과 아우슈비츠 비르케나우(Auschwitz-Birkenau) 강제수용소에서 방사선을 이용한 불임시술 인체실험에 가담함 • 그라페넥 지역 시설장이었으며, 1940년 6월-1941년 8월까지 존넨슈타인(Sonnenstein)안락사 시설 가스실에서 13,720명, 아우슈비츠 비르케나우(Auschwitz-Birkenau) 강제수용소 수감자 1,000명 이상을 살해함 • 자신의 본명 대신에 대내외적으로는 " Dr. Klein"으로 불림
	Ernst Baumhard (1911-1943)	• 그라페넥 지역 시설의 부시설장이었으며, 1940년 1월-1941년 6월 사이 그라페넥 및 하다마르(Hadamar) 지역 안락사 시설에서의 대량 살해의 의료인 주범 • 자신의 본명 대신에 대내외적으로는 " Dr. Jaeger"로 불림
	Guenther Hennecke (1912-1943)	• 그라페넥 지역 시설의 부시설장으로서 1940년 4월 25일-1940년 12월: 그라페넥 지역 안락사 시설에서 장애인 및 환자들을 대상으로 행한 안락사에 깊이 관여한 의료인 • 자신의 본명 대신에 대내외적으로는 " Dr. Fleck"으로 불림

관리 및 기타	Christian Wirth (1885-1944)	• 그라페넥 시설의 비의료인으로서 최고 행정책임자였으며, 경찰공무원 및 나치 친위대 고위직위로 그라페넥의 치안 및 희생자들의 사망확인서를 위조를 주도하였던 특별 호적사무소(Sonderstandesamt) 관리자 • 인사관리 및 안락사 과정의 감시 및 감독자
	Gerhard Kurt Simon	• 부시설장이었으며, 특별호적사무소 공무원 활동 • 자신의 본명 대신에 대외적으로는 " Dr. Ott 또는 Keil"이나 "Zorn"등 가명으로 표기함
	Jakob Woeger	• 1939년 12월-1940년 6월까지 그라페넥 특별호적사무소 부서 책임자 • 자신의 본명 대신에 대외적으로는 " Haase"로 불림
	Hermann Holzschuh	• Jakob Woeger의 퇴직 이후에 후임으로 그라페넥 특별호적사무소 부서 책임자 • 자신의 본명 대신에 대외적으로는 " Lemm"으로 불림
	Josef Oberhauser	• 그라페넥 안락사 시설에 자체적으로 설치한 시체 소각장의 책임자
	Hermann Schwenninger	• 안락사 대상자들을 그라페넥 시설로 이송하는 공익환자이송 유한책임회사(Gemeinnuetzige Krankentransport GmbH: Gekrat)의 관리 책임자

M.) 법정에서 3년 4개월의 금고형을 받았지만, 겨우 1년 후에 곧 석방되었다(Siemen, 1999).

그라페넥 지역의 안락사 시설에서 집단 살해 범죄에 가담한 사람들의 각 영역별 활동 내용을 간단히 살펴보면 〈표 II-5〉와 같다(Tuemmers, 2011).

5) 범죄 가담자 재판

결국 나치 독일은 1945년 5월 전쟁에서 패배하였고, 미국, 영국, 프랑스 및 소련 등 연합국이 승리함에 따라서 독일은 이들에게 분할 통치를 받게 되었다. 그라페넥 지역은 프랑스의 통치를 받았고, 4년 후인 1949년에 연합국은 독일인들에게 자치권을 부여하였다.

아울러 나치당은 해체되었고, 주요 전범자들은 법정에서 사형 판결을 받았다. 또한 다수는 감옥으로 들어갔지만, 짧은 기간만 복역하기가 일쑤였고, 대다수의 범죄 가담자들은 아무런 처벌도 받지 않았다.

앞에서 살펴본 바와 같이 그라페넥 안락사 시설의 책임 관계자들 가운데

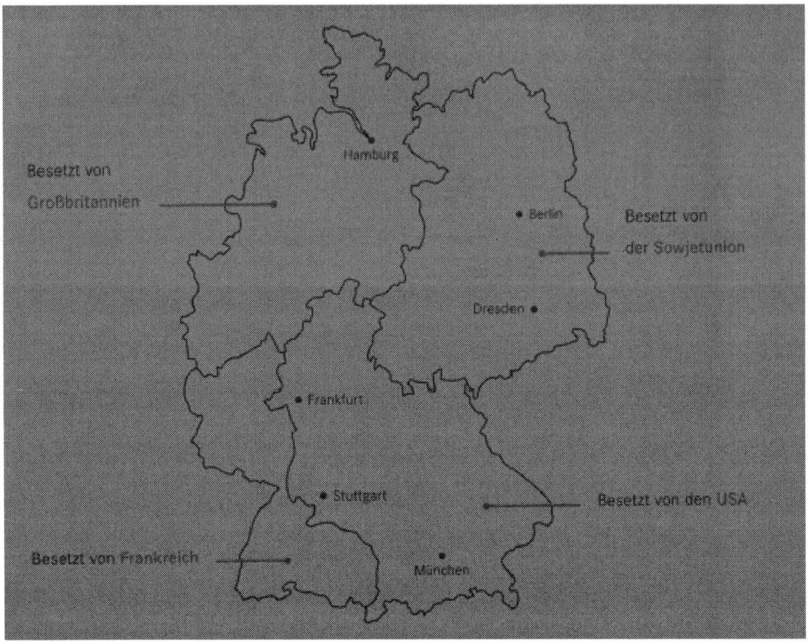

연합국에 의한 독일의 분할 통치

고위직 보건 공무원 루드비히 슈프라우어(Ludwig Sprauer), 라슈타트(Rastatt), 일레나우(Illenau) 및 비스로호(Wiesloch) 지역의 요양시설 책임자였던 아르튀 슈레커(Arthur Schreck) 등이 1947년에 프라이부르크(Freiburg) 배심법원(Schwurgericht)에 기소되어 1948년에 각각 종신형을 선고받았다. 또한 1949년 6월 8일부터 7월 5일까지 튀빙겐(Tuebingen)에서 열린 그라페넥 사건 재판에서는 8명의 피고인들이 추가적으로 재판정에 넘겨졌다. 여기에는 오토 마우테(Otto Mauthe), 막스 아이리히(Max Eyrich, 1897-1962) 등 과거 소아과 의사, 츠비팔텐 지역 병원 의사였던 알폰스 슈테그만(Alfons Stegmann)과 츠비팔텐 지역 병원장이었던 마르타 파우저(Martha Fauser), 특별호적 사무소 공무원이었던 야콥 뵈거(Jakob Wöger)와 헤르만 홀츠슈(Hermann Holzschuh), 요양사였던 하인리히 운페어하우(Heinrich Unverhau) 및 간호사였던 마리아 앞핑거(Maria Appinger) 등이 포함되었다. 이들에게는 그라페넥 안락사 시설에서 남녀를 비롯하여 어린이 등 10,654명에 대한 살해에 가담한 혐의로 기소되었다. 다시 말하자면, 이들에 대한 공소장에는 '살인 조력(Beihilfe zum Mord)'과 '반인간성 범죄(Verbrechen gegen die Menschlichkeit)'로 적시되었다. 그러나 10여 명의 기소자 가운데 5명은 무죄였으며, 나머지 5명은 유죄로 처벌을 받았지만 단기간의 복역 후에 곧 석방되었다. 또한 이러한 재판 사실에 대해서는 라디오나 신문 등 대중 매체에는 거의 보도되지 않았다. 사실 이 재판들은 튀빙겐 판사들에 의하여 독일의 형법에 따르기보다는 기본적으로 독일을 분할 통치하는 연합국의 관리위원회 법 10조에 의거하여 진행되었다(Kinzig/Stöckle, 2011).

그리고 재판 과정에서 범죄 가담자들은 대부분 나치 정권에 저항하였다거나, 희생자들을 도왔다고 하는 등 자신들의 행동은 무죄라고 거짓 주장하며 속죄나 반성의 태도는 거의 보이지 않았다. 그들 가운데 다수는 나치 정권에 대하여 공포심을 가졌으며, 독재 정권에 협력하지 않을 경우에 처벌에 대하여 매우 두려워하였다고 진술하였다. 그러나 실상은 히틀러와 민족사회주의자들의 치하에서도 협력하지 않은 사람들이 많았지만, 그들이 이러한 것으로 처벌받지는 않았다는 사실이다.

6) 안락사 희생자 기념관 건립

전쟁이 끝난 후 1950년대 말과 60년대 이후부터 히틀러와 민족사회주의자들에 의해 희생된 사람들에 대한 기념행사가 가끔 개최되기는 하였지만, 거의 40년 동안 독일 사회는 이러한 끔찍하였던 시절에 희생된 사람들에 대한 기억이나 논의는 거의 이루어지지 않았다.

안락사 범죄자들은 그라페넥 지역에 약 250여 개의 유골 항아리를 그대로 방치하였던 것이었다. 1962년에 사마리아인재단 측이 이 유골에 대한

그라페넥 옛 가스실 해체작업

그라페넥 희생자를 기리는 기념 예배

합동 장례식을 치루었고, 공동묘지를 조성하고 주변에는 돌담을 쌓았으며, 돌로 된 십자가를 세웠다. 이어서 1965년 동 재단 측은 가스실이 있었던 건물을 해체하였다. 그 이유로는 우선 너무 낡았고, 이 재단은 이 건물을 더 이상 필요로 하지 않았으며, 또한 끔찍하였던 살해 사건에 대해 더 이상 기억하기를 원하지 않았던 것이다(Richarz, 1987).

그라페넥 희생자 공동묘지 앞의 기념비

그라페넥 안락사 시설 기념관

희생자 명부

알파벳 정원의 일부

그 후에 그라페넥에 첫 번째 기념식이 개최되었지만, 당시에는 단지 소수 인원들만 참석하였고, 그들은 대부분 당시 나치로부터 박해를 받았던 당사자들이나 또는 희생자들의 친척들이었다. 그러나 1979년에 이르러서야 처음으로 대형 기념식이 열렸는데, 인근의 많은 성직자들이 희생자들을 위한 기념예배를 드렸고, 수많은 인파가 몰려들었다.

이후 해마다 희생자 공동묘지에서 기념 예배가 정기적으로 개최되었는데, 1982년에는 주로 뮌진겐(Muensingen) 출신의 젊은이들과 사마리아인

재단의 직원들로 구성된 안락사 연구회(Arbeitskreis Euthanasie)가 기념관을 확장하고 상설 전시회도 열리기 시작하였다. 이들은 예배를 위한 더 좋은 장소를 원하였고, 또한 그라페넥에 기념관 건립을 기대하였다. 또한 1985년에는 사마리아인재단이 일련의 비극의 역사를 기록한 큰 기념비를 공동묘지 앞에 설치하였다(https://bnn.de).

그리고 안락사 연구회와 사마리아인재단은 1990년에 기념관을 건립하였는데, 뒷벽에 있는 갈라진 형상은 히틀러의 비인간적인 역사 과정의 아픔을 상징화한 것이었다. 그리고 해마다 10월 중순 일요일에는 이곳에서 기념예배가 개최되기도 하며 전시회도 열리기도 한다. 이를 통하여 많은 방문객들은 그 당시 그라페넥에 일어난 암흑의 역사를 알고 경험하는 것이다. 이 기념관은 쉬팀프파흐(Stimpfach) 지역 출신의 조각가였던 루돌프 쿠르츠(Rudolf Kurz)가 예술적으로 형상화한 것이다(Schmitt, 1989; http://s522790709.online.de).

아울러 기념관으로 가는 통로에는 뷔템베르크와 바이에른 지역 소재 40여 개 이상의 시설로부터 이송되어 온 희생자들을 의미하는 돌로 만들어진 조형물이 구성되어 있다. 그리고 안락사 연구회는 희생자들의 이름을 찾아내는 작업을 시작하였고, 그 이름들을 모아 엮어 책으로 발간하였다. 1995년에는 처음으로 희생자 명부가 공식적으로 소개되었다.

그라페넥 정보관

그러나 아직 희생자의 이름이 분명히 밝혀지지 않는 부분에 대해서는 계속해서 연구 작업 중에 있으며, 이를 위하여 이른바 알파벳 정원(Buchstaben-Garten)이 꾸며져 있는데, 이는 모든 사람들의 이름은 이 철자를 가지고 다 쓸

수 있다는 생각이었다. 이에 아직 희생자의 이름이 발견되지 못한 경우라 하더라도 희생자를 결코 잊지 않겠다는 의미를 담고 있다.

또한 1998년 10월부터는 8,000여 명 이상의 희생자 이름을 기록하고 있는 이 자료를 기념관 부근에서 보관하여 모든 방문객들에게 자유롭게 접근하도록 허용하였다. 특히 2005년 10월부터는 그라페넥 기념관에 다양한 역사적인 자료가 수집된 정보관(Dokumentationszentrum)이 마련되어 '1940년 그라페넥-민족사회주의 시대의 환자살해. 역사와 기억(Grafeneck 1940-Krankenmord im Nationalsozialismus. Geschichte und Erinnerung)' 이라는 주제로 그라페넥의 아픈 역사에 대한 상설 전시회를 개최하는데 해마다 방문객의 수가 15,000-20,000여 명에 이르고 있다(Roessner, 2012).

4. 하다마(Hadamar) 안락사 시설

독일의 히틀러와 민족사회주의자들은 1933년 모든 권력을 장악하고 독재정치를 펼쳐 나갔다. 그들은 특히 인종 정책에서 유대인, 정적(政敵), 집시족, 장애인, 정신질환자, 동성애자, 반사회적 성격을 가진 자 등 수많은 사람들을 구타, 투옥, 살해 등을 통하여 무자비한 탄압을 자행하였다. 1939년에는 독일군이 폴란드를 기습적으로 침략하여 제2차 세계대전이 발발하였으며 이는 유럽뿐만 아니라 아시아, 아프리카 및 미국까지 확전되어 약 6년간 지속되다가 수많은 인명 및 재산피해를 입히고 난 후에 1945년에 종전되었다(Beevor, 2014).

더군다나 히틀러의 독재정권과 제2차 세계대전 중에 장애인이나 정신질환자들은 1933년 이후로 많은 수가 사회로부터 분리되어 존중받지도 못하며 가족들과 함께 살 수도 없었다. 그들은 대부분 평생을 시설에 강제 수용되었고, 그곳에서의 음식 제공이나 의료 서비스, 처우 등 삶의 환경은 매우 열악하였다. 그들 가운데 다수가 강제적으로 불임시술을 받았으며, 1939년

이탈리아의 Benito Mussolini와 Adolf Hitler(1938년, 뮌헨)

부터는 이들에 대한 대대적인 안락사가 시행되었다.

하다마 안락사 시설에서도 많은 장애인과 정신과 환자들이 집단적으로 살해를 당하였다. 이러한 반인륜적인 범죄에는 의사를 비롯하여 간호사, 간병인, 사무실 직원, 수송차량 기사 등이 가담하였다. 히틀러와 민족사회주의자들은 포스트, 잡지, 학교 교과서 혹은 대중매체 등에 조직적이고 지속적인 정치적인 선동(Propaganda) 활동을 통하여 장애인이나 정신과 환자들은 국민들에게 부담스러운 존재이며, 사회의 일원으로 인정하지 못한다고 주장하였다. 그들에 대한 개인적이거나 혹은 장애인 시설 운영에는 많은 재정적 요구가 필요한데, 히틀러나 민족사회주의자들은 이를 원하지 않았고, 도리어 그들은 국가가 돌볼 필요가 없고, 오히려 제거해야 할 대상으로 간주하였다. 당시 독일제국에서 소위 '살 가치가 있는 자'는 주로 노동 능력이 있는 사람으로만 한정하였다(Roer/Henkel, 1983).

히틀러와 민족사회주의자들은 이러한 정치적인 선동을 위하여 많은 영화를 제작하였는데, 이를 통하여 그들은 사회에 장애인들이나 환자들에 대

나치 정권의 정치 선전물 사례

한 부정적인 인식과 태도를 확산시키려는 의도를 가졌다. 예를 들어, "나는 고발한다(Ich klage an)"라는 제목의 영화가 있다. 이 영화는 그 당시 유명한 배우들이 출연하였는데, 다음과 같은 내용을 담고 있다. 한 부인이 다발성 경화증(Multiple Sclerosis)을 앓고 있었는데 이는 매우 중증의 장기간 지속되는 질병이었다. 이 병으로 환자는 사망할 수도 있는데, 그 환자는 스스로 죽기를 원하였고, 의사였던 남편은 자기 부인을 살해하였다. 이에 의사는 자기 부인에 대한 살해 혐의로 법정에 서게 되었고, 남편은 조력자살을 통하여 자기의 부인의 고통을 덜어주고자 하였다고 주장하였다. 남편이 유죄 판결을 받았는지 아니면 무죄 석방되었는지에 대해서는 영화의 말미에 언급을 하지 않는다. 즉 이는 장애인이나 정신질환자들을 살해하는 것이 옳은지 아닌지에 대하여 사람들로 하여금 생각하도록 유도하고 있는 것이다(Roth, 1989).

이러한 나치 정권의 정치적 선전선동을 통하여 사회는 점점 장애인이나 정신질환자들은 살 권리가 없고, 그들을 위하여 너무나 많은 국가적 재정

낭비가 된다고 인식한 나머지 그들을 사회로부터 제거하는 것이 더 나은 정책이라는 사상 세뇌가 된 것이었다. 즉 독일 사회는 노동 능력이 있는 자는 가치로운 존재이고, 반대로 장애인 등 그렇지 못한 사람은 '살 가치가 없는 목숨(lebensunwertes Leben)'으로 이해하기 시작하였다(Schmuhl, 1992).

이러한 정치적 이념에 따라서 히틀러 정권은 장애인이나 환자들에 대한 재정적 규모를 점점 줄여나가기 시작하였고, 그들에 대한 음식물 제공조차도 턱없이 부족하였고, 또한 병실과 병상도 모두 부족하였다.

1934년 1월 1일부터는 정신질환자 및 장애인들에게 유전적인 인자를 자녀들에게 물려줄 가능성을 예방한다는 미명하에, 또한 이러한 조치 후 수년 후에는 독일에 장애인이나 정신질환자가 더 이상 없을 것이라는 헛된 망상에 사로잡혀 강제적인 불임시술이 실시되었다. 그리고 1935년부터 히틀러와 주요 의료인들은 이는 법적으로 금지되었음에도 불구하고 장애인과 정신질환자들에 대한 살해 계획을 수립하기 시작하였다. 이윽고 히틀러정권은 1939년에 제2차 세계대전을 일으켰고, 이때부터 전쟁 분위기를 등에 업고 본격적인 장애인과 환자에 대한 학살이 비밀리에 진행되었던 것이다.

그러나 적반하장 격으로 히틀러 정권은 장애인이나 정신질환자들은 고통 가운데 있기 때문에 그들을 위해서 죽는 것이 더 낫다고 주장하였다. 이를 독재정권은 이른바 '아름다운 죽음(schoener Tod)'이라 부르는데, 이는 다시 그리스어에서 유래하여 흔히 '오이타나지(Euthanasie)'라고 일컫는다. 이에 따라서 많은 성인 장애인들이 안락사를 당하였고, 그 전에 이미 독일과 오스트리아 등 당시 독일제국의 전역에 약 30여 곳에서 이른바 병원의 특별 부서인 '아동전문부서(Kinder-Fach-Abteilung)'가 설치되어 비윤리적인 범죄가 일어났다. 당시 헤센(Hessen) 지역에서는 두 곳에 이러한 전문 부서가 설치되어 있었는데, 즉 비스바덴(Wiesbaden) 근교의 아이히베르크(Eichberg)와 이드쉬타인(Idstein) 근처에 위치한 칼멘호프(Kalmenhof)였다(Schrapper/Sengling, 1988).

Eichberg 아동전문부서에서 살해된 아이들과(왼쪽과 중앙) 적출된 뇌(오른쪽)

1939년 가을에 의사들은 베를린의 'Tiergartenstrasse 4'라는 주소지에 매우 중요한 사무실을 건설할 계획을 세웠다. 이는 앞으로 비밀리에 장애인과 환자들을 가스로 어떻게 대량으로 학살할 것인지에 대한 결정과 계획을 논의하는 장소로 사용하기 위한 이른바 안락사 본부 건물이었는데, 이러한 프로그램명을 바로 'Aktion T-4'라 불렀다. 이러한 엄청난 국가적 범죄에 대한 명령권자는 바로 나치 정권의 독재자 아돌프 히틀러였다. 당시 독일제국에는 베를린의 안락사 프로그램 본부에 의하여 내무부 이름으로 총 6곳에 안락사 시설을 설치하도록 지시가 내려졌다. 그중 하다마 안락사 시설은 1941년에 마지막으로 건립되었다.

그 당시 많은 장애인이나 정신과 환자들이 시설에 거주하였는데, 이들을 나치 정권은 노동 불능자와 더불어 치료가 불가능한 존재라 불렀다. 그들은 이러한 이유로 베를린에 특별한 신고 서식에 따라서 등록되어야 하였고, 의사들로 구성된 심사자들은 제출된 신고서를 확인한 후에는 살자와 죽을 자를 결정하였다. 이에 많은 장애인들과 환자들이 자신의 고향을 떠나 특별수송 차량 편으로 독가스실이 설치된 시설로 후송된 후 즉각적으로 밀폐된 공간으로 들어가 일산화탄소 성분의 독가스로 무자비하게 살해되었다.

하지만 나치 정권은 이러한 범죄 사실을 폐렴 등 가짜 사인이나 위조된 사망확인서 등으로 은폐하였기 때문에 유가족들은 가족이나 친인척이 가스실로 끌려가 살해된 사실을 전혀 알지 못하였다. 예를 들어, 그 당시에는 폐렴 등과 같은 질병으로 많은 사람들이 숨지기도 하였다. 그때까지 아직 폐렴에 대한 치료제가 개발되기 않았기 때문에 결과적으로 사망률이 높은 것을 대수롭지 않게 여기기도 하였다. 히틀러의 장애인과 환자들에 대한 대량 독가스 살해 행각은 1940년 1월에 시작하여 1941년 8월에 일시 중단되었는데, 총 6곳의 안락사 시설에서 총 70,000여 명 이상이 사망하였다. 하다마에서만 10,000명 이상의 장애인과 환자들이 비참한 죽음을 맞이하였다(Georg, 2011).

그뿐만 아니라, 여러 시설에서 희생된 사람들 가운데 유대인도 많이 포함되었는데, 이에 따라서 장애를 가지거나 질환을 가진 유대인들도 마찬가지로 대량 학살을 당하였다. 나치 정권은 1940년과 1941년에 걸쳐 비밀리에 유대인에 대한 안락사를 자행하였는데, 희생자들의 가족들은 사망 소식을 늘 폴란드에 소재한 한 지역으로부터 받았다. 1941년 8월에 잠시나마 독가스 살해가 중단되었는데, 몇몇 안락사 전문 가담자들은 폴란드로 자리를 옮겨갔다. 그들은 그곳에서 대규모의 강제수용소(Konzentrationslager: KZ)를 건설하였고, 그곳에서는 독일 및 동유럽 출신의 유대인, 반민족사회주의자 등이 독가스, 총살, 기아사 혹은 질병으로 결국 죽음을 맞이하였다.

이른바 안락사 프로그램이었던 'Aktion T-4'를 통하여 총 6곳의 가스실에서 집단 학살이 이루어졌다. 먼저 베를린 근교의 브란덴부르크와 남부독일의 그라페넥 안락사 시설이 가장 먼저 설립되었는데, 브란덴부르크에서는 1940년 1월부터 9월까지, 그라페넥에서는 1940년 1월부터 12월까지 각각 1만여 명 정도가 살해되었다. 이어서 세 번째로 건설된 구동독 지역의 피르나 존넨슈타인에서는 약 14,000여 명이 숨졌고, 네 번째 시설이었던 오스트리아 지역의 하르트하임 안락사 시설에서는 1940년 5월부터 1941년

8월까지 약 18,000여 명 이상이 희생되었다. 또한 다섯 번째 순서로 건립된 구동독의 베른부르크에서는 1940년 11월부터 1941년 8월까지 5개월 동안 약 8,500여 명 이상의 희생자가 나타났다. 그리고 마지막으로 건설된 하다마에서는 1941년 1월부터 1941년 8월까지 약 8개월 동안 만여 명 이상의 사람들이 목숨을 잃는 등 총 7만여 명 이상이 처참한 죽음을 맞이하였다(Baader/Cramer/Winter, 1991).

각 안락사 시설의 내부에는 가스실을 비롯하여, 해부실, 시체 소각실 및 특별호적사무소(Sonderstandesamt) 등이 각각 설치되어 있었다. 먼저 가스실은 마치 큰 샤워실로 보이지만 그곳에는 물 대신에 가스가 분출되도록 장치되었고, 이를 통하여 장애인이나 환자들이 결국 숨졌다. 이어서 해부실은 해부대(解剖臺)를 갖춘 시설로 당시 의사들은 많은 시체들을 절개하여 세밀히 관찰하기를 원하였다. 종종 의사들은 시체에서 뇌를 적출하여 특별한 용기에 담아 대학 연구소로 보내기도 하였으며, 1945년 전쟁과 나치 정권이 패망하고도 뇌 연구는 계속되었다. 다음으로는 시체 소각실인데, 이곳에는 매우 큰 규모의 화로가 설치되어 희생자들의 시신을 소각하는 곳이었다. 그 밖에도 희생자들에 대한 위조된 사망확인서 등을 담당하는 호적사무소가 특별히 시설 내에 자체적으로 설치되어 있었다(George/Göthling, 2005).

이처럼 그 당시 독일제국에 설치된 안락사 시설 가운데 브란덴부르크, 그라페넥과 하다마의 시설은 1941년 8월에 살해 행각을 중단하였으며, 나머지 베른부르크, 하르트하임 및 피르나 존넨슈타인 시설은 1941년부터

과거 가스실과 시체 소각실(지하)

1945년까지 강제수용소(KZ)의 거주인들에 대한 끔찍한 안락사 범죄를 지속적으로 자행하였다.

히틀러는 1939년 가을 경 한 비밀 서신에 서명을 하였는데, 이 편지가 바로 이른바 '안락사 공포(公布)(Euthanasie-Erlass)'였다. 이를 통하여 그는 불치병을 가진 환자들은 죽음으로 해결되어야 한다고 주장하며, 이를 소위 자비사(Gnadentod)라고 칭하였다. 그러나 비밀스러운 그의 지시는 사실 반드시 지켜야 할 국가적인 법령이 아니었음에도 불구하고, 많은 의사들은 히틀러가 자신들에게 안락사 공포를 통하여 살인을 공식적으로 허용한 것으로 이해하였다. 이는 전 후에 1945년과 1947년에 개최된 나치 범죄자 재판과정에서 중요한 법적인 논점 가운데 하나에 속하였다. 이때 의사, 간병인(요양사), 간호사 및 사무실 직원 등이 법정에 서야 하였는데, 이들은 한결같이 히틀러의 비밀스러운 안락사 공포가 발표되었고, 또한 히틀러의 지시가 장애인이나 정신질환자들에 대한 살해가 허용된 것으로 인식하였다고 변명을 하였다(Heilemann, 2001).

이러한 반역사적인 안락사 범죄 계획과 실행은 히틀러의 독자적인 것이라기보다는 최측근인 두 명의 민족사회주의자들이 조력이 있었다. 그중 한 명은 독일제국의 최고위직에 있었던 필립 보울러(Philipp Bouhler)였으며, 나머지는 히틀러의 주치의였던 칼 브란트(Karl Brandt)였다. 이들이 베를린에서 안락사 프로그램이었던 'Aktion T-4'를 총괄 지휘하였으며, 히틀러의 안락사 공포가 실제적인 안락사 관련 계획과 실행의 단초가 된 것이었다. 1939년 10월부터 나치 정권의 지시로 모든 시설에 설문지가 배부되었는데, 이러한 조사에는 다음과 같은 네 가지 이유가 있었다. 우선 시설 내에 장애인이나 정신질환자가 입소되어 있는 경우에는 시설장은 반드시 설문지를 작성하여야 하였다. 그리고 시설 내에 5년 이상 거주한 입소자는 마찬가지로 설문지에 기입하여야 할 의무 신고 대상자에 해당하였다. 아울러 이른바 다른 피부색, 타국에서 온 이민자 혹은 타종교인 등 '비독일인'은 마찬가지로 신고 대상이었다. 그 밖에도 범죄자에 해당하는 자는 반드시 시설장이 설문지에 알려야 할 대상에 포함되었다. 이렇게 작성된 설문지는 안락사 본부가 위치하였던 베를린의 'Tiergartenstrasse 4' 번지에 발송하였고, 베를린에 도착한 설문지는 다시 관련 의료인들에 발송되어 각 서류 당 세 명의 의사들로부터 해당 당사자의 생사 결정이 이루어졌던 것이었다. 이 당시 심사에 임하였던 의료인들은 총 40여 명 이상이었으며, 이들은 심사 대상자를 직접 대면 진단한 경우는 없고 다만 설문지에 기록된 정보만을 바탕으로 그들의 삶과 죽음을 결정한 것이다. 그중에서도 심사를 실시하였던 의사들은 단지 두 가지 사항을 기준으로 결정하였다. 이는 노동 능력 여부였는데, 만일에 서류에 해당자가 더 이상 노동이 불가능하다고 기록된 경우에는 안락사 대상에 해당하였다. 그리고 다른 한 가지는 치료할 수 있는 질병을 앓고 있는지 여부였다. 만일 불치병으로 판단되는 경우에도 마찬가지로 그에게는 인간의 기본권인 생명권이 보장되지 않았다. 다시 말하자면, 노동 무능력자와 불치병 환자는 안락사 대상에 해당하였다(Sandner, 2003).

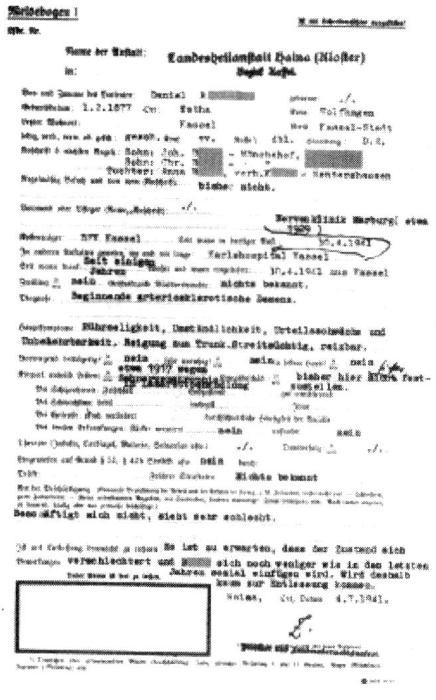
Landesheilanstalt Haina (Kloster)

Daniel

1.2.1877

Kassel

bisher nicht.

nichts bekannt.

Beginnende arteriosklerotische Demenz.

Nichts bekannt

시설에 발송된 신고서 양식

각 시설에 보낸 설문지 형식의 신고서는 의료인들에 의하여 생사가 나뉘어졌는데, 만일 신고서 양식의 왼쪽 하단부에 있는 빈칸에 '+' 표시가 기입되었으면 안락사 대상임을 의미하였고, 반대로 '-' 표시는 생존이 가능하도록 허용된 것이었다. 그리고 몇몇 시설장들은 신고서 양식을 조속하게 기입하여 다시 베를린으로 발송하지 않는 경우에는 베를린 안락사 본부에서 특별 직원이 파견되어 설문지 작성을 독촉하거나 직접 지원하기도 하였다. 또는 시설에 직원의 수가 적어 모든 신고서를 작성할 수 없는 경우에는 특별히 의료진들이 와서 함께 조사하여 기록하기도 하였다. 심사자인 의사들은 가능한 많은 신고서가 회수되기를 바랐는데, 이는 작업량이 많을수록 많은 돈을 벌 수 있었기 때문이었다. 그 당시 다수의 의료인들은 매일 100여 명 이상의 신고서를 심사하였는데, 그들은 자유롭게 안락사 범죄에 직접 가담하였던 것이었다.

하다마 지역의 안락사 시설은 현재 헤센 주의 중부 지역에 위치해 있으며, 1941년 이전까지만 해도 약 500여 명의 장애인 및 정신과 환자들이 사는 평범한 한 장애인 복지시설이었다. 그러나 1941년 1월부터 1945년 3월까지 이른바 나치 정권의 'Aktion T-4' 프로그램에 의거하여 약 14,500여 명의 장애인과 정신질환자들이 가스실에서 독주사, 약물이 의도적인 기아사 등으로 살해당하였다. 이 시설은 오늘날 뢴히베르크 지역의 하다마 정신과 및 심리치료 클리닉 내부에 자리 잡고 있었다.

하다마 시설이 안락사 시설로 정해진 것에는 몇 가지 이유가 있었는데, 우선 이곳은 근교에 철도나 고속도로 등 근접성이 매우 편리하고 좋은 교통의 요충지였다. 왜냐하면, 다른 지역의 시설에 있던 안락사 대상자들을 하다마로 이송해야 하기 때문이었다. 그리고 그 당시 나치친위대(SS)이면서 나사우 지역의 시설관리자였던 프리츠 베르노타트(Fritz Bernotat, 1890-1951)는 종종 의사들에게 환자나 장애인 살해와 제거에 대해 자주 공개적으로 언급하기도 하였다(George/Göthling, 2005; Sandner, 2003).

사실 하다마 시설은 산 근처에 자리 잡고 있었으므로 히틀러와 민족사회주의자들에게 좋은 장소는 아니었는데, 이는 산에서 시설 내부를 볼 수 있었기에 안락사 실행을 비밀리에 진행하기 쉽지 않았기 때문이었다. 하지만 안락사 프로그램 계획 및 실행 관련 수뇌부들은 시설 주변에 큰 울타리를 설치하여 시설 내부를 보기 어렵도록 조치하였던 것이었다. 이처럼 나치 정권은 독일제국의 안락사 프로그램의 실행을 위하여 1941년에는 이미 환자들이 더 이상 살지 않았고, 하다마 주립 병원의 본관 옆 건물에 마지막 6번째 안락사 목적용 시설을 위하여 신속히 개조 작업을 실시하였다. 이곳에는 새로운 직원들을 위하여 사무실, 침실 및 휴게실 외에도 가스실과 더불어 그것과 연결되어 있는 시체 소각장 등이 건설되었다. 먼저 접수실이 새롭게 설치되었는데, 여기에서는 타 지역의 시설로부터 이송되어 온 안락사 대상인 장애인이나 환자들이 처음으로 가서 모이는 장소로 탈출이 불가능한 곳이었다. 그리고 외부적으로는 샤워실로 위장되어 있지만 실상은 물 대신 일산화탄소가 뿜어져 나와 집단 살해를 자행하는 가스실이 마련되어 있었다. 또한 두 개의 시체소각로가 연이어 설치되어 사망한 안락사 대상자들의 시신을 즉각적으로 현장에서 소각 처리하였던 것이다. 그밖에도 안락사 시설의 전체 직원들을 위한 여러 공간, 안락사 희생자들의 사망확인서를 발급하는 특별호적사무소, 희생자들의 가족들에게 보내는 허위의 이른바 '위로편지'를 작성하는 부서 및 희생자들의 유골함을 발송하는 부서 등 목적에 맞게 건물이 신설되기도 하였다. 그럼에도 하다마 안락사 시설은 외형적으로는 여전히 장애인과 정신과 환자들을 수용하고 있는 일반적인 시설로만 여겨졌다(Roer/Henkel, 1986).

1) 희생자들의 출신지

하다마 안락사 시설에서는 1941년부터 매우 다양한 지역으로부터 이송되어 온 장애인과 정신질환자가 희생당하였다. 여기에는 헤센 나싸우(Hessen-Nassau), 베스트팔렌(Westfalen), 하노버(Hannover), 바덴(Baden), 뷔템베르크(Wuettemberg) 및 옛 프로이센의 라인주(Rheinprovinz), 헤센

회색의 수송 차량

(Hessen) 등이 포함되었다. 아울러 하다마 안락사 시설은 산하에 9곳에 이른바 중간기착지(Zwischenanstalt) 역할을 하는 매우 열악한 환경의 시설을 가지고 있었다. 이곳은 각 지역 시설에서 장애인과 환자들에게 소풍을 떠난다고 기만한 뒤에 강제 이송되어 온 안락사 대상자들을 하다마 안락사 시설로 직접 가기 전에 사전에 가족들에게 통보하지 않고 임시로 몇 주 동안 체류하도록 하는 시설이었다.

하다마 안락사 시설에는 모두 3대의 회색 버스가 있었는데, 버스의 모든 창문에는 커튼이 달려있든지 혹은 창문이 회색으로 도색되어 있었다. 이처럼 외부로부터는 버스 안쪽으로는 전혀 볼 수가 없었고, 반대로 버스 안의 안락사 대상자들은 외부를 살필 수가 없었다. 중간기착지에서 몇 주 동안 머문 희생 대상자들은 하다마 안락사 시설의 수용 능력과 형편에 따라서 수송차량 편으로 조직적으로 입소시킨 뒤에 가스실에서 집단으로 살해 행각을 자행하였던 것이다. 이 수송차량은 한대 당 20-25명씩 탑승할 수 있었고, 최소한 두 명의 간호사나 간병인이 항상 동승하였다. 당시 중간 기착지는 헤센 나싸우에 5곳, 옛 프로이센의 라인주에 2곳 그리고 바덴과 뷔템베르크에 각각 1곳이 설치되어 있었다. 그리고 중간지착지 시설에서는 'Aktion T-4' 프로그램의 첫 번째 안락사 과정이 종결된 후에는 중앙정부적인 차원이 아니라, 각 시설 의료인들의 재량에 따라서 지역적 혹은 개별 시설의 차원에서 장애인과 환자들을 살해하였던 것이었다(Fuchs et al., 2007).

2) 희생자 수

안락사 대상자들을 태운 회색의 수송차량인 버스는 맨 먼저 하다마 지역을 통과하여 안락사 시설이 위치해 있는 산으로 올라갔다. 이후 수송 버스는 본관 건물의 뒤뜰 안으로 들어가서 새로 지어진 큰 차고지 안에 멈추었다. 이 차고지는 큰 출입문이 달려있고, 아무도 안을 볼 수 없도록 대부분은 잠겨 있었다. 안락사 대상자들은 차고지에서 수송차량에서 하차하였고, 아무도 탈출할 수 없도록 되어 있었다. 이어서 그들은 좁은 복도를 따라서 1층에 있는 큰 강당으로 들어갔는데, 이곳이 대기실이 있었고, 또한 탈의실도 마련되어 있었다. 모든 남녀 장애인이나 환자들은 탈의해야 하였고, 단지 낡은 옷을 얻어 입었으며, 이를 간호사나 간병인이 도왔다. 그리고 난 후에 간호사와 간병인들이 한 공간으로 안내되어 갔는데, 이곳에서는 사무실 직원으로부터 각 사람들에 대하여 이름과 생일 등을 자세하게 점검하는 과정을 거쳤다.

그리고 희생자들은 또 다른 방으로 들어가서 안락사 담당 의사 앞에서 각각의 안락사 대상에 대하여 추후에 가족에게 알릴 거짓된 사인을 미리 심사숙고하였는데, 예를 들어 폐렴 등이 가장 흔한 사망 원인 가운데 하나에 해당하였다. 이어서 희생자들은 지하실로 이끌려 계단 아래로 내려갔는데, 이곳에는 간호사나 간병인은 더 이상 없었다. 지하실 입구부터는 남자 직원들만 대기 중이었는데, 그들의 주 업무가 바로 희생자들의 시신을 소각하는 일이었다. 장애인이나 환자들은 그 남자들에 의하여 가스실로 안내되었다. 하지만 대상자들 가운데는 가스실로 들어가는 것을 거부하는 경우가 종종 발생하여 강제로 끌려들어갔다. 마치 샤워실로 꾸며진 죽음의 가스실은 철저하게 공기가 통하지 않도록 철저히 밀폐된 문이 있었고, 늘 폐쇄된 상태를 유지하였다. 독가스는 안락사 담당 의료진에 의하여 가스실로 주입되었고, 결국 모두가 그곳에서 처참하게 사망하였다. 이후에는 가스실이 잠시 동안 환기시킨 후에야 몇몇 남자들이 안으로 들어가서 희생자의 구강으로부터 모든 금니를 발치하였다. 아울러 희생자 가운데 다수는 의료인들로부터 해부 대상자로 사용되었는데, 특히 의사들은 그들의 뇌를 적출하여 연구하였다(Hinz-Wessels, 2015).

안락사를 당한 환자 및 장애인들의 시신은 소각 처리되었으며, 이를 위하여 하다마 시설에는 두 개의 소각로가 설치 구비되어 있었다. 희생자들은 날마다 가스실로 이송되었고, 모두 이송된 당일에 죽음을 맞이하였다. 이처럼 잔혹하게 목숨을 잃은 희생자들의 죽음에 안락사 시설 당국은 옛날 수도원 건물이었던 사무실을 통하여 결국 가족들에게 사망통지서가 발송되었다. 이 수도원 건물의 지붕에는 적십자 표시가 되어 있어 이 시설이 마치 병원처럼 보였는데, 사실은 그렇지 않았다. 이곳에는 환자는 없었고, 사무실 직원들이 희생자들의 가족들에게 보낼 사망통지서를 작성하였던 것이었다. 그들은 희생자들의 가족들에게 위조된 사망 원인과 사망 일자가 기록된 사망확인서를 발송하였다.

그뿐만 아니라, 그들은 형식적인 '위로편지(Trost-Brief)'를 작성하여 유가

옛 수도원 건물 지붕의 적십자 표시

족들에게 보내기도 하였다. 그 편지 속에는 물론 망인에 대한 조작된 사망 원인을 작성하였고, 아울러 고인의 삶이 너무나 힘들었기 때문에 죽음이 오히려 망인 자신을 위해서도 더 나은 해결책이라는 말을 덧붙이기도 하였다.

독일의 히틀러와 민족사회주의자들은 장애인과 환자들에 대한 강제적인 안락사 행위를 비밀리에 은밀하게 진행하였다. 단지 간혹 몇몇 희생자들의 가족들만이 하다마 안락사 시설 근처 도시에 살았던 것이었다. 이러한 가족들은 아마도 희생자들이 하다마에서 살해된 사실을 이미 들었을 것이다. 그래서 나치 정권은 가족들이 하다마에서 사망하였음에도 불구하고 일부러 하다마 안락사 시설로부터 가족의 사망 소식을 통지한 것이 아니라, 오히려 멀리 떨어진 다른 지역의 시설에서 사망한 것처럼 위조된 편지 봉투의 주소를 통하여 소식을 전하도록 획책한 것이었다. 또한 이러한 사실을 모르는 가족들은 자신의 친인척이 살해되지 않고 자연사한 것으로 믿었던 것이다.

예를 들어, 한 희생자의 가족이 림부르크 근교 도시에 살았는데, 그 가족은 실제로 살해된 하다마 안락사 시설로부터는 어떤 사망 관련 통보를 받지 못하였다. 림부르크는 사실 하다마 안락사 시설 근처에 있었기 때문에 일부러 이곳에서부터 먼 거리에 있는 베른부르크 혹은 피르나 존넨슈타인으로부터 이 전갈을 받았던 것이었다. 그러나 가족들은 베른부르크나 피르나 존넨슈타인으로부터는 아무런 것도 듣지 못하였는데, 이는 희생자들의 가족들은 그곳에도 하다마 지역처럼 안락사 시설이 있다는 것을 몰랐기 때문이다. 그래서 사망통지서는 실제로 사망한 하다마가 아니라 베른부르크에서 온 것처럼 보였는데, 이는 우편물 겉봉투의 소인이 베른부르크 지역으로 찍혔기 때문이었다. 또한 편지지의 윗부분에도 베른부르크의 주소가 기록되어 있었다. 이러한 안락사 당국 간의 눈속임으로 유가족들은 그들의 가족이 하다마에서 사망하지 않았고, 하다마에서 멀리 떨어진 시설에서 질병으로 사망한 것으로 믿었다. 아울러 오늘날 안락사 기념관의 직원들은 많은 사실을 새롭게 알아냈는데, 예를 들어, 유가족에게는 매우 중요한 것에

요셉

해당하는 희생자들의 실제적인 사망 장소에 관한 내용이었다. 그 당시 많은 유가족들은 조작된 소위 '위로편지'에 감쪽같이 속았던 것이다 (Lan-deswohlfahrtsverband Hessen, 2002).

예를 들어, 요셉(H. Josef)의 경우가 그러하한데, 그는 1921년 8월 9일생으로 청소년 시절에 쇼이에른(Scheuern) 지역 시설에 입소하였다. 그 후 1940년 6월에 다시 바일부르크(Weilburg) 근처에 있는 바일뮌스터(Weilmuenster) 시설로 옮겨갔다. 그리고 난 후에 1941년 2월 4일 하다마 안락사 사실은 가족들에게 요셉이 하다마에 있음을 알렸다. 그 후에 그는 다시 다른 기관으로 수송되었다고 통보하였지만, 그것은 거짓이었다. 사실은 요셉은 1941년 1월 31일 바일뮌스터에서 다른 35명의 남자 환자나 장애인들과 함께 하다마의 죽음의 시설로 온 것이었다. 그리고 바로 그날에 가스로 죽임을 당한 것이었고, 그 가족에게 보낼 '위로편지'와 사망확인서는 베른부르크에서 각각 조작되어 기록되었던 것이었다. 그 편지에는 1941년 2월 16일 날짜로 적혀 있었고, 요셉은 1941년 2월 16일 패혈증으로 사망한 것으로 조작되는 등 사망 원인이나 사망 일자가 모두 날조되었다. 그리고 안락사 시설의 사무실 직원은 유가족들에게 망인의 재가 담긴 유골함도 함께 보냈던 것이었다.

또는 루드비히(Ludwig)의 아버지는 1941년 3월에 아들의 죽음에 관한 이른바 위로편지를 받았다. 편지에는 아들이 1941년 3월 4일 40세로 베른부르크에서 사망하였으며, 사인은 맹장염이라고 기록되어 있었다. 그러나 그것은 거짓이었는데, 사실 루드비히는 1941년 2월 19일 하다마 안락사 시설에서 살해된 것이다. 그의 아버지는 비스바덴(Wiesbaden)에 살고 있었는데, 이곳은 실제로 루드비히가 죽임을 당한 하다마와 가까이 있었다.

하다마 안락사 시설의 굴뚝 연기

이처럼 안락사 당국은 가족들로부터의 직접적인 방문이나 여러 가지 사실에 대한 문의나 혹은 항의를 사전에 차단하기 위하여 일부러 치밀하게 사전에 계획하여 비스바덴과는 멀리 떨어져 있는 베른부르크에서 질병으로 자연사한 것처럼 꾸며 우편물을 발송한 것이었다.

'Aktion T-4' 프로그램의 한 내부 통계 자료에 따르면 하다마 안락사 시설에서 1941년 1월 13일부터 1941년 9월 1일 사이의 겨우 8개월 만에 총 10,072명이 일산화탄소 중독으로 희생되었다. 아울러 이와 유사한 내용의 증언에 따르면, 1941년 여름에 1만 번째 안락사 대상의 시체를 소각할 때에 전체 직원들이 맥주병을 든 채 축제를 열었다고 말하였다. 그리고 하다마 소재 기념관의 2010년에 밝힌 희생자 목록에 의하면, 그 당시 나치에 의하여 목숨을 잃은 사람이 총 10,122명에 이른다고 밝히기도 하였다. 희생자들은 샤워실로 위장된 지하의 독가스실에서 살해되었으며, 그 시신들은 바로 인접한 시체 소각실에서 불태워 처리하였다. 이에 소각장에서 뿜어져 나오는 연기와 소각되는 시체에서 나오는 냄새는 그곳 직원들의 비밀스러운 행각에도 불구하고 하다마와 인근 주민은 무자비하고 조직적인 안락사 범죄를 기본적으로 짐작하기에 충분하였다. 아울러 하다마-묀히베르크 특별 호적사무소는 희생자들의 가족들에게 전적으로 왜곡된 허위 사망확인서를 발급하고, 또한 거짓 사망 원인을 기입하여 발송하였다.

1941년 8월 24일 아돌프 히틀러의 지시에 따라 'Aktion T-4' 프로그램

클레멘스 아우구스트 그라프 폰 갈렌

1단계는 종결되었다. 이러한 과정에는 뮌스터(Muenster)의 클레멘스 아우구스트 그라프 폰 갈렌(Clemens August Graf von Galen, 1878-1946) 주교 등 가톨릭교회의 저항이 큰 몫을 차지하였다. 갈렌 주교는 히틀러와 민족사회주의자들이 장애인과 환자들을 대상으로 자행하고 있는 안락사 행위를 미사 시간이나 혹은 편지 서한을 통하여 항의하였다. 이를 통하여 많은 사람들이 나치 정권의 만행을 널리 알게 되었다. 또한 1941년 8월 13일 림부르크 지역의 주교였던 안토니우스 힐프리히(Antonius Hilfrich, 1873-1947)도 제국법무부(Reichsjustizministerium) 앞으로 안락사 행위를 중단하라는 강력한 항의 서한을 발송하였다(Steglich/Kneuker, 1985).

그 당시에는 대중매체의 보급이 아직 대중화되지 않은 시기로서 나라 안에서 일어나는 일에 대하여 빠르고 많이 알기에는 아직 어려운 시기였다. 그러나 나치 정권은 라디오를 통하여 자신들의 정치 선전만을 내보냄으로써 일반인들은 구체적이고 진실된 소식은 쉽게 알지 못하였고, 많은 사람들은 교회에서 처음으로 미사나 설교시간을 통하여 겨우 나치 정권의 만행을 들은 것이었다.

이른바 성인안락사(Erwachsenen-Euthanasie)의 1단계 말미에는 약

70,000여 명 이상의 환자 및 장애인들이 가스를 통하여 죽임을 당하였다. 이를 통하여 당시 치료 및 요양시설 담당 독일제국의 책임자였던 헤르베르트 린덴(Herbert Linden, 1899-1945)은 1939년부터 환자의 비율이 25% 감소되었음을 알았다. 하지만 그의 목표치는 정신과 병상의 60% 이상을 전쟁 중인 부상군인 등을 위하여 내어주는 것이었다. 이는 안락사 프로그램의 2단계 과제였는데, 1943년부터 자행한 병원에 있는 장애인이나 정신질환자들을 살해한 '야만적(wilde)인', '지역적(dezentrale)인', '약물 안락사(Medikamenten-Euthanasie)' 혹은 'Aktion Brandt'라고도 불렀다. 지금까지 안락사와는 반대로 소수의 몇몇 시설을 중심으로 국한한 가스 살해가 아니라, 독일제국에 걸쳐 수많은 시설에서 의도적인 영양결핍, 기아사 혹은 루미날(Luminal), 베로날(Veronal) 등의 강력 진정제나 모르핀 주사나 공기주입 등으로 대량 학살을 자행한 것이었다(Berger, 2013).

1942년 여름경에 베를린에서는 더 이상 가스를 통한 안락사 프로그램을 실시하지 않고 안락사 시설을 해체한다고 결정하였다. 따라서 하다마 안락사 시설에서도 이와 관련된 장치들을 제거하였고, 건물 및 각 공간들도 원래의 사용 용도에 따라 변경하였다. 이러한 작업은 같은 해 7월 말까지 완료되었다. 그 결과 1942년 7월 31일에 이 시설은 비스바덴 지역에 있는 나싸우 지방의 원소유자 재단으로 되돌려줌으로써, 1942년 8월 1일부터 주립병원이 정상적으로 운영되기 시작하였다.

그러나 당시 나치스의 친위대(SS)이자 나싸우 지방의 공공시설의 관리 책임자였던 프리츠 베르노타트(Fritz Bernotat, 1890-1951)의 지시에 따라 수석의사였던 아돌프 발만(Adolf Wahlmann,

아돌프 발만

하다마 안락사 시설의 중간기착지인 Andernach

1876-1956)은 하다마 지역의 의료 책임자를 맡고, 지방사무관이자 나치스 돌격대(SA)였던 알폰스 클라인(Alfons Klein, 1909-1946)이 행정 책임의 권한을 위임받았다(Klee, 2005b; http://www.gedenkstaette-hadamar.de).

아돌프 발만과 알폰스 클라인의 책임하에서 1942년 8월부터 장애인과 정신질환자들에 대한 살해 행각은 계속 진행되었으며, 살해 방법으로는 가스실이 아닌 의사나 혹은 간병인들로부터 제공받은 주사액, 과도하게 처방된 약물 혹은 의도적이고 계획적인 기아사 등을 통하여 생명권을 유린하였다. 특히 제2차 세계대전이 발발하였던 1939년에 의사였던 아돌프 발만은 이미 연금생활자였지만, 그럼에도 불구하고 1942년 다시 하다마 안락사 시설에서 일을 하였다. 이때 그의 과업은 안락사 대상을 선정하는 일이었는데, 그는 이일을 수간호사나 수간병인들과 협의하여 결정하였다. 이는 안락사 프로그램의 1단계와는 달리 집단 살해 범죄에 간호사 및 간병인들조차 공범으로 참여한 것이다.

하다마 안락사 시설은 안락사 프로그램 2단계에서 대량 학살에 필요한 참여 인원을 두 배로 확대하였다. 그리고 1943년 4월에는 독일제국 내무부의 훈령에 따라서 그곳에 국립의 복지 시설로 미성년 유대인 혼혈아들, 즉 부모 중 한쪽이 유대인인 아동을 위한 학교가 건립되었다. 이 아이들은 원래 뉘른베르크 법(Nuernberger Gesetze)에 의거하여 소위 '반쪽 유대인(Halbjude)'으로 분류되어 강제이주(추방)나 학살로부터 보호받았다(Mayer, 2002). 그러나 39명의 반유대인들이 하다마로 수송되어 그 가운데 34명이 독주사로 살해되었고, 나머지 5명의 어린이들은 그들의 친인척의 적극적인 활동과 법률적인 압력에 따라서 다시 무사히 석방되기도 하였다. 또한 나치는 1944년 7월 말경에는 소위 치료될 수 없는 결핵을 앓는 동유럽노동자들에 대한 독주사 살해를 자행하였다. 여기에는 약 274명의 남성, 173명의 여성과 15세 미만의 어린이 21명 등 총 468명이 숨졌고, 희생자들 중 대다수인 소련인이 375명, 63명이 폴란드인 순이었다(Von der Heydt, 2010).

〈표 II-6〉 1941년 하다마 안락사 시설의 월별 장애인 희생자 현황(계속)

월별	일별	희생자(명)	중간기착지	월별	일별	희생자(명)	중간기착지
1월(598명)	13	30	Eichberg	4월(892명)	1	91	Scheuern
	15	30	Weilmuenster		2	79	Wiesloch
	17	19	Kalmenhof		3	44/63	Eichberg/Weilmuenster
	20	49	Eichberg		4	49	Weinsberg
	22	50	Eichberg		21	41	Scheuern
	24	50	Herborn		22	64	Weinsberg
	27	76	Weilmuenster		23	89	Andernach
	28	75	Herborn		24	96	Weilmuenster
	29	72	Eichberg		25	60	Andernach
	30	78	Herborn		28	90	Galkhausen
	31	69	Weilmuenster		29	18/21	Eichberg/Kalmenhof
2월(989명)	3	75	Herborn		30	87	Wiesloch
	6	76	Weilmuenster	5월	2	90	Galkhausen

	10	71	Kalmenhof	(1,812명)	5	90	Galkhausen
	13	72	Herborn		6	89	Andernach
	17	58	Eichberg		7	88	Andernach
	18	71	Weilmuenster		8	90	Andernach
	19	63	Eichberg		9	90	Eichberg
	20	71	Weilmuenster		12	88	Herborn
	21	74	Eichberg		13	91	Scheuern
	24	72	Weilmuenster		15	87	Weilmuenster
	25	71	Herborn		16	83	Scheuern
	26	69	Eichberg		19	94	Weilmuenster
	27	72	Weilmuenster		20	88	Eichberg
	28	74	Herborn		21	91/84	Herborn/ Weilmuenster
3월 (1,159명)	6	76	Weilmuenster		23	32	Weilmuenster
	7	75	Herborn		27	90	Galkhausen
	10	81	Weinsberg		28	80/132	Herborn/Eichberg
	11	76	Kalmenhof		29	119/ 116	Weilmuenster/ Eichberg
	12	68	Herborn	6월 (1,634명)	6	106	Weilmuenster
	13	63	Weilmuenster		7	51	Andernach
	14	45	Kalmenhof		9	145	Eichberg
	17	70	Eichberg		10	119	Eichberg
	18	98/37	Weilmuenster/ Scheuern		11	41	Scheuern
	19	90	Scheuern		12	103	Weilmuenster
	20	88	Weilmuenster		13	100	Weilmuenster
	21	68	Weilmuenster		16	121	Herborn
	24	25/64	Scheuern/ Herborn		17	55/23	Wiesloch/ Weinsberg
	25	54	Weilmuenster		18	115	Andernach
	28	28	Wiesloch		19	41/119	Weilmuenster/ Herborn
	31	53	Weinsberg		20	50/105	Herborn/ Andersnach
6월	24	92	Galkhausen	7월	24	102	Weilmuenster

	25	87	Weilmuenster		25	67	Andernach
	26	69	Eichberg		28	84	Galkhausen
	30	92	Galkhausen		29	80	Galkhausen
7월 (1,610명)	1	111	Scheuern		30	91	Weilmuenster
	2	100	Eichberg		31	68	Weilmuenster
	3	114	Eichberg	8월 (710명)	11	107	Eichberg
	4	30/29	Herborn/ Eichberg		13	98	Eichberg
	7	87	Andernach		14	73	Weilmuenster
	10	63	Weilmuenster		15	76	Andernach
	17	81	Herborn		18	94	Eichberg
	18	61	Herborn		19	94	Eichberg
	21	28/113	Wiesloch/ Herborn		20	85	Galkhausen
	22	77/51	Galkhausen/ Weilmuenster		21	83	Weilmuenster
	23	79/94	Scheuern/ Herborn				

아울러 1942년 8월 13일에서 1945년 3월 24일 사이에 4,817명의 장애인과 정신질환자들이 대부분은 공익환자이송 유한책임회사(Gekrat)에 의하여 하다마로 이송되어 그 가운데 4,422명은 이 기간 중에 잔인하게 목숨을 잃었던 것이었다. 1945년 3월 26일 미국군의 하다마 점령으로 종전 즈음까지 지속된 무고한 인간에 대한 체계적인 살해 행각이 겨우 종말을 고하게 되었다. 하다마 안락사 시설에서 희생된 사람들의 총 인원은 최소한 14,494명에 이르렀다. 더군다나 하다마 안락사 시설 당국은 안락사 대상자들에 대한 대량 학살을 자행하기 전에 1941년 1월부터 1941년 8월까지 이른바 '살해 달력(Mord-Kalender)'이라 일컫는 치밀한 살해 계획을 수립하여 자행한 것으로 나타났다.

여기에는 주로 언제, 얼마나 그리고 어떤 중간기착지에서 안락사 대상을 하다마로 이송해 오는지에 대한 구체적인 일정이 수립되어 있었다. 그러나

하다마 안락사 시설의 간호사 및 간병인

이 숫자는 하다마에서 목숨을 잃은 모든 희생자의 수를 포함하지는 않았고, 단지 많은 중간기착지 시설에서 온 희생 대상자에 한정된 점을 알 수 있다.

아울러 이 계획안에는 하다마에서 살해된 유대인이 얼마나 포함되었는지는 밝히지 않았다. 하다마 안락사 시설에서는 1941년 1월부터 중간기착지에 대기 중인 안락사 대상들을 이송하여 같은 날 잔혹하게 목숨을 빼앗았던 것이다(Vormbaum, 2005).

또한 이 계획서에서 나타난 몇 가지 특징을 살펴보면, 3월부터 처음으로 같은 날에 다른 중간기착지에서 수송되어 온 안락사 대상이 함께 살해되기 시작하였다. 아울러 5월에는 3일 동안 잇달아 안더나흐(Andernach)의 중간기착지에서만 안락사 대상자들이 이송되어 온 것이며, 5월 중 가장 많은 장애인과 환자들의 수가 살해당하였음을 알 수 있다. 그뿐만 아니라 안더나흐(Andernach)의 중간기착지에서도 마찬가지로 최소한 929명이 대량으로 학살되었다. 하지만 이러한 장애인과 환자들에 대한 반인륜적인 국가

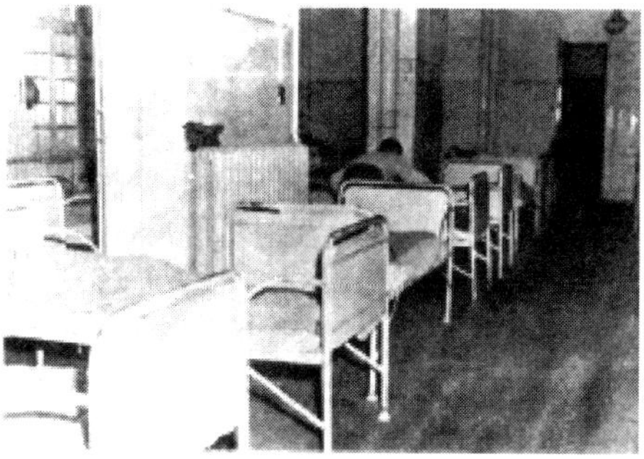

하다마 시설의 죽음의 병실

하다마 안락사 시설의 집단 매장 형태의 공동묘지

적 범죄는 사실 1942년 이후에도 1945년까지 지속되었다. 단지 나치 정권은 이때부터는 독가스가 아닌 약물중독 혹은 의도적인 기아사를 통하여 목숨을 빼앗았던 것이다(Kufferath, 1975). 1942년 이후에도 마찬가지로 모든 장애인과 정신질환자들은 일정 양식을 따라서 시설 당국에 신고 및 등록을 해야 하였고, 그들은 결국 하다마 안락사 시설로 끌려가서 죽음을 당하였다. 그러나 그 밖에 노동 능력이 좋지 못하거나 불치병 혹은 아프거나 부상당한 군인들까지도 그곳에서 비참한 최후를 맞이하였다. 하다마 안락사 시설에서는 안락사 대상이 즉각적으로 결정되었고, 의사와 간병인 및 간호사들에 의하여 최후를 맞이한 것이었다. 1942년부터 1945년 사이에 하다마에서는 약 4,500여 명에게 미량의 음식을 주거나 혹은 아예 아무것도 음식물을 제공하지 않아 아사로 희생되거나 또는 약물중독이나 독주사를 통하여 대량 학살을 당하였다. 그리고 나치 정권은 보통 이러한 살육을 늘 밤중에 자행하였다.

예를 들어, 그 당시 하다마 안락사 시설에 아돌프 발만(Adolf Wahlmann, 1876-1956)이라는 의사가 있었는데, 그는 저녁에 학살할 안락사 대상을 매일 간호사나 간병인들과 결정하는 일을 하였다. 먼저 노동 능력이 없거나 혹은 이러한 살해 행위를 발설하는 사람들조차도 제거 대상이었다. 아돌프 발만이나 간호사 및 간병인들은 안락사 대상자들에 대하여 이른바 '사망 후보자들(Todes-Kandidaten)'이라고 불렀다. 대부분 장애인이나 정신질환자들은 안락사 시설 병실에서 밤중에 독주사, 약물중독 혹은 기아사로 목숨을 잃었던 것이었다(Stiglegger, 2009).

1942년 하다마 안락사 시설은 건물 뒤편에 있는 일정 부지를 매입하였고, 비교적 가파른 언덕에 자리잡고 있었는데, 이곳은 공동묘지였다. 즉 하다마 안락사 시설에서 사망한 희생자들의 시신을 묻을 장소였던 것이었다. 먼저 희생되어 공동묘지로 옮겨온 시신들은 깊이 판 각각의 무덤 속에 20여 구까지 매장되어 있었다. 이는 이른바 집단 묘지(MassenGrab)라 부르는데, 외관상으로는 마치 개별묘지처럼 보이지만, 이는 집단으로 매장한 당국의 속임수였다(http://lucifer-pictures.com).

당시 이곳의 모든 희생자들은 나체 상태로 입관이나 장례식 절차도 없이 구덩이에 던져 넣어 암매장 처리되었던 것이다(Roer/Henkel, 1983).

3) 안락사 범죄의 가해자와 피해자

사실 'Aktion T-4' 안락사 프로그램의 조직자인 빅토르 브락(Viktor Brack)과 칼 브란트(Karl Brandt)는 장애인이나 환자에 대한 안락사 행위는 오로지 의료인들을 통해서만 허용된다고 지시하였는데, 이는 1939년 9월 1일의 히틀러 전권위임편지(Ermaechtigungsschreiben)에 단지 의사에게만 안락사 시행권이 부여되었기 때문이었다. 이에 따라서 가스실의 가스밸브 조작은 안락사 시설에 재직 중인 담당 의사의 역할과 과제로 부여된 것이다. 물론 안락사 과정 가운데 담당 의사의 부재나 다른 기타의 이유가 있을 경우에는 비의료인들이 가스밸브를 조작하기도 하였다. 모든 안락사 관련 의사들은 외부 문서에 자신의 본명을 적시하기보다는 일반적으로 가명을 사용하였다(https://www.gedenkort-t4.eu/de).

1940년에서 1942년 사이에 하다마 안락사 시설에는 모두 70-75명 정도의 직원이 범죄에 가담하였다. 그들은 각자 다양한 역할과 과제를 수행하였는데, 약 7명은 수송차량인 버스를 운행하였는데, 당시 하다마 안락사 시설에는 3대의 버스를 보유하고 있었다. 그들은 안락사 대상자들을 중간기착지 시설에서 하다마 시설로 수송하는 일을 하였다.

그리고 최소한 25명이 안락사 범죄에 직접 가담하였는데, 여기에는 2명의 의사, 간호사, 간병인, 사진사, 희생자들의 시신 소각 처리 담당자 등이었다. 또한 20여 명은 사무실 행정 직원으로 근무하였으며, 그들이 이른바 가식적인 위로편지를 작성하고 거짓된 사인이나 사망 일자를 담은 사망확인서와 더불어 희생자들의 유품과 유골함을 유가족들에게 발송하는 임무를 맡았다. 그리고 안락사 시설의 약 20여 명은 구내식당, 주방, 작업장, 정원, 세탁실 등지에서 일을 하였다.

1941년 초에 하다마 안락사 시설에는 변화가 다소 있었는데, 그것은 새

하다마 안락사 시설의 시신 소각장

로운 인물들이 들어온 것이다. 예를 들어, 새로운 의료진, 사무실 직원, 간호사 및 간병인들이었는데, 이들은 이곳에 오기 전에는 남독에 위치한 그라페넥 지역의 안락사 시설에서 1940년 12월까지 일하였던 자들이었다. 대다수의 안락사 시설 직원들은 시설 구내에 살았고, 하다마 지역 밖에서는 어떤 일도 하지 않았다. 그들은 안락사 시설에서 많은 돈을 벌었으며, 때때로 특별 수당을 받기도 하였다. 그러나 그들은 일절 자신들이 하는 일에 대해서는 함구하여야 하였으며, 만일 외부의 누군가에게 자신이나 그 시설에서 일어나는 일에 대해 발설을 한 경우 강제수용소(KZ)에 끌려가 사형을 당할 정도로 위험한 일이었다.

'Aktion T-4'에 의거하여 하다마 안락사 시설에는 많은 이들이 근무하였는데, 특히 알폰스 클라인(Alfons Klein, 1909-1946)은 두 번째 안락사 과정에서는 하다마 지역 시설의 관리책임자였고, 그 지역의 안락사 프로그램의 계획 및 실행에 있어서 행정의 주요 관리자요 조직자였다. 그는 민족사회주의 이념을 신봉하였고, 그 목적을 철저히 따르는 인물이었으므로 여러 가지 역할을 맡았다. 먼저, 그는 의사, 간호사 및 간병인들에게 장애인이나 환자 및 기타 정권에 거슬리는 모든 사람들을 살해하라고 명령하였다. 그리고 그는 베를린 안락사 프로그램 본부 측에 여러 가지를 보고하였는데, 예를 들어 하다마 안락사 시설의 빈 병상 수를 알려 새로운 환자들과 장애인들이 이송되어 왔고 같은 날 대량 학살을 자행하였다(http://www.gedenkstaette-hadamar.de).

〈표 II-7〉은 하다마 안락사 시설에서 당시 활동한 주요 의료인들의 명단이다. 그들 가운데 대부분이 대외적으로 사용하는 서류에는 자신의 본명 대신에 가명을 기입하였다. 사실 안락사 시설에서 반인륜적인 범죄에 가담한 의료진들은 자의적으로 참여한 것이었고, 어떤 누구도 이 일에 강제적으로 가담한 경우는 없었다.

예를 들어, 하다마 안락사 시설 의사였던 보도 고르가스(Bodo Gorgass,

〈표 II-7〉 하다마 안락사 시설에서 활동한 주요 의료진

이름	직위	재직기간	가명
Ernst Baumhard(1911-1943)	시설장	1941.1-1941.6	Dr. Moos
Friedrich Berner(1904-1945)	시설장	1941.6-1942. 8	Dr. Barth
Curt Schmalenbach(1910-1944)	시설장	1941.12-1942.7	Dr. Palm
Adolf Wahlmann(1876-1956)	시설장	1942.8.5-1945.4	-
Guenther Hennecke(1912-1943)	부시설장	1941.1.13-1941.6	Dr. Fleck
Bodo Gorgass(1909-1993)	부시설장	1941.6.18-1941.8	Dr. Kramer

보도 고르가스(1946)

1909-1993)도 자발적으로 이 일에 동조하였다. 그는 처음에는 베를린에서 자원하여 안락사 시설 의사로 활동을 하였는데, 이후에도 계속하여 하르트하임 안락사 시설이나 피르나 존넨슈타인 안락사 시설에서 주도적으로 환자와 장애인들을 살해하는 일을 자행하였다. 그가 근무하였던 하르트하임 지역이나 피르나 존넨슈타인 안락사 시설은 하다마 안락사 시설보다 더 오래전에 설립된 시설이었다. 보도 고르가스는 이 두 기관을 거쳐 하다마 안락사 시설로 새롭게 부임한 것이다. 그는 이곳에서 주로 안락사 대상자들을 시진(視診)이나 환자 개인 기록부를 통하여 미리 각각의 거짓된 사인을 정하였다. 그리고는 지하 가스실 옆에서 가스밸브를 개방하여 가스실로 가스를 주입시킴으로써 수많은 생명을 살육하였던 것이다(Arbeitskreis zur Erforschung der nationalsozialistischen 'Euthanasie' und Zwangssterilisation, 2007).

그러나 안락사 행위에서는 의료진뿐만 아니라, 사무실 직원도 적극적으로 가담하였는데, 예를 들어, 유디트(Judith)의 경우 하다마 안락사 시설에

서 일을 해야 하였는데, 이는 거의 모든 행정 직원들에게 마찬가지였다. 그들은 이 일을 쉽게 거절할 수가 없었고 수용해야만 하였다. 그 당시 대다수는 젊은 여성 직원들이 하다마에서 일을 하였는데, 그들은 종종 프랑크푸르트(Frankfurt/M.) 근교에서 온 사람들로서 안락사 시설의 사무실에서 근무를 하였다. 그곳에서 그들은 직원들과 안락사 대상자들의 인사 카드를 관리하였고, 희생자들의 유가족이나 다른 관청으로 보낼 편지 등을 작성하였다. 유디트는 1922년 구서독의 프랑크푸르트에서 태어났으며, 학교 졸업 후에는 오펜바흐(Offenbach)에 있는 실험실에서 일하였다. 1941년 4월에 노동청(Arbeitsamt)은 그녀를 베를린으로 보냈으며, 그곳에서 안락사 관련 행정 업무를 맡았는데, 즉 각 치료시설들에 대한 자료를 수집하는 일이었다. 그러나 그녀는 베를린을 떠나고 싶었지만, 1941년에는 다시 하다마 안락사 시설로 발령을 받았고, 그곳에서 1945년까지 근무하였다. 그녀는 하다마 안락사 시설에서 안락사 대상자들을 운송하는 회색 버스를 운전하는 남편을 알게 되었다. 유디트는 1942년부터는 직장에 사직을 하고자 몇 번 시도를 하였지만 수리되지 않았다. 1943년에 아이가 태어났지만 계속해서 안락사 시설에서 일해야만 하였고, 아이도 그곳에서 함께 살아야 하였다(https://www.ns-euthanasie.de).

아울러 하다마 안락사 시설에서는 간병인(요양사)이나 간호사들도 함께 국가적인 범죄에 가담하였다. 그들도 의사들이 지시하는 것을 이행하는 데 익숙해져 있었다. 그들 가운데 많은 사람들은 히틀러가 진실을 말하는 것으로만 믿었으며, 또는 몇몇은 안락사 대상자들을 죽이는 것이 옳다고 여겼던 것이었다. 하다마 안락사 시설에서는 1942년 이후에도 계속하여 장애인과 환자들을 대상으로 약물을 이용하여 살해하는 일에 이들이 조력하였다. 아울러 많은 간병인들은 강제수용소에서도 일을 하였는데, 그곳에서도 그들은 1945년까지 많은 사람들을 독가스로 살해하였다.

예를 들어, 간호사였던 파울리네(Pauline)의 경우를 살펴보면, 그녀는

1945년 5월 4일 미군들에 의하여 조사받고 있는 이름가르트 수간호사

이름가르트

1900년생으로 우크라이나에서 태어났다. 1918년 독일로 와서 간호사 직업 교육을 받았으며, 두이스부르크(Duisburg), 베를린(Berlin) 등 여러 치료 시설(병원)에서 1923년에서 1940년까지 일을 하였다. 1937년에 파울리네는 히틀러와 민족사회주의자들의 정당인 민족 사회주의 독일 노동자당(Nationalsozialistische Deutsche Arbeiterpartei: NSDAP) 당원으로 가입하였다. 1939년에 파울리네는 안락사 프로그램(Euthanasie-Programm)에 대한 소식을 듣고 이 정책이 옳다고 생각하고 처음으로 베를린의 안락사 관련 사무실 행정 직원으로 지원하였다. 그래서 1940년부터 그녀는 간호사로서 남독에 있는 그라페넥과 1941년 1월에는 하다마 안락사 시설에서 장애인과 환자들을 강제적으로 안락사시키는 조직적인 범죄에 적극적으로 가담하였다. 1942년 이후에도 계속하여 안락사 시설에서 안락사 대상들에 대한 약물을 통한 살해 행위에 적극적으로 참여하였다(http://www.gedenkstaette-hadamar.de).

그뿐만 아니라 수간호사였던 이름가르트(H. Irmgart)의 경우 두 가지 평판이 있었는데, 그녀가 환자들을 잘 돌보는 유능한 간호사라는 점과 다른 한 가지는 의사였던 발만(Wahlmann)과 함께 많은 안락사 대상들을 밤중에 살해한다는 것이다. 아울러 간병인이던 빌헬름(L. Wilhelm)도 1941년부터 하다마에서 일을 시작하였는데, 그도 마찬가지로 장애인과 환자들을 대상으로 가스로 살해하는 공범이었으며, 1942년부터 특히 밤중에 비인간적인 학살 행위를 자행하였다는 것이다. 그는 이 살인 행위를 더 이상 함께 하고 싶지 않아서 환자들에게 소량의 약물을 주었다. 환자들이 죽지 않자 상급자로부터 위협을 당하기도 하였다. 그는 그럼에도 불구하고 더 이상 살해 행각에 가담하고 싶지 않아 스스로 전쟁터로 갈 것을 자원하여 1943년에는 군인으로 전선에 배치되었다.

제2차 세계대전은 1939년 9월부터 1945년 5월까지 지속되었고, 1945년 3월에 미군이 하다마로 진입하였다. 그때까지도 그곳 시설에는 많은 환자나 장애인들이 있었는데, 모든 사람들을 해방시켰다. 당시 안락사 범죄에 가담한 범죄자들은 고발당하였고, 두 번의 재판이 개최되었다. 첫 번째 재판은 1945년 미군 법정에서 개최되었고, 당시 판사는 현역 군인이었다. 이 재판에서의 쟁점은 우선 폴란드, 러시아 혹은 우크라이나 등 외국 강제 노동자들에 대한 살해 문제를 다루었는데, 나치 정권은 이들을 독일로 강제로 이주시킨 후에 강제노역에 동원하였다. 여기에서의 쟁점은 강제 노동자들이 실제로 살해당하였는가의 여부였다. 미군은 안락사 시설을 히틀러의 손아귀로부터 해방을 시켰지만, 그들은 이곳에서 벌어진 끔찍한 살해 행각에 대해서는 거의 아무것도 몰랐던 것이었다. 이에 미군들은 몇 가지 조사와 연구가 필요하였는데, 많은 시신들이 발굴됨에 따라서 이를 바탕으

발굴된 강제노동자 시신

로 무엇 때문에 강제 노동자들이 사망하였는지에 대한 사실관계를 밝히고자 하였다(Weinke, 2006).

그 후에 미군들은 많은 희생자들이 폐렴 등 불치병으로 사망한 것이 아니라, 살해되었다는 것을 밝혀냈다. 이러한 사실은 이미 희생자들의 사망진단서에 기록되어 있었다. 예를 들어, 앞에서 언급된 당시 수간호사였던 이름가르트는 1945년에 살해 행위와 관련하여 자신이 장애인과 환자들에게 독주사로 살해하였음을 자백하였다.

그리고 하다마 시설에서 안락사 관련 프로그램의 행정 책임자였던 알폰스 클라인(Alfons Klein)의 경우 재판에서 안락사와 관련하여 자신의 무죄를 주장하였다. 오히려 그는 그 모든 책임은 위의 사람들, 즉 아돌프 히틀러와 칼 브란트에게 전가하기도 하였다. 이 재판에서 몇몇 범죄가담자들에게 사형 판결과 종신형이 각각 내려졌다(http://www.gedenkstaette-hadamar.de).

또한 두 번째 재판이 1947년에 독일 법정의 주최로 열렸는데, 재판의 주요 안건은 독일인들에 대한 살해 행위에 가담하였던 사람들의 법적 처리 문제를 다루었다. 이 재판에서 밝혀진 사실은 먼저 의사, 간호사 및 간병인 등 피의자들이 자의적으로 장애인이나 환자들을 대량으로 강제 안락사를 자행하는 데 가담하였다는 점이다.

알폰스 클라인

그 당시 안락사 사건에 대한 신문보도를 살펴보면 매우 다양하게 전하고 있음을 알 수 있는데, 특히 제2차 대전이 종전되고 13년여가 지난 이후에 신문보도는 과거 보도와는 전혀 다르게 전하고 있었다. 다시 말자하면, 전쟁이 끝난 직후에는 각종 신문 기자들이나 국민들도 잔인한 나치 정권의 살인 행위에 매우 격분하였다. 그들은 나치의 만행에 대하여 점점 더 많은 소식을 듣게 되었고, 경악하였다. 그러나 시간이 지나자 반응은 예전과는 사뭇 달라지기 시작하였다. 많은 독일인들은 더 이상 잔인한 독일의 범죄 소식을 기억하거나 듣기 원하지 않았다. 그리고 그 범죄 행위들이 이제는 과거와는 달리 묘사되기 시작하였는데, 어두운 과거사들에 대한 비판의 목소리가 점점 더 줄어든 것이었다. 독일 사회는 더 이상 자신의 참혹하였던 역사를 기억하지 않으려고 하였고, 더불어 책임감도 느끼고 싶지 않았던 것이다. 이에 점점 더 많은 사람들이 그 당시 범죄자들을 석방하라는 요구가 많아졌다. 이에 대하여 여러 신문들도 나치 범죄 가담자들을 옹호하는 뉘앙스의 기사를 송출하였다(Dörner at al., 1999).

하다마 안락사 시설에서 집단적인 살해 행위에 가담한 의사들도 기소되었는데, 특히 아돌프 발만인데, 그는 1876년생으로 하다마 시설에서 1908-1911년, 1933-1936년 그리고 1942년 8월-1945년 3월까지 각각 정신과 의사로 오랫동안 근무하였다. 그는 두 번이나 고발당하였는데, 1945년에 강제 노동자에 대한 살인죄로 재판을 받아 종신형을 선고받았으며, 1947년에 법정에 다시 서게 되었다. 이번에는 900여 명에 대한 살인 혐의로 사형이 언도되었다. 그러나 이 판결은 나중에 종신형으로 감형되었으며, 1953년 그는 8년의 형기를 마치고 석방되었다(Klee, 2005b; http://www.gedenkstaette-hadamar.de).

또 의사였던 보도 고르가스는 1909년에 출생하였으며, 하다마의 안락사 시설에서 1941년 6월부터 1942년 4월까지 근무하였다. 그 이후 1947년 기소되었는데, 혐의는 1,000여 명에 대한 살인혐의로 사형판결이 내려졌다. 그러나 이 판결은 1949년에 다시 종신형으로 감형을 받았고, 이는 다시 1956년에 15년 형을 선고받았다. 그리고 1958년 2월에는 11년의 형기만을 마치고는 석방되었다.

그뿐만 아니라 간호사나 간병인들도 공범으로 고발당하였는데, 대부분 무죄 판결을 받았다. 예를 들어, 마리아(B. Maria)는 1884년에 태어났는데, 1943년 1월부터 1945년 7월까지 하다마에서 간병인으로 근무하였다. 그녀는 1947년에 판결을 받았는데, 최소한 50여 명에 대한 살인 혐의였으며, 2년 6개월 형을 선고받았으나, 1948년 10월에 감옥에서 사망하였다.

또한 케테(G. Kaehte)는 1898년생이며, 1932년부터 1945년까지 하다마 안락사 시설에서 간호사로 일하였으며, 1948년에 두 명에 대한 살인 조력혐의로 고발조치가 되어 재판에서 3년 1개월 형을 받았다. 그러나 그녀는 약 1년의 형기를 마치고는 1949년 5월 19일 석방되었다.

이어서 베네딕트(H. Benedikt)는 간병인으로 하다마 안락사 시설에서 1933년부터 1945년까지 근무하였다. 그 이후 1947년 판결을 받았는데, 다수의 사람에 대한 살인조력 혐의로 3년 6개월 형을 선고받았다. 그러나 2년여 간의 수감생활을 마치고 1949년 6월 13일 석방되기도 하였다.

한편 이름가르트(H. Irmgard)는 1901년생이며, 1932년부터 1945년까지 하다마 안락사 시설에서 수간호사로 일을 하였다. 그녀는 두 번의 재판이 진행되었는데, 한 가지는 1945년에 열린 재판에서 강제 노동자들에 대한 살해조력 혐의로 25년 형을 받았다. 그리고 다른 한 가지는 1947년에 재판이 개최되었는데, 이번에는 120명에 대한 살해조력 혐의로 8년 형이 내려졌다. 그녀는 감옥에서 모범수로 생활을 하

하다마 안락사 시설의 안락사 범죄 주요 가담자들

였고, 1953년 6월 27일에 총 8년간의 수감생활을 마치고 석방되었다.

1905년생으로 1941년부터 1945년까지 하다마 시설에서 간병인이었던 파울(H. Paul)의 경우에는 무혐의 처리되었고, 1900년생이었던 파울리네(K. Pauline)는 1940년 12월부터 1943년 5월까지 하다마에서 간병인으로 일하였는데, 그녀는 1948년의 재판에서 다수에 대한 살해조력 혐의로 3년 4개월 형을 언도받았다. 그러나 1년 남짓 수감생활을 하고 1949년에 석방되었다.

빌헬름(L. Wilhelm)은 1909년 출생으로 1941년 7월부터 1943년 4월까지 하다마 안락사 시설에서 간병인으로 근무하였고, 1947년 최소 8명에 대한 살인조력 혐의로 3년 1개월 형을 받았다. 그러나 2년여 간의 수감생활 후인 1949년 6월 1일 석방 조치되었다.

1903년생인 에른스트(M. Ernst)는 1941년 7월부터 1945년까지 그곳에서 간병인으로 활동하였는데, 그에 대한 재판이 1947년에 열렸고, 이때 10명 이상에 대한 살인조력 혐의로 4년 형을 선고받았지만, 2년 후 1949년 12월 15일 석방되었다.

1887년 출생이며, 1926년부터 1945년까지 하다마 안락사 시설에서 간병인으로 근무하였던 하인리히(R. Heinrich)는 1945년 강제 노동자들에 대한 살인 혐의로 사형 판결을 받았고, 1946년 3월 14일 형이 집행되었다.

파울(R. Paul)은 1907년생이었으며, 1941년 7월부터 1943년 2월까지 하다마 시설에서 간병인이자 정원사로도 일을 하였다. 1947년 재판에서는 10명 이상에 대한 살인조력 혐의로 4년 6개월 형을 받았다. 그러나 그가 언제 석방이 되었는지에 대해서는 알려진 바가 없다.

아그네스(S. Agnes)는 1907년생이며, 1937년 1월부터 1944년 7월까지 그곳에서 간병인으로 일을 하였는데, 1947년 재판에서는 최소 20명에 대한 살인조력 혐의로 3년 6개월 형을 받았으며, 2년의 형기를 마친 1949년 8월 28일에 석방 조치되었다.

리디아(T. Lydia)의 경우에는 1910년생이며, 1941년 6월부터 1945년까지 간병인으로 하다마 시설에서 근무하였는데, 1947년 재판에서는 10여 명에 대한 살인조력 혐의를 받아 5년 형에 처해졌다. 그러나 3년 후인 1950년 10월 10일에 석방되었다.

이사벨라(W. Isabella)는 1901년생이며, 1939년부터 1941년 6월까지 하다마에서 간병인으로 근무하였으며, 1947년 살해조력 혐의로 재판을 받았지만 무죄 판결을 받았다.

칼(W. Karl)은 1894년생이며, 1941년 6월부터 1945년 4월까지 하다마 죽음의 시설에서 간병인으로 일을 하였다. 그는 1945년 재판에서 강제 노동자에 대한 살인 혐의로 사형 선고를 받았고, 1946년 3월 14일 처형되었다.

크리스텔(Z. Christel)은 1913년생인데, 1941년부터 1945년 사이 하다마에서 간병인으로 근무하였고, 1947년 개최된 재판에서 최소한 25명에 대한 살인조력 혐의로 3년 9개월 형을 언도받았지만 2년여만인 1949년 12월 15일 석방되었다.

에른스트(Z. Ernst)는 1905년생으로서 1941년 1월에서 1941년 8월까지 하다마에서 간병인과 사진사로 일을 하였고, 살인조력 혐의로 기소되었지만 1948년에 무혐의 처분을 받았다.

민나(Z. Minna)는 1893년생인데, 1940년 12월부터 1941년 여름까지와 1942년 4월부터 1945년까지 두 차례에 걸쳐 하다마 안락사 시설에서 간병사로 근무하였다. 그녀는 1948년 재판에서 25명 이상에 대한 살해조력 혐의로 3년 6개월의 형을 구형받았는데, 언제 석방되었는지는 알려진 바 없다.

또한 안락사 프로그램에 참여하였던 사무실 직원들과 관련하여 먼저, 하다마 시설에서 안락사 관련 프로그램의 최고 행정 책임자였던 알폰스 클라인(Alfons Klein)의 경우에는 1909년생으로 1934년부터 1945년까지 근무하였다. 그는 초기에는 하다마 지역 시설 관련 행정 공무원이었지만, 1942년부터 최고 행정 책임자가 되었다. 그는 1945년에 재판정에 섰는데,

〈표 II-8〉 무죄판결을 받은 하다마 안락사 시설의 사무실 직원

이름(성)	출생년도	하다마 안락사 시설 근무 기간	직급	판결
G. Lina	1899	1941.1-1942	사무원	무죄
H. Elfriede	1922	1941.3-1942.6	사무원	무죄
L. Maximilian	1902	1941.8-1942.6	사무원	무죄
R. Hildegard	1923	1941년 봄-1941.11	사무원	무죄
S. Johanna	1921	1941.6-1942.7	사무원	무죄
S. Margot	1914	1942	사무원	무죄
S. Ingeborg	1922	1941.3-1941.10	사무원	무죄
S. Paula	1911	1941.1-1943.9	사무원	무죄
T. Judith	1922	1941.6-1945	사무원	무죄
U. Elisabeth	1922	1941.3-1942. 6월 또는 7월	사무원	무죄

강제 노동자들에게 살인 혐의로 사형 판결을 받았으며, 1946년 3월 14일 형이 집행되었다(http://www.gedenkstaette-hadamar.de).

아돌프(M. Adolf)의 경우에는 1943년부터 1945까지 하다마 지역 안락사 시설에서 행정 직원으로 일하였는데, 1945년 재판에서 강제 노동자들에 대한 살해조력 혐의로 35년을 구형받았는데, 5년 후인 1950년 3월에 석방되었다.

아울러 다음의 사무실 직원들도 하다마 안락사 시설에서 일을 하였는데, 1947년 재판에서 그들은 모두 무죄 판결을 받았다.

그밖에도 빌립(B. Philipp)은 1902년생으로, 1941년 1월부터 1945년 5월까지 하다마 안락사 시설에서 안락사 대상들에 대한 접수 관련 행정 직원으로 근무하였다. 그리고 1943년부터 그는 공동묘지에서의 집단 묘지 관리 담당과 더불어 전화교환원으로도 일을 하였다. 이후 1945년 재판에서 강제노역자에 대한 살인 혐의로 30년 형을 선고받았지만 9년 후인 1954년 석방되었다.

후베르트(G. Hubert)는 1911년에 태어났으며, 1941년에 하다마에서

〈표 II-9〉 하다마 안락사 시설의 대표적인 희생자

이름	직업	안락사 과정의 주요내용
Carl Langhein (1872-1941)	화가/인쇄 예술가	• 1926년 뇌성마비와 치매 증상 보임 • 1927년 뤼네부르크(Lueneburg) 치료소에 입소됨 • 나치 정권의 "Aktion T-4" 프로그램에 따라 1941년에 뤼네부르크에서 헤르브론(Herborn) 지역의 중간기착지에 잠시 체류하다가 다시 하다마 안락사 시설로 이송됨 • 하다마 안락사 시설에서 1941년 6월 26일 일산화탄소로 살해당함
Eduard Senz (1877-1941)	기차역 수하물 운반인	• 1923년 질병을 앓고 메르치히(Merzig)치료 및 요양시설로 이송됨 • 1939년 헤센(Hessen)의 헤르보른(Herborn) 주립 병원으로 이송됨 • 1941년 2월 28일 하다마 안락사 시설로 옮겨간 후에 살해됨
Gertrud Stockhausen (1900-1941)	작곡가인 칼하인츠 쉬톡하우젠의 어머니	• 작곡가 칼하인츠 쉬톡하우젠(Karlheinz Stockhausen)의 어머니 • 1932년 정신질환으로 자살 시도 이후에 랑엔펠트(Langenfeld) 근교의 갈크하우젠(Galkhausen) 치료 및 요양시설로 입소됨 • 1941년 5월 27일 89명의 장애인 및 환자들과 함께 하다마 안락사 시설에서 살해됨

희생자들의 시체 소각장에서 일을 하였다. 1947년 재판에서 살인조력 혐의로 기소되었지만, 무죄로 풀려났다.

그리고 프리츠(S. Fritz)의 경우에는 1899년생으로 1940년에서 1941년 사이에 하다마 시설에서 근무하였는데, 수공업자로서 독가스실을 건설하는 일을 하였다. 그는 1947년에 살인조력 혐의로 재판에 넘겨졌는데, 무죄판결을 받았다.

이어서 몇몇 대표적인 하다마 안락사 시설에서의 희생자들을 간단히 살펴보면 〈표 II-9〉와 같다.

특히 당시 희생자 가운데 파울라(B. Paula)라는 여성이 있었는데, 그녀는 1892년에 암스테르담(Amsterdam)에서 태어났으며, 1차 세계대전 당

파울라, 남편과 딸(1929년)

시 간병인으로 일하였다. 그러나 이 일은 매우 힘든 일이었으며, 결국 신경성으로 처음으로 경련성 간질 발작이 일어났다. 그 후 1920년에 파울라는 결혼을 하였고, 힐데스하임(Hildesheim)으로 이사를 가 딸을 낳았다. 그러나 1930년 이후 계속해서 더 잦은 경련이 발생하였는데, 이에 따라 장애인 및 정신질환자 시설로 입소하게 되었다. 파울라는 늘 시설 안에만 거주해야 하였으므로 가족과는 헤어져야만 하였는데, 이때가 1938년이었다. 1941년 부활절 즈음에 그녀는 마지막으로 자신의 딸을 보았는데, 그때 딸의 나이가 15세였다. 파울라는 힐데스하임에서 살았는데, 그녀는 딸에게 몇몇 남자 직원들이 자신뿐만 아니라 몇몇 여성들의 결혼반지를 빼앗아간 것을 이야기하였고, 두렵다고도 말하였다. 또한 몇몇 장애인과 환자들이 다른 시설로 이송되기도 하였다고 전하였다. 파울라는 딸에게 도움을 요청하였고, 어쨌든 이 시설에서 벗어나기를 원하였고, "내가 너를 또 다시 한 번 더 볼 수 있을지...?" 이것이 그녀가 딸에게 한 마지막 말이었다. 1941년 5월 말 파울라의 가족들은 하다마로부터 온 편지를 한 통을 받았는데, 파울라가 1941년 5월 20일 쓸개에 염증으로 인해 사망하였다는 소식이었다. 그러나 그것은 모두 거짓이었으며, 사실은 하다마의 가스실에서 살해되었던 것이었다.

또 에밀리에(R. Emilie)의 사례를 살펴보면, 먼저 그녀는 1892년에 헤센(Hessen) 주의 알스펠트(Alsfeld) 출신이었고, 1912년 경찰인 크리스티안(R. Christian)과 결혼하였으며, 네 명의 자녀를 두었다. 그러나 에밀리에는 1931년부터 건강이 좋지 못하였으며, 종종 심리적으로 점점 혼란한 상태를 보였다(https://www.ns-euthanasie.de).

1931년에 처음으로 심리적인 혼란 상태와 우울증을 앓게 되었다. 이에 따라서 1931년 말에 몇 주 동안 Frankfurt/M. 대학병원의 정신과에서 입원치료를 받았다. 그러나 1936년 4월에 다시 동일한 병원에 들어왔으며, 이번에는 편집증적인 치매(기억, 사고 및 망상증을 동반한 방향감각)로 진단되었다. 이어서 그녀는 그해 5월에 불치병으로 하다마 주립병원으로 옮겨졌으며, 남편은 그녀를 1936년 8월에는 Kiedrich에 있는 가톨릭 병원인 성(聖) Valentinushaus로 입원을 시켰다. 그곳은 엄격한 규정으로 말미암아 가족들은 물론 남편조차도 잦은 면회는 허용되지 않았다. 그녀의 남편은 은혼식(결혼 25주년) 때에는 부인을 만나러 왔지만, 그들은 산책이 허용되지 않았다. 즉 에밀리에가 당시 45세였는데, 아직 불임시술을 받지 않았기 때문이었다. 그녀는 아직 임신 가능한 나이였지만, 의사, 간호사 및 간병인은 이를 원하지 않았고, 만일 그들이 아이를 갖는다면 자녀들도 정신과 질병이 있을 거라고 생각하였던 것이었다. 그래서 부부만 같이 있는 것은 허락되지 않았고, 1939년 8월에 에밀리에는 또 다시 다른 시설로 옮겨졌다. 이곳은 Eichberg 지역의 시설이었고, 그곳에서 다시 1941년 2월 21일에 수송차량 편으로 하다마의 안락사 시설로 급기야는 옮기게 되었고, 같은 날 살해를 당한 것이다. 그럼에도 불구하고 그녀의 가족들은 사인이나 사망 일자 등 모두 사실과 다른 날조된 내용을 담고 있는 사망통보를 구동독의 피르나-존넨쉬타인 안락사 시설로부터 받았다. 그 가족들은 피르나-존넨쉬타인 지역에 독가스 시설이 있는 것을 알지 못하였고, 사망통지서에 그녀가

에밀리에

에밀리에 가족

입술의 질병과 뇌막염으로 1941년 3월 1일 사망하였다는 것이었다. 또한 가족들은 에밀리에가 하다마에서 사망한 것을 몰랐는데, 알스펠트는 하다마로부터 그리 멀지 않는 곳이었다. 에밀리에의 죽음에 대한 사실을 알았다면, 가족들이 구체적으로 알기 위하여 하다마로 갔을 것인데, 안락사 시설의 범죄자들은 이를 원하지 않았다(https://www.gedenkort-t4.eu/de).

이어서 민나(H. Minna)의 경우는 불안증을 가진 희생자였는데, 우선 그녀는 원래 매우 친절하고 상냥한 여성으로, 한 유대인 가족을 돕기도 하였다. 이로 인하여 그녀는 경찰로부터 조사를 받았고, 매우 공포심을 가지게 되었다. 그리고 전쟁 중 폭탄 투하의 후유증으로 불안 증세를 견디지 못하였고, 아무도 그녀를 도울 수 없었다. 1943년 민나는 함부르크에서 하다마 안락사 시설로 이송되어 1944년 그곳에서 비참한 삶을 마감하였다.

민나

장애인인 리차르트(G. Richard)의 사례를 간단히 살펴보면, 그는 1927년에 태어났으며, 모두 9형제가 있었다. 그가 2살 되던 해 가족으로부터 떨어져서 낯선 곳에 가게 되었는데, 이는 그곳에서 더 잘 교육을 받을 수 있는 것으로 여겨졌기 때문이었다. 그리고 리차르트가 15세 되었을 때는 어느 농장에서 일을 해야 하였는데,

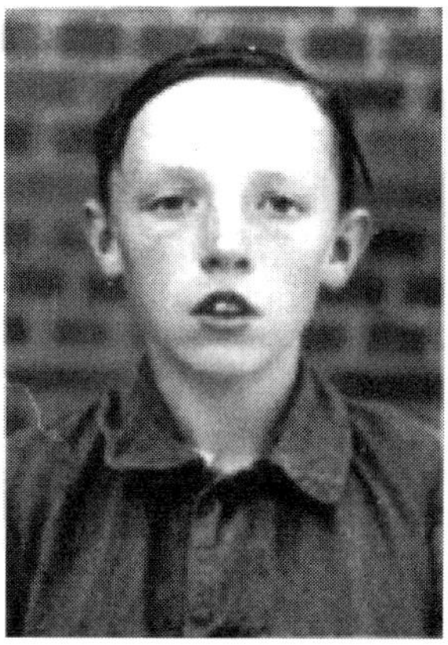

리차르트

그의 양어머니는 그가 농장에서 충분히 일을 하지 않는다고 늘 불만이었다. 이에 리차르트는 브란덴부르크에 있는 한 시설로 가게 되었으며, 그곳에서 그는 의사들로부터 많은 고통을 받게 되었다. 의사들은 이러한 괴롭힘을 실험(Versuche)으로 표현하였는데, 이는 그를 매우 고통스럽게 하였다. 예를 들어, 한번은 리차르트가 5리터 양의 물을 마시게 한 뒤, 의사들은 그를 관찰하였는데 얼마나 많은 양의 물을 토하고, 소변으로는 얼마나 나오는지를 파악하려고 하였다. 이러한 비인간적인 실험으로 리차르트는 몸 상태가 더욱더 나빠졌고, 온몸은 떨기도 하였다. 그 후 1944년 결국 하다마 안락사 시설로 끌려가 17세의 어린 나이로 비참하게 죽음을 당하였다(https://www.deutschlandfunk.de).

다음 사례는 유대인 혼혈아의 경우인데, 1930년생인 볼프강(Wolfgang Heinemann)과 1931년생의 권터(Guenther Heinemann) 형제의 이야기이다(http://www.gedenkstaettehadamar.de:http://www.dasdenkmaldergrauenbusse.de). 이들은 어머니는 비유대인이었지만, 유대인 아버지를 둔 형제로서 민족사회주의자들은 1933년 그들의 아버지인 Schneider Kurt Heinemann을 Rieseberg 지역에서 '반(半) 유대인(Halbjude)과 공산주의자'라는 미명하에 살해하였다. 그의 어머니는 전쟁 중 무기 등 군수 물자를 생산하는 공장에서 일을 하였다. 그 가족들은 늘 민족사회주의자들로부터 이른바 '1급 혼혈아(Mischling 1. Grades)'로 분류되어 차별적 존재로 간주되었다. 그리고 어머니는 홀로 권터와 나머지 세 형제자매를 키워야 하였고, 특히 권터와 그의 형인 볼프강은 일찍부터 '유대인 자녀'라는 이유로 1941년부터 불량청소년 선도 교육을 받아야 하였는

권터(우)의 어머니(Helene Heinemann, 가운데)와 형 볼프강(좌)

데, 이는 그들이 교육이 불가하고 범죄적인 소질이 있고 방탕한 아이로 국가에 해악을 끼치는 아이들로 분류되었기 때문이었다. 1941년 10월 6일 10살의 권터와 11살의 형인 볼프강은 결국 니더작센(Niedersachsen)의 남동쪽에 있는 Neuerkerode 시설로 갔는데, 이곳은 지적장애인이나 간질 환자들을 위한 시설이었다. 그곳의 개인 기록부에는 두 형제가 유대인 이교도로 기입되어 있었으며, 아울러 Schoeningen에서 기독교식의 세례를 받았다는 것이었다. Neuerkerode 시설에서 그들은 낡은 학교 건물에 묵게 하였고, 그들의 일과는 매우 엄하게 규칙에 따라서 진행되었다. 그 형제들은 종종 정원일이나 혹은 가사 일에 투입되기도 하였다.

1943년 6월 21일 두 형제는 Braunsschweig 지방의 주립복지청의 규정에 따라 림부르크 근교의 하다마 주립시설인 안락사 시설로 옮겨졌다. 이때 누가 그들을 동행하였는지는 아직 밝혀진 바는 없고, 물론 어머니도 함께 하지 못하였다. 특히 그들은 1943년 4월에 설립된 하다마의 혼혈인 부서(Mischlingsabteilung)로 소속되었다. 그들의 어머니 Helene Heinemann은 아들들을 하다마로 옮기는 것에 대한 반대 청원서를 통하여 항의하였지만 모두 허사로 끝이 났다.

결국 권터는 1943년 7월 6일 하다마 안락사 시설에서 서류상으로는 소위 장독감(腸毒感, Darmgrippe)으로 사망하였다. 이때에도 소식을 들은 어머니는 즉시 하다마로 달려갔고, 그곳에서 그녀는 권터의 시신을 보여 달라고 청원하여 보기도 하였지만, 그 아들의 죽음은 자연사가 아님을 알 수 있었다. 그녀는 최소한 큰 아들인 볼프강을 구하고 싶어서 집으로 데리고 가려고 하였지만, 시설 측으로부터 거부당하였고, 1943년 8월 14일 위장된 사인인 장염으로 끝내 목숨을 잃었다. 이들은 이곳에서 그 전에도 매우 심하게 학대를 받았던 것으로 밝혀졌다. 그리고 1945년 1월까지 이곳에서는 부모 중 한쪽이 유대인 혈통을 가진 최소한 40여 명의 혼혈아들이 살해되었다.

아동 및 청소년 공동묘지

그리고리쉬(Grigorij)

이 당시 볼프강이나 권터처럼 유대인 어머니나 아버지를 둔 아동 및 청소년들이 많이 있었다. 그들 가운데 많은 이들이 살해당하였는데, 이들은 모두 일반 공동묘지에 매장되었다. 공동묘지의 특별한 자리에 묘지가 자리잡고 있다.

특히 당시에는 나치 정권으로부터 강제노동자로서 희생당한 사람들도 많았는데, 히틀러와 민족사회주의자들은 전쟁 중에 다른 나라에 대한 기습

1938년 10월 'Westwall' 요새방어선 노동자 방문한 히틀러

공격을 수차례 감행하였고, 무력으로 점령한 곳에서 남녀들을 강제로 독일로 이주시켰다. 독일에 온 남녀들은 강제노동자라 불리며, 매우 힘든 노동을 하여야 하였는데, 그들은 한 푼의 임금도 받지를 못하였다. 그들은 주로 폴란드, 러시아 혹은 우크라이나 등지에서 온 강제 이주민이었다.

그 가운데 그리고리쉬(Schamrizkij Grigorij, 1889-1945)는 러시아 인근의 동우크라이나 출신이었다. 그는 당시 히틀러 독재 정권에 1941년 소련에 대한 기습공격을 감행한 후 가족들과 함께 강제노동자로 끌려와 독일 제국에서 중노동을 하여야 하였다. 1944년 강제노동자로 Wiesbaden-Biebrich에 위치한 Kalle & Co 회사와 화학공장인 I.G. Farben에서 일해야 하였다. 1944년 10월부터 1945년 1월 사이에 지크프리트선(Siegfried Line)으로도 불리는 독일의 서부 국경 요새 방어선이었던 이른바 '베스트발(Westwall)'에 노동력으로 투입되었다.

하지만 그는 비스바덴에 돌아와서 회사 전속의사(Betriebsarzt)로부터 결핵 판정을 받았다. 이로 인하여 노동이 불가하여 아무 쓸모없는 사람으로 취급하였고, 나치 정권은 결국 그를 더 이상 필요 없다고 판단하였다. 1945년 3월 2일 관련 노동청은 그를 환자수용소(Krankenlager)에서 데리고 나와 수송차량으로 하다마 안락사 시설로 끌고 가서, 추측하건대 같은 날 다량의 약물이 주사로 투입되어 살해당하였고, 시설 공동묘지에 집단 매장 처리되었다.

이처럼 1942년부터 약 600여 명의 소련과 폴란드 출신의 강제노동자들이 자신의 자녀들과 함께 하다마의 안락사 시설에서 처참한 죽임을 당하였던 것이었다(https://www.t4-denkmal.de).

특히 안나(Anna, Frank, 1873-2002)의 경우에는 하다마 안락사 시설에서 생존한 사람들 가운데 한 명이었는데, 1946년에 그녀는 겨우 이 시설에서 떠날 수 있었다(Werner, 1998).

그녀는 1906년 하이델베르크(Heidelberg)에서 태어났으며, 어린이 간병인(Kinder-Pflegerin) 교육을 받았다. 또한 어릴 때 약혼을 파기하면서 이후로 집에서 큰 갈등이 있었다. 그녀의 가족은 안나를 하이델베르크 소재의 신경과 병원에 입원 조치하였다. 1938년 12월 초에 안나는 정신분열증으로 진단하여 하이델베르크대학교 부설 산부인과에서 불임시술을 받게 되었다. 이후 1944년 다시 그녀는 하다마 안락사 시설로 이송되어 갔고, 그곳에서 성실하게 지시를 잘 따라 일을 하였다. 이런 이유 등으로 그녀는 죽음을 면하였던 것이다. 나중에 안나는 '매일 나는 관들을 공동묘지로 날랐다'라고 기억하였다. 1988년부터 안나는 적은 연금에다가 약간의 보조금을 추가로 받았다. 이는 그녀가 과거에 강제로 불임시술을 받았기 때문이고, 또한 안나의 희생자 급수는 다른 장애인들과 마찬가지로 2급으로 산정되었다. 나치 치하에서 말 할 수 없는 수많은 피해를 입고도 적은 금액의 돈으로 겨우 보상을 받고 있는 셈이었다.

안나

히틀러와 민족사회주의자들은 그 당시 수많은 장애인들에게 강제로 불임시술을 자행하였는데, 이에 대하여 사람들은 거의 아는 바가 적고 알려져 있지 않아 오늘날 이들을 이른바 '망각의 희생자들(vergessene Opfer)'이라고 부른다. 안나는 희생자 협회(Verein der Opfer) 회원이었고, 이 협회는 희생자들을 사회는 잊어서는 안 된다고 알리고 있다. 안나는 마지막까지 하이델베르크에서 거주하였으며, 2002년 2월에 세상을 떠났다(https://ns-opfer-nt.jimdo.com).

이어서 하인리히(H. Heinrich)의 경우를 살펴보면, 그는 오스나브릭(Osnabrueck) 지방 출신으로 1903년에 숙련재봉사였던 아버지의 6번째 아들로 태어났다. 초등학교를 다녔고, 이어서 1917년에는 목공 및 석수장이 과정을 시작하였다. 1923년부터 그는 북독일 지역에서 자유업에 종사한 조각가로 일하였고, 수많은 석조조형물을 제작하였다. 그러나 1933년부터 완치되지 않았던 성병으로 말미암아 정신질환이 발생하였다. 이에 그는 오스나브릭에 있는 게르트루덴베르크(Gertrudenberg)의 치료 및 요양시설로 입원하였다. 그 전에 체결된 약혼은 파기되었고, 이 시설에서 계속하여 조각 작품을 만드는 일에 종사하였고, 가족의 정기적인 방문으로 만나곤 하였다. 그 가족이 1941년 5월에 그를 방문하고자 하였을 때에 그들은 하인리히가 다른 시설로 이동한 것을 알았지만, 어디로 옮겨갔는지는 들을 수가 없었다. 1941년 7월에는 하다마 안락사 시설로부터 사망확인서와 함께 하인리히의 사망 소식 통지서를 받았다. 편지에는 하인리히가 1941년 6월 24일에 폐렴과 혈액순환부전증으로 사망하였다고 적혀 있었다. 이에 유가족들은 사망자의 유골함을 요구하였고, 그를 오스나브릭에 있는 공원묘지에 안치하였다. 사실은 하인리히도 하다마 안락사 시설에서 가스로 살해당하였던 것이다(Landeswohlfahrtsverband Hessen, 2009).

4) 안락사 관련 과거사 연구

제3제국 시대에 하다마 안락사 시설뿐만 아니라 다른 지역의 안락사 시설에서 수 만 명의 장애인과 정신질환자들이 목숨을 잃었다. 그러나 독일 법률들은 장애인들을 민족사회주의자의 희생자로 보지 않았다. 이에 1987년에는 희생자 협회가 설립되었는데, 이 협회는 장애인들도 민족사회주의자들에 의하여 희생된 동등한 피해자임과 동시에 보상권을 요구할 수 있는 권리를 가진 자라는 사실을 두고 여전히 강력하게 투쟁하고 있다. 즉 1956년에 당시 히틀러와 민족사회주의자들에게 희생된 유대인이나 정적(政敵) 등 다른 자들은 희생자로 인정을 받았다는 것이다. 이들에 대해서는 독일 정부가 당시 민족사회주의자들에게 핍박받은 희생자라고 발표하였고, 인정된 희생자들에게 대해서는 배상금을 지급하였다.

하다마의 묀히베르크에서 발생한 조직적인 환자 및 장애인들을 대상으로 자행한 안락사에 대한 기념행사는 1953년에 당시 안락사 시설 입구에 기념비를 설치하면서 시작되었다. 1960년대에는 독일의 대표적인 시사주간지 슈피겔(Spiegel)에서 안락사와 관련된 주제를 기사에서 다루었지만, 지속적으로 깊이 있고 체계적으로 연구가 진행되지는 않았다. 특히 독일의 저널리스트이자 영화감독 및 작가였던 에른스트 클레(Ernst Klee, 1942-2013)는 하다마의 묀히베르크에서의 안락사 사건을 매우 포괄적으로 조사하여 밝히기도 하였다. 그러나 당시 안락사 범행과 깊은 관련성과 공동 책임이 있는 기관의 후속인 헤센주복지협의회(Landeswohlfahrtsverband Hessen)는 오히려 과거사에 대한 비판적인 입장에 큰 관심을 보이지 않았다. 1985년에 사회복지사였던 게르하르트 크노이커(Gerhard Kneuker)와 의료부장이었던 불프 쉬테그리히(Wulf Steglich)가 헤센 주의 문서, 특히 1946년과 1947년의 하다마 재판과 관련된 자료와 증인들과의 면담 등을 기초로 서술된 보고서를 출판하였다(Klee, 2009; https://www.lwv-hessen.de).

이어서 1980년대 초 18명의 대학생과 프랑크푸르트(Frankfurt/M.) 단과대학(Fachhoch-schule)에 재직 중인 두 명의 교수가 하다마의 묀히베르크에서 발생한 환자 및 장애인에 대한 학살의 철저한 연구를 목적으로 연구회를 결성하였다. '파시즘 시대의 정신의학(Psychiatrie im Faschismus)'이라는 연구 주제로 연구 참여자들은 1933-1945년 하다마 안락사 시설에 대하여 하다마 재판 과정에서 헤센 주 정부가 보관중인 사료들을 평가 작업을 시작하였다. 그뿐만 아니라, 지금까지 여전히 구체적인 조사가 이루어지지 않은 당시 안락사 시설의 지하실에 있는 서류들을 선별 정리하는 연구 활동이 본격화되었던 것이다. 이에 현 시점까지 약 5,000여 개의 환자 관련 서류가 당시 살해 시설의 지하실에서 오랫동안 방치되어 제대로 보관되지 않은 사실이 밝혀졌다. 그 자료들은 오랫동안 무관심으로 관리되지 않은 채로 지하실에서 먼지에 파묻혀 있거나 습기에 노출되어 있어 역사적인 문서로서 전혀 무가치하게 다루어졌던 것이다. 이 연구회의 3년여 간에 걸친 연구 작업은 역사적으로 깊은 연관성이 있는 헤센지역복지협의회의 지원이나 협조는 전혀 없었고, 그들로부터 오히려 방해를 받기도 하였다. 이러한 사실은 본 연구 작업이 종료된 후에 출판 즈음에 보고서 머리말에 명확하게 진술되었다. 이와 같이 하다마 안락사 시설의 역할에 대한 첫 번째 기초적인 조사는 정치계나 혹은 당시 안락사 범죄에 책임이 있는 시설들의 저항이나 비협조에도 불구하고 헤센 주정부와 사회부장관인 아르민 클라우스(Armin Clauss, 1938-현재)의 적극적인 협력을 통하여 소기의 목적을 달성할 수 있었다(Roer/Hen-kel, 1983).

그리고 2002년에 비로소 헤센지역복지협의회의 책임과 지원하에 전체적인 'Aktion T-4' 프로그램 정책과 아울러 이어진 장애인과 환자들에 대한 두 번째 안락사 과정에서 복지 시설 관련 지방협의회의 역할에 대한 기본 조사가 이루어졌다. 아울러 이전에 베를린의 문서보관소(Berlin Dokument Center)에 보관되어 있던 'Aktion T-4' 안락사 프로그램 1단계 관련 서류들을 1990년대 중반부터는 베를린 연방 문서보관소에서 자유롭게 접근할 수 있도록 허용이 된 후에는 다양한 체계적인 연구 작업이 이루어졌다(Heusterberg, 2000).

독일 나치 시대 안락사 프로그램 희생자들의 권리회복을 위한 희생자 협회가 있는데, 더 구체적인 명칭은 안락사 부상자 및 강제불임시술 피해자

연합 협회(Bund der "Euthanasie"-Geschaedigten und Zwangssterilisierten e. V.)이다. 1986년에 생존한 희생자들이 처음 모였는데, 그들은 안락사 범죄와 강제적 불임시술의 희생자들과 안락사 시설의 희생자의 자녀들도 함께 자리를 하였다. 1987년 2월 25일 공식적으로 희생자 협회가 창설되었으며, 클라라 노박(Klara Nowak, 1922-2003)이 회장이었고, 그녀도 강제 불임시술의 피해자였으며, 당시 의사는 그녀에게 정신질환자로 진단하였고, 2003년에 클라라 노박은 세상을 떠났다. 또한 협회 창립자 가운데 클라우스 되르너(Klaus Doerner, 1933-현재) 교수는 희생자 협회가 세워질 때에 공헌자로서, 그 자신도 정신의학자이다. 그는 오랜 기간 동안 나치 시대의 안락사 희생자들이 공식적으로 인정받을 수 있도록 투쟁하였고, 희생자들은 최근까지도 소규모의 지원만 받고 있는 실정이었다. 사회적으로도 소수만이 장애인의 권리에 관심을 가지고 있으며, 많은 사람들은 장애인이나 혹은 정신질환자들이 나치시대에 당한 어려움에 대해서 알지 못하고 있는 형편이다. 또한 많은 희생자들도 당시의 강제 불임시술에 대한 이야기를 종종 스스로 부끄럽게 생각하고 있는 것도 사실이다. 이에 희생자 협회는 나치의 모든 희생자들이 동등하게 인정받고 배상을 받을 수 있도록 적극적으로 지원하고 있다. 또한 당시 희생자들은 나치로부터 강제적인 불임시술에 대한 증명서만 제시하면 개인적으로 약 2,500유로를 일회에 한해서 보상금으로 받을 수 있다(Link, 1999; Schneider/Lutz, 2014).

5) 하다마 기념관 헤센지역복지협의회

1953년에 하다마 정신과 병원의 입구 현관 로비 벽면에 과거 안락사 희생자들을 기념하기 위하여 돌로 제작된 한 조각 작품이 내걸었다.

이 기념 작품의 주창자는 당시 헤센주복지협의회 산하의 지역부회장이었던 프리드리히 쉬퇴플러(Friedrich Stoeffler)였다. 그는 이미 민족사회주의 정권이 들어서기 이전에 비스바덴(Wiesbaden) 지역 협회에서 활동하였지만 1934년에 정치적인 이유로 떠나게 되었다. 그리고 이 작품은 키드리히 지역 출신의 조각가였던 안톤 크람스(Anton Krams, 1899-1982)였는데, 그는 1953년 3월 13일 기념일에 양도하였다(http://www.gedenkstaette-hadamar.de).

그리고 1964년에는 1942-1945년까지 희생당하였던 자들이 안치된 공동묘지의 보수작업이 이루어졌고, 또한 헤센과 나싸우 지역의 기독교회협의회장인 마르틴 니묄러(Martin Niemoeller, 1892-1984)를 통하여 사회에 공식적으로 개방되었다. 그곳에 설치된 수많은 기념물이나 상징적인 묘비석이 여전히 참혹하게 살해된 당시 희생자들을 기억하고 있다(Gerlach, 1993).

하다마 정신과 병원 로비 벽면 기념 작품

1983년에는 프랑크푸르트 단과대학 학생들이 옛 안락사 시설의 지하실에서 당시 환자 및 장애인을 대상으로 한 대량 학살에 대한 첫 번째 전시회를 개최하였다. 이와 같은 자발적인 행사가 1983년 하다마 지역 안락사를 기리는 기념관 설립의 단초로 작용하였고, 이는 오늘날까지도 비록 헤센주복지협의회는 전적으로 달가워하지는 않지만, 그 과정이 공식적인 역사의 기록으로 남아 있음을 알 수 있다. 1983년에 처음으로 당시 안락사를 자행하였던 지하실이 공개되었고, 1989년에는 사무

마르틴 니묄러

실 공간과 세미나실이 건립되기도 하였다.

이후 1991년에는 헤센주복지협의회 주최로 새롭게 구상된 장기적인 전시회가 열렸는데, 이때부터는 더 이상 안락사 범죄가 자행된 당시 지하실이 아니라, 기념관 1층에 전시하여 사회에 공개되었다. 물론 기념관의 운영과 관리권은 헤센주복지협의회에 속하게 되었다.

희생자들의 공동묘지에는 기독교, 유대교, 이슬람교 혹은 기독교 정교 등 그들의 종교에 따라서 9개의 묘비가 각각 세워져 있다.

희생자 공동묘지의 기념비

또한 2006년부터는 6곳의 안락사 시설에서 목숨을 잃은 희생자들에 대한 모든 정보들이 디지털화 작업이 되어 유가족들을 위해서 뿐만 아니라, 역사적으로도 그 당시 은폐된 살해범죄 행각들을 밝혀내는 데 매우 유용하게 쓰였다. 하다마 안락사 기념관은 자료의 전시뿐만 아니라 도서관과 세미나 공간들도 갖추어져 있고, 후원자 단체에서도 기념관의 연구나 활동을 지원하고 있다. 그리고 해마다 약 15,000여 명의 방문객들이 기념관을 찾고 있는데, 그들 가운데 대부분은 약 세 시간여 소요되는 구체적인 안내를 받기도 한다. 아울러 2007년에는 하다마 기념관이 지금까지 지적장애인 등을 위하여 이해하기 쉽도록 제작한 책자나 그룹 세미나들을 통하여 장애인 자신도 하다마에서 발생한 아픈 역사를 알고 그들의 올바른 여론 형성에 공헌한 공로를 인정받아 "독일성인교육연구소(Deutsches Institut fuer Erwachsenenbildung)"로부터 혁신상을 수여받기도 하였다. 2014년 4월 이후로 기념관 관장은 민족사회주의, 홀로코스트 및 국제사 전공의 역사학자인 얀 에릭 슐테(Jan

하다마 희생자 기념관의 상설 전시장

Erik Schulte, 1966-현재)가 맡고 있다.

5. 하르트하임(Hartheim) 안락사 시설

사실 1898년부터 하르트하임 성(城)에는 지적장애인들을 위한 시설이 설립되었고, 이곳에 가톨릭 수녀들이 약 200여 명의 장애인들을 돌보았다. 그런데 1938년부터 히틀러 정권은 모든 종교시설이나 복지협회들까지 폐쇄조치를 내렸고, 1940년 봄에는 몇 주 만에 안락사 시설로의 개조 작업이 진행되었다. 즉 가스실과 더불어 시체 소각실용 공간들은 하르트하임 성의 1층 안마당에 건립되었으며, 2층은 직원들의 주거공간과 행정사무실, 3층

안락사 시설 당시의 하르트하임 성(2005)

은 사무실 및 거주 공간, 4층은 주택 등으로 각각 사용되었다.

이에 작업 기간 중에 장애인들은 독일제국으로 합병된 오스트리아의 가우 오버도누(Gau Oberdonu) 지역 소재의 여러 시설에 분산 입소되었는데, 그들이 결국 하르트하임 안락사 시설의 첫 번째 희생자들이 되었다. 첫 번째로 하르트하임 안락사 시설로 이송된 안락사 대상자들은 1940년 5월 20일이었다. 이때부터 수많은 지체장애인을 비롯하여 지적장애인 및 정신질환자들이 비참한 죽음을 맞이하였다. 이들 일부는 정신병원 출신 환자였으며, 장애인 시설이나 사회복지 시설 혹은 일부는 마우트하우젠(Mauthausen), 구젠(Gusen), 다하아우(Dachau) 혹은 폴란드, 우크라이나 출신의 강제노동자들이었다. 하르트하임 안락사 시설은 1940년부터 가스실에서의 대량 학살을 자행하였던 장소였다. 히틀러와 민족사회주의자들은 국민위생(Volksgesundheit)이라는 이데올로기를 바탕으로 'Aktion T-4'라는 안락사 프로그램에 따라서 수많은 장애인과 정신질환자들을 대상으로 무자비한 살상을 저질렀다. 하르트하임의 안락사 시설은 오늘날 오스트리아의 린츠

(Linz) 근교의 알코벤(Alkoven) 지방에 위치한 하르트하임 성 내에 자리 잡고 있었다. 하르트하임 지역에서만 무려 18,000여 명 이상의 장애인과 환자들에게서 희생자를 낸 안락사 프로그램의 중단 이후에는 1944년까지 이곳에서는 또다시 나치 정권의 이른바 'Aktion 14f13' 프로그램의 실행으로 12,000여 명의 강제수용소 수감자들이 잇달아 처참하게 목숨을 잃었던 것이었다(Matzek, 2002).

1) 하르트하이머 통계(Hartheimer Statistik)

1945년 6월 미군장교이자 법학자였던 찰스 데머론(Charles Dameron, 1914-2002)이 조사관으로 당시 하르트하임 안락사 시설에서 이른바 하르트하임의 통계 자료가 보관되어 있던 철제함을 발견하여 개봉하였다. 이 자료는 안락사 프로그램인 'Aktion T-4'의 실행을 목적으로 에드문트 브란트(Edmund Brandt, 1906-?)에 의하여 내부적인 용도로 작성된 39쪽 분량의 소책자였다. 이 속에는 당시 독일제국에 설치된 6곳의 안락사 시설에서 독가스를 통하여 안락사시킬 장애인이나 환자들에 대한 월별 살해 계획

〈표 II-10〉 하르트하임 안락사 시설의 연도별 희생자 수

1940년대		1941년대	
월별	희생자 수(명)	월별	희생자 수(명)
5월	633	1월	943
6월	982	2월	1,178
7월	1,449	3월	974
8월	1,740	4월	1,123
9월	1,123	5월	1,106
10월	1,400	6월	1,364
11월	1,396	7월	735
12월	947	8월	1,176
합계		18,269	

과 관련된 통계자료가 제시되어 있다(Friedlander/Friedmann, 1997).

이와 관련하여 1968년과 1970년에 행정직원이 증인으로 나섰는데, 자신이 안락사 계획 관련 통계적인 자료를 1942년 말에 작성하였다고 진술하였고, 여기에는 70,273명의 안락사 대상자들에게 10년의 예측 수명을 감안하였을 때 총 141,775,573제국마르크(Reich Mark: RM, 1924-1948까지 독일의 화폐 단위)의 식품비를 절감할 수 있다는 보고서도 함께 있었다. 이 자료에 의하면 하르트하임 안락사 시설에서는 1940년 5월부터 1941년 9월 1일까지 16개월 동안 총 18,269명의 장애인과 정신질환자들이 가스실에서 비참하게 살해되었다.

앞의 희생자와 관련된 통계는 1941년 8월 24일에 히틀러의 교서가 내려진 시기까지 제1단계 안락사 프로그램에 의한 희생자 수만 포함된 것이었다. 그러나 실제로 하르트하임 안락사 시설에서는 총 약 30,000여 명이 살해된 것으로 추정하고 있다. 여기에는 장애인과 환자들뿐 아니라, 강제수용소 수감자, 폴란드, 소련과 우크라이나에서 강제 이송된 외국인 노동자들이 무색, 무취 및 무미의 가스인 일산화탄소에 의하여 잔인하게 목숨을 잃은 것이었다.

앞의 표에서 알 수 있듯 1940년 5월부터 오스트리아의 오버외스트라이

하르트하임 안락사 시설의 안락사 대상 수송차량

하르트하임 안락사 시설의 옛 가스실

하르트하임 안락사 시설의 직원 야유회(좌)와 축제행사(우) 모습

히(Oberoesterreich) 주에 소재한 시설의 장애인과 정신질환자들이 하르트하임 안락사 시설로 수송되어 무참히 생명을 잃었다. 모든 희생자들은 각자 신고 서식이 있었는데, 이에 따르면 'Aktion T-4' 안락사 프로그램 관계 심사자(의사, 시설장, 교수 등)들은 안락사 대상자들을 이른바 '노동불능(arbeitsunfaehig), 무능력(leistungsunfaehig) 혹은 불치(unheilbar) 등으로 각각 분류하였다. 이러한 희생 대상자에 대한 구분은 심사자들 개인이 가진 각각의 취향에 따라서 나누었는데, 이로써 사실은 희생자들에 대한 대량 학살이 공개적으로 허용된 셈이었다(Gabriel/Neugebauer, 2002).

당시 대형 시설에 거주하였던 안락사 대상자들에 대한 수송은 대부분 기차 편으로 린츠로 가게 된 것이다. 린츠의 중앙역에서 하르트하임 안락사 시설장이었던 루돌프 로나우어(Rudolf Lonauer)와 그의 대변인(부시설장)인 게오르그 렌노(Georg Renno)는 여전히 하르트하임 시설로 끌고 가 안락사시킬 대상자들을 물색하였다. 또 다른 사람들은 그 동안에 린츠의 니던하르트(Niedernhart) 지역 치료 및 요양시설로 이동하였는데, 희생자들은 대부분 하르트하임 안락사 시설로 직접 가서 살해당하기 전에 이른바 중간기착지라고 부르던 니던하르트 시설에 며칠을 머물렀다. 다시 말하자면, 하르트하임의 안락사 시설의 대량 학살 과정에서 수용 능력이 허락될

때마다 중간기착지에 대기 중인 희생자들을 조직적이고 계획적으로 소위 '인간 도살장' 혹은 '죽음의 공장(Todesfabrik)'으로 보냈던 것이다. 하르트하임은 린츠로부터 약 18km 떨어진 위치에 있었고, 희생자들은 버스 편으로 린츠 중앙역에서 하르트하임 안락사 시설로 수송되었다. 희생자들을 수송해오기 위하여 하르트하임 안락사 시설에는 항상 세 대의 버스가 대기 중이었고, 모든 버스의 창문은 밖을 내다보지 못하도록 처리되어 있었다(Horsinga-Renno/Bauer, 2008).

하르트하임 안락사 시설은 1941년부터 1944년까지 이른바 'Aktion 14f13' 혹은 'Sonderbehandlung 14f13'으로 명명한 안락사 프로그램을 통하여 주로 의료진들이 환자, 노인, 노동 무능력자 등의 강제수용소 수용자들을 대상으로 약 12,000여 명에 달하는 인명을 무자비하게 대량 학살하였다. 그래서 하르트하임 시설은 그곳에서 가장 많은 환자 및 장애인들을 학살함으로써 특별한 지위를 얻기도 하였다. 특히 마우트하우젠)을 비롯하여 구젠(Gusen) 및 라벤스브(Ravensbrueck) 강제수용소에 수감된 유대인, 노동 무능력자 혹은 정적(政敵)들도 하르트하임 안락사 시설로 수송되어 그곳에서 비참한 죽음을 맞이하였다. 이 과정에서 서류상으로는 마치 요양 휴가를 떠나는 것 같은 용어와 분위기를 꾸며서 그들을 죽음의 시설로 강제로 옮긴 것이었다. 안락사 희생자들의 개인 인적 서류에 병명을 기록하는 란에는 특히 '독일 증오자', '공산주의자', '폴란드 열성 지지자' 등으로 기입되어 있었다(http://schloss-hartheim.at/index.php/de).

2) 안락사 가담 주요 의료진

안락사 프로그램인 'Aktion T-4'의 창시자인 빅토르 브락(Viktor Brack, 1904-1948)과 칼 브란트(Karl Brandt, 1904-1948)는 1939년 9월 1일 히틀러의 전권위임서신을 바탕으로 안락사 대상에 대한 살해 행위는 단지 의료인들에게만 허용한다는 지시를 하달하였다. 이로써 가스실의 가스 조절

게오르크 렌노(1990년대)

밸브는 안락사 시설에 근무하는 의료인만이 사용 가능한 역할이었는데, 물론 이 과정에서 담당 의료인이 부재인 경우나 그 밖의 상황에서는 비의료인들도 작동하도록 허용되기도 하였다. 그곳의 많은 의사들은 외부와의 서신 교환의 경우 자신의 본명을 밝히기보다는 가명을 사용하기도 하였으며, 하르트하임 안락사 시설에서 안락사 업무를 주로 담당한 의사는 1940년 4월 1일부터 1945년 4월까지 시설장으로 있었던 루돌프 로나우어(Rudolf Lonauer, 1907-1945)와 1940년 5월부터 1945년 2월까지 부시설장이었던 게오르크 렌노(Georg Renno, 1907-1997) 등이 있다(Kohl, 2000; Kater, 2000). 루돌프 로나우어는 오스트리아 의사이며 민족사회주의자였고, 하르트하임 안락사 시설의 운영 책임자였다.

그는 그곳에서 1945년까지 주로 의도적인 영양공급의 결핍이나 약물 과다 처방 등에 의하여 장애인이나 환자들을 학살하였으며, 전쟁 말미에 미군이 진입해오기 한 시간 전 그는 먼저 자신의 부인을 살해한 후 이어서 두 딸(1938년생과 1943년생)을 죽인 뒤에 결국 자신도 스스로 목숨을 끊었다(Leininger, 2006).

그리고 게오르크 렌노도 역시 루돌프 로나우어와 함께 하르트하임 안락사 시설의 부시설장으로서 28,000여 명에 대한 안락사 행위에 가담한 공동 책임자였다.

3) 하르트하임의 안락사 시설

하르트하임 성(城)에 대한 안락사 시설로의 개축 작업은 1940년 봄 몇 주만에 이루어졌다. 특히 본 건물의 동쪽 부분에 두 공간을 이용하여 가스실과 시체 소각실 등의 안락사 관련 핵심 시설이 완성되었다.

히틀러와 민족사회주의자들의 주관하에 자행되던 안락사 프로그램이었던 'Aktion T-4' 시설들은 모두 이른바 중간기착지 시설을 두고 있었는데, 이는 안락사가 자행되기 전에 장애인과 환자들이 몇 주 동안 대기하면서 안락사 시설의 상황과 형편에 따라서 일정 인원들이 각각의 안락사 시설로 이송하여 즉각적으로 대량 학살이 이루어진 것이었다. 'Aktion T-4' 안락사 프로그램의 세 번째 시설에 해당하는 하르트하임 안락사 시설은 린츠에 있는 니던하르트 정신병원이 하르트하임 안락사 시설을 위한 중간기착지 역할을 담당하였고, 동시에 그곳에서도 환자들에 대한 대량의 살해 행각이 자행되었다. 루돌프 로나우어는 이곳 정신병원의 의사로 활동하였고, 후에는 하르트하임 안락사 시설장으로서 담당 의료인이었다. 그 당시 비인간적인 대량 학살 행위는 부족한 영양공급을 비롯하여 약물의 과다 처방 등을 통하여 실행되었다(Matzek, 2002).

'Aktion T-4' 안락사 프로그램의 시행 초기에는 안락사 대상으로 지목된 환자와 장애인 등을 하르트하임 안락사 시설로 수송하기 위하여 작은 버스를 사용하였고, 이는 시설 남쪽 성문을 통과하여 직접 안쪽 뜰로 진입하였다. 그러나 이후에는 더 큰 메르세데스(Mercedes) 버스들로 대체되었고, 하르트하임 성의 서쪽에 정차하였다. 따라서 이 구역에는 목재로 된 울타리를 설치하였는데, 이는 희생자들로 하여금 시설에 대한 내부 호기심들을 미리 막는 역할을 하였고, 그들이 하차한 후에 탈출 등을 방지하기 위한 목적도 있었다. 안락사 대상자들은 북서쪽 구석에 있는 좁은 측면 입구를 통하여 나무판으로 구분된 성의 내부 뜰 안으로 끌려갔다. 그리고 그들이 가장 먼저 들어간 곳이 탈의장이었다. 이어서 그들은 건물 1층에 있는 접수처(대기실)로 들어갔다(Kepplinger et al., 2008). 그 당시 하르트하임 안락사 시설에서 간병인(Pflegerin)으로 일하였던 마리아 람베르트(Maria Lambert)의 진술에 따르면 하르트하임에 도착한 희생자들이 버스에서 내린 후의 과정을 다음과 같이 묘사하고 있다(Klee, 2001).

> 환자들이나 장애인들은 버스에서 하차 한 후에 이른바 탈의실로 안내되었다. 그곳에서 그들은 옷을 다 벗어야 하였다. 그들의 옷가지들은 각각 싸서 작은 방에 보관하였다. 우리 여성 간병인들은 각 환자들의 옷을 일일이 다 벗겼다. 우리는 그들에게 목욕탕에 온 것으로 설명하였다. 안락사 대상자들은 이러한 말을 완전히 순진하게 받아들인 것이었다. 옷을 벗은 후에 환자들은 한 사람씩 혹은 두 사람씩 의사에게 데리고 갔다.

그리고 검사실은 담당 의사로부터 각각의 안락사 대상에 대한 간단한 확인 절차를 거치는 곳이었다. 간병인들이 데리고 온 희생자들에 대하여 순서대로 도장을 찍는 동안에 의사들은 환자의 관련 병력 서류를 읽었다. 또한 희생자들에게 사전에 금니가 있는지를 검사하기도 하였는데, 해당자의 등 뒤에는 십자가 표시가 되었다. 이는 안락사를 자행한 후 시체소각장의 소각로에서 소각 전에 일하는 담당자를 통하여 이들의 시신으로부터 금니가 발치되었다. 그 외에 간병인들은 바로 옆방에 있는 공간으로 그들을 데리고 가서 안락사 대상자들의 사진을 찍도록 하였다. 희생자들 가운데 많은 수는 해부실에서 연구용으로 시신으로부터 장기가 적출되었다. 예외적으로 몇몇 환자들의 경우에는 안락사 대상 결정을 잠시 보류되기도 하였고, 또한 다시 원래 시설로 보내 죽음을 면하기도 하였다(Neuhauser, 1992).

오늘날 기념관에서는 약 30,000여 명의 희생자들을 추모하고 있는데, 확인된 각각의 희생자들의 이름들이 유리판에 새겨져 있다. 또 특이한 점은 사전에 희생자들의 이름을 유리판에 새기는 순서를 정할 때에도 각 이름에 대한 평가나 의미에 있어 불필요한 논란이나 오해를 예방하기 위해 사전에 컴퓨터 프로그램을 통하여 공정하게 작업을 실시하였다.

아울러 이 기념관에는 하르트하임 성의 동쪽 지역에서 발굴된 희생자들의 개인적인 유물들도 전시되어 있는데, 이는 1940년에서 1944년 사이에

과거 안락사 대상자들의 탈의실

3만여 명의 안락사 희생자 이름이 새겨진 유리판

하르트하임 안락사 시설 근처에서 발굴된 희생자 유물

하르트하임 안락사 시설의 시체실

안락사 시설의 직원들이 매장하였던 것이다. 그 밖에도 희생자들의 유물 등이 발견된 구덩이에서는 소각장으로부터 나온 재와 유골 잔여물들도 함께 암매장되어 있었다. 이는 난방열 공급도관 공사 중에 우연히 발견된 것으로 옛 검사실에서 전시된 바도 있다. 그리고 유골 잔여물이나 소각장에서 나온 재는 2002년과 2009년에 계속적으로 발굴된 유품들을 석관(石棺)에 넣어 성의 동편에서 장례식을 거행하기도 하였다 (Kohl, 1997).

그 당시 희생자들은 하르트하임 시설에 도착한 후에는 아치형의 복도를 지나 탈의실로 갔다. 탈의실은 나무 널빤지를 통하여 울타리를 쳐서 성의 내부 마당으로부터는 분리되어 있었는데, 이는 안락사 대상자들이 성의 내부 상황을 살피지 못하도록 함과 동시에 그들의 탈출을 방지하기도 하였다. 또한 1층의 모든 창문은 잠겨 있었고, 마찬가지로 외부를 보지 못하도록 처리되었다. 가스실의 바닥이나 벽은 타일을 마감재로 사용하였다. 그리고 가스실의 창문은 밀어 접는 철제 격자문으로 제작되었는데, 현재까지 그대로 유지하고 있다.

의료진들로부터 검사실에서 간단하게 인적 사항에 대한 검사 과정을 거친 후에는 성의 동쪽에 바로 인접하여 있고 샤워실처럼 꾸며진 가스실로 안내되어 강제적으로 참혹하게 죽음을 맞이하였다. 이 가스실은 옆의 검사실과는 가스가 새지 않도록 제작된 철문으로 서로 분리되어 있었다. 게다가 안락사 시설 당국자들은 희생자들을 속이기 위하여 가스실의 천정 쪽에 위장된 세 개의 샤워용 물 꼭지도 설치하였다. 그때까지도 희생자들은 여전히 샤워하는 일에는 익숙하기 때문에 그렇게 믿었던 것이다. 철문이 닫히고, 담당의사는 일산화탄소를 주입시켰다(Kohl, 2000).

그리고 가스실의 바깥쪽에는 가스를 이용한 안락사 과정을 관찰할 수 있도록 감시용 작은 구멍도 제작하였다. 나치 정권의 하르트하임 안락사 시설의 환자와 장애인들에 대한 독가스 살해는 대부분 30명에서 60명씩 집단으로 수용하여 가스실 바닥에 일렬로 천공 처리된 관을 통하여 일산화탄소를 주입시켜 국가적 범죄를 저질렀다. 이때 가스 밸브의 개폐 조작과 그로 인한 안락사 대상에 대한 직접적인 살해 행위는 일반적으로는 의사들이 담당하였으며, 예외의 경우 시신소각 담당자들도 시행하기도 하였다. 증언에 의하면 가스실에 끌려들어간 안락사 대상자들은 10분 내지는 15분 동안 죽음과 사투를 벌인 후에 약 25㎡ 넓이의 작은 방에서 결국 비참하게 목숨을 잃은 것이었다. 그 후에는 가스실에서 주입된 일산화탄소를 다시 밖으로 방출시키고 한 시간 뒤에는 이른바 화부(Heizer) 혹은 시체 소각담당자(Brenner)라고 부르는 직원들이 들어가서 시신들을 가스통이 딸린 설비실과 시체 소각실 사이에 위치한 임시보관실인 시체실로 옮겨 두었다(Leininger, 2006).

시체실로 옮겨진 희생자의 시신은 며칠씩 그곳에 머물기도 하였는데, 이는 거의 매일 자행되는 안락사로 밀려드는 시체들이 소각 처리될 때까지 대기하였다. 안락사 관련 범죄 혐의로 1946년 사형 언도가 내려졌고, 1947년 란츠베르크에서 처형된 빈첸츠 노엘(Vinzenz Nohel, 1902-1947)은 한 증인 진술에서 당시 끔찍하였던 범죄 과정의 구체적인 내용들을 자백하였다(Albrich, 2006).

> 안락사로 사망한 사람들의 시신을 시체실로 치우는 일은 매우 어렵고 심신이 녹초가 되는 일이었다. 그리고 서로 뒤섞여 뻣뻣해진 시신을 분리하여 시체실로 질질 끌고 가는 일은 결코 쉬운 일이 아니었다. 이일은 처음에 바닥

이 울퉁불퉁하였을 때나 혹은 바닥이 콘크리트로 되어 있을 때는 거칠거칠하여 매우 어려웠다. 그러나 나중에는 바닥이 타일로 되었을 때는 바닥에 물을 쏟아 부었다. 그러면 시신을 이송하는 데 확실히 용이하였다. 시체실에서는 시체들이 높이 쌓여 있었다.

여러 날에 걸쳐 100명에서 120여 명씩 안락사 대상자들이 하르트하임으로 계속하여 끌려왔다. 그러면 2-3일 만에 모든 시신을 소각하게 되었는데, 시신이 소각되기 전에 소각장 노동자들이 시신 중에 등 쪽에 십자가 표시가 된 사람들로부터 금니를 발치하였다. 아울러 많은 시신들은 소각 전에 해부실에서 해부가 자행되기도 하였으며, 특히 적출된 뇌는 보존 처리를 한 후에 연구 목적으로 관련 연구소로 보내기도 하였다.

이러한 죽음의 가스실과 이어지는 작은 기계 설비실에는 일산화탄소가 가스통에 담겨 있었는데, 이는 루드비히스하펜(Ludwigshafen)의 이익 공동체인 화학 산업 주식회사(Interessengemeinschaft Farbenindustrie Aktionsgesellschaft: I. G. Farbenindustrie AG)로부터 생산 공급을 받았다. 이 기업은 1925년 12월 2일에 프랑크푸르트(Frankfurt/M.)에 본사가 설립되었고, 2012년 10월 31일 파산으로 해체되었다(Hoerner, 2012).

하르트하임 성에 설치된 시체소각로는 최대 8구의 시신을 한꺼번에 소각할 수 있도록 제작되어 있었다. 이때 시체소각로의 가열은 뜨거운 열을 발산하는 특수한 석탄을 사용하였고, 안락사당한 사람들의 신체가 모두 소각되지 않기 때문에 전기 유골분쇄기를 투입하여 망자들의 유골을 가루로 만들었다.

시체소각실에서 나온 희생자들의 재는 자루에 담아서 초기에는 운송차량을 이용하여 약 4km 떨어진 도나우(Donau) 강가에 쏟아버리기도 하였고, 또한 일부는 다락방에 재를 보관하기도 하였다.

그리고 그 이후로는 성의 정원에 재를 폐기물로 처리하였는데, 이는 2001년에 고고학적인 발굴 과정에서 발견된 것이다. 아울러 희생자들을

하르트하임 안락사 시설의 옛 기계 설비실

소각한 후에 남은 일부 재는 유골함에 담아 유가족들에게 발송하기도 하였는데, 이때 시체소각장의 불순물이나 찌꺼기들과 함께 무분별하게 유골함에 채워 넣기도 하였다(Neuhauser, 1992).

그 밖에도 1943년 8월부터는 연합군의 격렬한 공습으로 나치 정권은 안락사 프로그램의 본부를 베를린의 티어가르텐가 4번지(Tiergartenstr. 4)에서 그 당시 독일제국의 지하공습대피소로 풍자적으로 불리던 독일의 동쪽 국경 지방이었던 오스트리아의 오스트마르크(Ostmark)로 옮겼다. 이러한 'Aktion T-4'의 안락사 프로그램 총괄 본부의 이전은 나치 정권이 중앙통제적인 차원에서 계획되고 조직된 대량 학살 행위를 지속적으로 실행하는 데 안전장치로 작동하였다.

4) 안락사 시설에서의 대표적 희생자들

하르트하임 안락사 시설에서 비참한 생을 마친 몇몇 대표적인 희생자들을 살펴보면 〈표 II-11〉과 같다(Schwanninger/Zauner-Leitner, 2013).

특히 그 당시 하르트하임에서 희생된 사람들 가운데 가톨릭 혹은 개신교 등 수많은 성직자들이 목숨을 잃었는데, 이 가운데 310명의 폴란드인을 비롯하여 7명의 독일인, 6명의 체코인, 4명의 룩셈부르크인, 3명의 네덜란드인 그리고 2명의 벨기에인 등이 포함되었다.

그들 가운데 다수는 다흐아우(Dachau) 강제 수용소의 성직자 구역에서 강제적으로 하르트하임으로 이송된 것이었다. 다흐아우는 1933년 나치가 정치범을 수용하기 위해 세운 첫 번째 강제 수용소로서, 20만 명 이상의 수감자들 중 3분의 1이 유대인이었다. 특히 가톨릭 성직자였던 헤르만 샤이

〈표 II-11〉 하르트하임 안락사 시설의 대표적 희생자

희생자 명	생애 기간	직업
Richard Aspoeck	1919-1941	오스트리아 정원사 보조원
Teodor Drapiewski	1880-1942	폴란드 가톨릭 신부
Erwin Haslik	1880-1940	오스트리아-폴란드계 문화지리학자, 역사학자, 언론인
Bernhard Heinzmann	1903-1942	독일의 가톨릭 신부
Friedrich Karas	1895-1942	오스트리아 가톨릭 신부
Jan Kowalski	1871-1942	구 가톨릭교회의 폴란드 주교
Friederike Roth (친정의 성 Reichler)	1900-1940	오스트리아 문필가이자 언론인이었던 Joseph Roth(1894-1939)의 부인
Ida Maly	1894-1941	오스트리아의 화가
Gottfried Neunhaeuserer	1882-1942	오스트리아의 베네딕트 교단의 수도사
Werner Sylten	1893-1942	개신교 신학자
Aloisia Veit	1891-1940	아돌프 히틀러의 큰 사촌

퍼스(Hermann Scheipers, 1913-2016)는 1940년 10월 4일 젊은 성직자로서 나치의 비밀경찰(Geheime Staatspolizei: Gestapo)에 의하여 체포되었는데, 이는 그가 공개적으로 폴란드 출신의 강제노동자들과 함께 예배하고자 하였다는 죄명이었다. 그는 Leipzig 경찰교도소에서 1941년 3월에는 다하오아우(Dachau) 강제수용소에 반역자(Staatsfeind)로 분류되었고, 그는 공산주의자나 사회민주주의자들과 마찬가지로 빨간색의 띠를 걸치고 다녔다. 그 이후 미군을 통하여 다하오아우 강제수용소가 해방되기 이틀 전인 1945년 4월 27일 이른바 '죽음의 행진(Todesmarsch)'의 대열로부터 탈출하는 데 성공하였고, 1946년에는 Dresden-Meissen 주교구로 돌아갔다. 당시의 통계 자료에 따르면 3만 1,531명이 이곳에서 처참하게 살해당하였던 것이다(Frieling, 1992; Greiser, 2008).

당시 나치 독일은 소련군이 동부 지역에서 진격해오자 폴란드에 있는 강제수용소들을 폐쇄하지 않을 수 없었고, 모든 범죄 사실을 은폐하기 위해서 수감자들을 이동시켜야 하였다. 특히 히틀러는 패전을 예감하는 절박한 순

다흐아우 강제수용소(KZ Dachau)

간이었지만 무엇보다도 강제수용소에서의 끔찍한 과거를 묻는 일에 골몰하였다. 처참하였던 현장이었던 가스실은 철거하거나 폭파시켰고, 희생자들의 시체들을 집단 매장한 곳은 다시 파서 시체들을 모두 소각 처리하였다. 또한 나치는 폴란드 농민들을 이용하여 집단 매장지에는 농작물을 가꾸도록 위장하여 자신들의 범죄 사실을 은닉하고자 하였다. 이 '죽음의 행진'은 대부분 나치 정권 말기에 이루어졌는데, 그 목적은 오로지 유태인이나 정적을 완전히 제거하는 데 두었다. 그들에 대하여 총살, 가스 중독사 등을 넘어 소위 죽도록 끊임없이 행진하다가 고통 가운데 죽음에 이르도록 자행한 악랄한 범죄 행위였다. 초창기에는 그들을 가축용 차량으로 수송하기도 하였지만, 차량의 공간이나 물, 음식물 혹은 화장실 제공 등의 수송 과정은 매우 비인간적인 학대 수준의 환경이었다. 이 같은 죽음의 행진 과정에서 굶주림, 질병 등으로 숨진 희생자의 수는 약 25만 명에서 37만 5,000명 수준으로 역사학자들은 추정하고 있다(Bergau, 2006; Winter, 2018). 헤르만 샤이퍼스는 다흐아우에 수감되었던 마지막 독일 성직자로서 지난 2016년

Dachau 강제수용소 수감자들의 죽음의 행진 기념석(좌)/희생자, 독일인 및 미군들(우)

헤르만 샤이퍼스

6월 3일 102세 일기로 고향인 노트라인 베스트팔렌(Nordrhein-Westfalen) 주의 서북쪽 도시인 오흐트루루프(Ochtrup)에서 타계하였다.

샤이퍼스는 1913년 7월 24일생으로 뮌스트란트(Muensterland)의 오흐트루프 지역 출신이었다. 그는 1936년 뮌스터(Muenster) 대학교 가톨릭 신학부를 졸업하였다. 1937년 8월 1일 라이프치히와 드레스덴 지역 사이에 위치한 후베르투스부르크(Hubertusburg)에서 주교인 페트루스 렉게(Petrus Legge, 1882-1951)를 통하여 성 페트리(St. Petri) 성당에서 사제 서품을 받았다.

그의 첫 번째 보좌신부직은 후베르투스부르크 지역에서 시작되었는데, 1930년대 그곳에는 성직자가 너무 많았기 때문에 구동독의 작센 주에 소재한 바우첸에 있는 중부 독일의 종교적, 민족적 소수파의 거주 지역으로 갈 결심을 하였다. 그러나 그는 자신의 열성적인 청년운동으로 말미암아 나치의 표적으로 서서히 빠져들었다. 아울러 그는 폴란드 강제노동자들을 공개적으로 돌보아주었고 그들과 함께 미사를 드렸으며, 또한 그들의 고해성사를 들었다는 이유로 1940년 10월 4일 나치에 의하여 결국 체포되었다. 라이프치히 경찰서 유치장에 5개월 정도 감금된 후에 1941년 3월에는 나치 친위대(SS)에 의하여 다흐아우 강제수용소로 넘겨졌다.

페트루스 렉게

그는 특히 수치스럽게도 다른 범죄자들과 함께 다흐아우로 끌려갔는데, 죄수번호 24255번으로 그는 지옥을 경험하였다. 그곳에서 강제수용소 사령관은 새로운 수감자들에게 '너희들은 공민권도 없는 무방비 상태이며, 또한 아무런 권리도 없는 자들이다. 너희들은 여기에서 일을 해야 하거나 아니면 비참하게 죽어야한다'라고 인사말을 건넸다. 그 당시 다흐아우에 수감된 많은 성직자들이 더 넓은 밭일을 하는 노동자로서 그야말로 뼈빠지게 일을 해야 하였으며, 대부분 마치 물과 같은 수프를 겨우 얻어먹을 따름이었다. 만일 강제수용소 측에서 시키는 대로 따르지 않을 경우에는 채찍질을 당하거나, 두 팔을 위로 묶어 매달거나 혹은 차가운 물을 몸에 붓기도 하였다. 그중에 많은 사람들은 죽을 수밖에 없었고, 그리고 그들은 저주하거나 혹은 기도밖에 할 수 없었다고 샤이퍼스는 기억하고 있었다. 강제수용소에서 샤이퍼스는 반역자로 분류되었고, 공산주의자들이나 사회민주주의자들처럼 정치범으로서 붉은 띠를 걸치고 다녔다. 또한 그는 우연히 자신의 손에 쥐어진 개인 신상 명부 속에서 자신이 체포된 이유를 명백히 볼 수 있었다. 그가 가진 서류상에는 '샤이퍼스는 가톨릭교회의 광적인 열성 지지자이다. 그래서 그는 국민들 사이에 불안과 소요를 일으키게 하는 데 위험한 인물이다'라고 기록되어 있었다(https://www.kz-gedenkstaette-dachau.de).

무엇보다도 생명의 위험을 무릅쓰고 자신의 쌍둥이 여동생이었던 안나(Anna)는 수감 중인 오빠 샤이퍼스와의 접촉을 가졌으며, 이를 통하여 편지, 음식 및 약품 등을 강제수용소 안으로 밀반입시키기도 하였다. 안나는 1942년에 결국 자신의 오빠를 구출해내었으며, 동시에 그녀는 다하우 강제수용소의 허약자 구역에서 소위 '노동 무능력자(arbeitsunfaehig)'로 분류된 나머지 린츠 부근의 하르트하임 안락사 시설로 강제 이송직전에 나치 친위대-제국중앙보안청(SS-Reichssicherheitshauptamt)에서 용기 있는 중재 활동을 통하여 다른 많은 성직자들도 사지에서 건질 수 있었다. 그 당시 나치 친위대 소속 의료인들은 다하우 강제수용소의 수용자들 가운데 총 2,600여 명을 노동무능력자로 분류 처리하였다. 노동 능력이 없는 사람으로 분류된 이들은 1942년에 하르트하임 안락사 시설의 가스실에서 대량 학살되었던 것이다. 이러한 와중에서도 샤이퍼스는 비참한 죽음을 모면하였고, 다시 성직자들의 수감 지역에 들어갔다. 또한 히틀러와 민족사회주의자들의 안락사 프로그램인 'Aktion T-4'에 대한 가톨릭 성직자들의 강력한 저항 이후에 나치 정권의 친위대(SS) 지도부는 강제수용소의 노동 무능력자들에 대한 공식적인 대량 학살과 더불어 1942년 8월 12일부터는 하르트하임 안락사 시설에서 독일 성직자들에 대한 학살 행위는 피하고자 하였다(Gellately, 1994).

다흐아우 강제수용소가 미군들의 진입으로 해방되기 직전에 다흐아우에 주둔 중인 나치친위 대원들은 독일제국의 강제수용소 수감자들뿐만 아니라 유대인과 소련인 등 모든 수감자들을 남쪽을 향하여 최후의 죽음의 행진을 강요하였다. 이러한 고통스런 도보행진 가운데서 샤이퍼스는 몰래 도망치는 데에 성공하였고, 한 신학생과 성직자의 도움 덕분에 슈타른베르크(Starnberg)에 미군들이 진입할 때까지 피해있을 수 있었다.

이런 샤이퍼스는 다흐아우 강제수용소에서 수감되어 있을 때 드레스덴 출신의 기독교인 순교자였던 파울 리히터(Paul Richter, 1894-1942)와 다른 개신교 및 가톨릭 성직자들과 같은 공간에 감금생활을 하였다. 미군의 진격으로 다흐아우 강제수용소가 해방되기 이틀 전인 1945년 4월 27일에 샤이퍼스는 자유를 향하여 죽음을 각오한 탈출에 성공하였다. 이미 1946년 그는 마이센(Meissen) 지역의 주교구(主教區)로 돌아갔는데, 그곳에서 그는 또다시 곧 구동독의 독일 통일사회당(Sozialistische Einheitspartei Deutschlands: SED) 정권과 갈등 속으로 빠져들게 되었다(Hoffmann, 1985).

그리고 제2차 세계대전 이후에 샤이퍼스는 1946년 4월부터 계속하여 소련의 점령지와 구동독 지역인 드레스덴-마이센(Dresden-Meissen) 주교구에서 보좌신부 등의 직책으로 Radebeul, Berggiesshuebel, Dresden-Johannstadt, Freital, Wilsdruff 그리고 Schirgiswalde 등지에서 1987년 은퇴까지 수많은 가톨릭교회에서 활동하였다. 특히 그는 Schrigiswalde 지역의 성 마리아 승천 교구(Pfarrgemeinde St. Mariae Himmelfahrt)에

게르하르트 샤프란

서 1960년부터 1983년까지 신부로 재직하였다. 헤르만 샤이퍼스는 사제직에서 은퇴를 한 후 다시 뮌스터(Muenster) 주교구로 돌아갔다. 그리고 샤이퍼스는 1973년에 게르하르트 샤프란(Gerhard Schaffran, 1912-1996) 주교로부터 바우첸(Bautzen)지역의 성 페트리(St. Petri) 대성당의 명예 주교좌 성당 참사회원으로 임명되기도 하였다(Lätzel, 2005). 헤르만 샤이퍼스는 자신의 생애 동안 이룬 공로를 인정받아 2002년 11월에는 누이 안나(Anna)와 함께 독일연방공로십자훈장(Bundesverdienstkreuz)을 수여받았다.

이어서 2003년 4월 14일 샤이퍼스는 89세 때 요한 파울 2세(Johannes Paul II., 1920-2005) 교황으로부터 명예 주교직을 받았으며, 이에 대한 임명장 수여식에서 요하임 라이넬트(Joachim Reinelt, 1936-현재) 주교는 나치 정권에 이어 구동독의 독재와 전횡에 담대하게 맞선 샤이퍼스의 공로와 위대함을 높이 평가하였다.

2003년 11월 21일에 또다시 그는 쉬르기스발데(Schirgiswalde) 시의 명예시민의 자격을 부여받기도 하였다. 생전에 그는 지난 수년 동안 학교 등의 많은 교육기관에서 히틀러 치하에서 뿐만 아니라, 구동독의 독일 통일 사회당(SED)에서 경험한 여러 일들을 알리기도 하였다. 또한 그는 자신이 출생하였던 오흐트루프(Ochtrup)에서 거주하였고, 2007년 8월 초에는 자신의 사제 서품 70주년 기념 미사를 드리기도 하였다(https://www.porta-polonica.de).

사실 하르트하임 안락사 시설의 인근 주민들은 자신의 지역에서 무슨 일

요하임 라이넬트

요한 파울 2세

이 일어나고 있는지를 예감할 수 있었다. 수많은 버스의 왕복 운행이나 굴뚝 위로 치솟는 연기, 악취로 인한 고통, 시신 소각 후에 도나우 강가에 유기된 재 찌꺼기와 유골 일부 등 주변에서 일상적으로 경험할 수 있는 일들은 인근 주민들로 하여금 불길한 일에 충분히 짐작할 수 있는 증거에 해당하였다. 몇몇 주민들은 하르트하임 안락사 시설의 직원과 접촉하기도 하였고, 이를 통하여 대량 살상 행위가 알려지기도 하였다.

예를 들어, 저항운동세력의 회원이었던 칼 슈만(Karl Schuhmann)은 하르트하임 성의 인근에 사는 주민이었다. 그의 증언에 따르면, 밖에서는 완전하게 보이지는 않지만 굴뚝을 통하여 크고 검은 구름 기둥이나 빈번하게 차량이 시설에 도착 한 후에는 공포스러운 소각 악취 등을 경험하였다는 것이다. 그리고 Alkoven 지역 교구의 교회 역사 자료에 의하면 주민들은 하르트하임 안락사 시설에서 나오는 연기를 목격하거나 지독한 악취에 대한 기록이 있음을 볼 수 있다. 그 밖에도 하르트하임 안락사 시설 소속의 차량이 도나우 강 근교를 왕래할 때에는 종종 시신 소각재나 혹은 유골 일부가 떨어지는 경우도 발생하였고, 이를 주민들이 일부는 길가에 쌓아두기도 하였다(https://sites.google.com).

5) 하르트하임 안락사 시설 내 안락사 범죄 주요 가담자들과 그 역할

1940년부터 1944년까지 하르트하임 성에서 이루어진 안락사 범죄는 그곳 관계 직원들 약 60-70명이 각자 과제에 따라서 자행된 비인륜적인 산물이었다.

먼저 장애인이나 환자들을 대상으로 자행된 안락사 행위에 가담한 의료진을 살펴보면, 이미 앞서 간단하게 언급된 바와 같이 두 명의 의사들은 최고위 직위에 있는 직원으로서 가스관의 밸브를 개폐하는 과제와 역할을 하는 등 안락사 범죄의 한 가운데에 있었던 주요 책임자들이었다. 아울러 당시 시설의 의료인들은 희생자들의 사인을 규정하고 환자의 개인 신상기록부를 작성하는 임무를 맡았다. 희생자들 가운데 금니가 있는 사람들의 경우에는 의사들이 사전에 일정 신체 부위에 십자가 등 특별한 표시를 해두었고, 또한 살해된 이후에 해부실에서는 희생자들로부터 신체 기관, 특히 지목된 시신들로부터 뇌를 적출해내기도 하였다. 더군다나 이곳에서는 아직도 확인할 수는 없지만 살아 있는 사람들을 이용한 생체실험도 자행한 것으로 알려져 있다. 이처럼 의료인들은 그 당시 안락사 범죄에 직접 가담하였으며, 아울러 외부적으로는 시설의 대표자로의 위치를 의미하기도 하였다. 이러한 하르트하임 안락사 시설에서 의사로서 활동한 대표적인 인물은 다음과 같다.

먼저 루돌프 로나우어(Rudolf Lonauer, 1907-1945)는 오스트리아 민족사회주의자로, 오스트마르크 지역 안락사 프로그램의 선도자이자 의사로 하르트하임 안락사 시설의 최고 책임자였다. 로나우어의 아버지는 린츠 지역의 보건청 공무원이었으며, 대독일 국민당(Grossdeustche Volkspartei) 당원으로 있다가, 민족사회주의독일노동자당(Nationalsozialistische Deutsche

하르트하임 안락사 시설의 직원들

루돌프 로나우어와 가족

Arbeiterpartei: NSDAP)이 창립되자 곧 입당하기도 하였다. 로나우어 자신도 1924년에 이미 오스트리아의 슈타이어마르크(Steiermark) 주의 향토 수비대(Heimatschutz)에 가입하였고, 1931년 8월 1일에는 민족사회주의독일노동자당에 입당하였고, 이어서 1933년에는 나치 친위대에 들어갔다. 1925년에는 이미 오스트마르크 그라츠(Ostmark Graz) 지역의 대학생회 회원이 되는 등 다양한 조직에 들어가 사회운동에 참여하였다. 이러한 그의 행적과 함께 1938년 3월 독일제국의 오스트리아 합병 당시에 이미 그는 젊은 나이임에도 불구하고 독일제국을 위한 충직한 전사(戰士)가 되었다. 그의 의학 공부도 이미 인종우생학(Rassenhygiene)적인 이념을 바탕으로 정립되었으며, 또한 이미 1919년에 독일 인종의 유전적 순수성 유지(die erbliche Reinhaltung der deutschen Rasse)를 강력하게 요구한 그라츠(Graz) 지역 병원의 신경과 프리츠 하르트만(Fritz Hartmann, 1871-1937) 교수의 지도를 받았다. 로나우어는 1932년 그라츠(Graz)에서 트리에스트(Triest) 출신의 민족사회주의자였던 마리아 호퍼(Maria Hoffer)와 결혼하였다(Matzek, 2002).

1938년 3월 히틀러와 민족사회주의자들의 오스트리아에 대한 독일제국 합병 후에 31세 나이에 로나우어는 즉시 린츠의 니든하르트(Niedernhart) 정신병원의 시설장을 맡았다. 아울러 도나우 강가의 크렘스(Krems)의 노이호펜(Neuhofen)의 그쉬벤트(Gschwendt) 성에 분소장(分所長)으로서의 직책도 겸하였다. 동시에 그는 린츠 시립 의료원에서 신경과의 최고 책임자를 맡았고, 33세 때에는 알코벤(Alkoven) 지역에 있는 하르트하임 안락사 시설의 책임자가 되었다. 그리고 동시에 린츠에서 개인 병원을 운영하기도 하였다. 그는 안락사 프로그램인 'Aktion-T4'의 고위급 심사자였던 헤르만 파울 니체(Hermann Paul Nitsche, 1876-1948), 빅토르 브락(Viktor Brack, 1904-1948)과 빅토르 라트카(Victor Ratka, 1895-1966) 등과 함께 여러 병원과 정신과 시설 및 양로원 등에서 이른바 '살 가치가 없는 목숨(lebensunwertes Leben)'을 찾아 안락사 시설에서 제거할 목적으로 공무 여행을 감행하기도 하였다(Böhm/Markwardt, 2004).

헤르만 파울 니체

그는 'Aktion T-4' 안락사 프로그램에

빅토르 라트카

에어빈 람베르트

서 심사자였는데, 이는 의사로서 당시 각각의 환자나 장애인들을 직접적으로 대면하여 진료하거나 검사를 하는 과정이 없이 단순히 개별 신고서만을 근거로 한 서류 심사를 통하여 대상자들의 삶과 죽음을 결정하는 일을 수행하였다.

그는 이러한 활동을 통하여 베를린의 안락사 프로그램인 'Aktion T-4' 본부로부터 매월 높은 급료를 받았다.

1940년에 하르트하임 성을 안락사 시설로 개조할 때 나치친위대의 최고 책임자였던 크리스티안 비르트(Christian Wirth)가 매우 중요한 역할을 하였으며, 건축공사는 미장이의 장이자 민족사회주의독일노동자당 당원으로서 안락사 시설 내 가스실을 건축하였던 에어빈 람베르트(Erwin Lambert, 1909-1976)가 진행하였다(Landeszentrale für politische Bildung Baden-Württemberg, 2000).

한편 로나우어는 최고 책임자로서 린츠의 니던하르트 정신병원에서 환자들에게 공급된 육류의 비율을 축소할 것을 확정하여 지시기도 하였다. 그리고 약 1년 반이 지난 후에는 제8남자병동이 비워졌으며, 그 환자들은 다른 병동으로 분산 배치되었다. 그리고 비워진 제8남자병동은 이른바 중간 단계병동(Durchgangsstation)으로 하르트하임 안락사 시설을 위한 중간기착지(대기) 시설의 역할을 하였으며, 또한 그곳에서도 안락사가 자행되었다. 아울러 안락사 대상자 수가 점차 늘어남에 따라 나중에는 제5병동도 로나우어의 지휘 아래 직원들 사이에서 '죽음의 병동(Todesabteilung)'이라고 불리면서 대량 학살이 이루어졌다. 1945년 4월까지 니던하르트와 그쉬벤트에서 각 지역별로 혹은 시설차원에서 과다약물 처방을 통하여 약 800여 명에 대한 잔인한 대량 학살 행각이 이루어진 것이다. 이에 전쟁 전에는 시설 거주자의 사망률이 6% 정도였던 것이 전후에는 70%까지 상승하였으며, 아울러 그전에는 환자의 시설 체류 기간이 통계적으로 평균 몇 년이었던 것이 1943년에는 38일에 거칠 정도로 비참한 학살이 잦았던 것이다(Leininger, 2006).

그리고 제2차 세계대전 중 폴란드, 소련 및 우크라이나에서 끌려온 외국인 강제노동자들을 관리하는 약 250여 명의 직원이 니던하르트 지역의 시설에 재직하였다. 강제이주 노동자들 중에 다수는 니던하르트에서 안락사 프로그램에 의하여 비참하게 살해당하였다. 이 니던하르트 병원의 여성 병동 수간호사로 있었던 고대프리다(Godefrieda)는 사실 자신의 병동에 대하여 부당하게 요구된 안락사 실행을 부분적으로는 막기도 하였지만, 근본적으로 해당 여성들의 하르트하임 안락사 시설로의 이송 자체는 불가하였다. 제2차 세계대전 이후에 니던하르트 병원에 근무하였던 2명의 직원이 재판에서 수년간의 금고형을 받았는데, 책임 간병인이었던 칼 하러(Karl Harrer)와 수간호사였던 게르트루데 블란케(Gertrude Blanke)는 안락사 대상인 장애인이나 환자들에 대한 수송 작업에 깊이 관여하였고, 또한 하르트하임 안락사 시설에서 대량 학살에 함께 관여하였다. 이처럼 니던하르트 정신병원은 안락사 실행을 하기 전에 몇 주간 대기하는 중간 기착지시설로 하르트하임 안락사 시설의 완충 장치 역할을 하였던 것이었다.

한편 크렘스의 노이호펜에 있던 그쉬벤트도 니던하르트 병원시설의 지부로서 노나우어의 책임하에서 운영되었다. 처음에는 이곳에서부터 안락사 시설인 하르트하임으로의 환자와 장애인의 이송이 시작되었다. 1945년까지 안락사 대상들은 그곳에서 의도적인 영양결핍이나 약물중독을 통하여 부당하게 고귀한 생명을 잃은 것이었다. 또한 그곳에 로나우어 가족의 거주지가 있었고, 그는 전쟁 말미에 미군이 이곳에 입성하기 한 시간 전에 결국은 먼저 자신의 부인과 이어서 1938년생과 1943년생의 두 딸을 살해한 후에 자신도 스스로 목숨을 끊었다.

이처럼 로나우어는 민족사회주의 사상으로 철두철미하게 무장된 안락사 담당 의사로서 하르트하임 안락사 시설을 비롯하여 린츠에 있는 니던하르트 주립 정신병원 및 크렘스의 노이호펜(Neuenhofen)에 있는 그쉬벤트 성의 지부 등 여러 시설들에 대하여 최고책임자로 재직하였다. 그는 니던하르트에서 뿐만 아니라 그쉬벤트 성에서도 많은 환자 및 장애인들을 대상으로 독을 주입하여 집단 살해 행위를 자행하였다. 아울러 그의 부시설장인 렌노(Renno)와 함께 구젠(Gusen) 강제수용소의 재소자들 가운데서도 안락사 대상을 선별하는 작업을 시행하기도 하였다. 결국 그는 자신의 가족들과 함께 1945년 5월 5일 크렘스의 노이엔호펜에서 숨져 결과적으로 형사상 소추는 불가피하게 모면하게 되었다(Rachbauer, 2009).

또한 게오르그 렌노(Georg Renno, 1907-1997)는 하르트하임 안락사 시설에서 로나우어의 대리자(부시설장)이자 민족사회주의 이념으로 계획된 안락사 프로그램 실현 과정에서 의사로서 전권을 부여받았다. 그는 프랑스 북동부 라인강 근처의 슈트라스부르(Strassburg)에서 태어났으며, 뮌헨과 하이델베르크에서 의학을 공부하였다. 1933년 박사학위 후에는 헤르만 파울 니체(Hermann Paul Nitsche) 교수 아래 라이프치히-되젠(Leipzig-Dösen) 병원에서 면허의(免許醫)로서 근무하였다. 그는 그곳에서 1940년 2월에 헤르만 파울 니체 교수의 약물을 사용한 살해방법을 발전시키는 실험에 참여하였는데, 이때 약 60여 명의 환자들이 최면진정제인 루미날(Luminal)로 살해를 당하였다. 렌노는 1940년 5월에 하르트하임 안락사 시설과 아울러 이 시설의 중간기착지 시설이었던 니던하르트 시설의 부책임자로 근무하였다. 그는 안락사 대상자들을 가스실에서 살해하기 전에 잠시 재검사를 실시하기도 하였고, 가스관의 밸브 개폐를 조작하는 역할을 담당하는 등 안락사 범죄의 중심에 있었던 공범자였다(https://www.t4-denkmal.de).

렌노는 1941년 10월부터 발트니엘/쥐히텔른(Waldniel/Süchteln) 지역의 소위 어린이 안락사를 담당하는 '아동전문부서(Kinderfachabteilung)' 책임자 자리를 위임받았다. 그러나 폐결핵에 걸린 그는 아동전문부서장의 직책을 독일의 정신병리학자이자 안락사 범죄 공범자였던 헤르만 베세(Hermann Wesse, 1912-1989)에게 넘겨주고 슈바르츠발트와 다보스에서 치료와 요양을 하였다. 그는 1943년 여름 전시복무로 징집된 로나우어를 대신하여 다시 하르트하임 성의 안락사 시설의 책임자 자격으로 돌아왔다. 그곳에서 그는 이른바 'Aktion 14f13' 혹은 '특별대우(Sonderbehandlung)로 명명한 안락사 프로그램에 따라 다흐아우, 마우트하우젠 및 구젠 등지의 강제 수용소 출신의 수많은 정신질환자, 노동 무능력자 및 비호의적인 수감자들을 하르트하임으로 끌고 온 후 무참히 살해하였다. 하지만 렌노는 1945년 2월부터 다시 폐질환으로 다보스로 요양 차 떠나게 되었다. 제2차 세계대전이 끝난 후 렌노는 게오르크 라이니히(Dr. Georg Reinig)라는 가명으로 루드비히스하펜에 살면서 오늘날 바이어(Bayer) 회사의 전신(前身)인 쉐링(Schering) 제약회사에 연구원으로 근무하기도 하였다. 렌노는 오스트리아 관계 기관이 수많은 사람들을 '살 가치가 없는 목숨(lebensunwertes Leben)'으로 분류하여 살해하는 데 가담한 혐의로 체포령이 내려진 가운데 1955년부터는 다시 자신의 본명을 사용하며 나타났다(Sander, 2003).

이어서 1961년 10월 25일 프랑크푸르트(Frankfurt/M.)의 고등검찰청 검사장인 프리츠 바우어(Fritz Bauer, 1903-1968)는 렌노에 대하여 구류처분을 내렸다. 1967년 11월 7일 프랑크푸르트 고등검찰청은 나치의 안락사 프로그램인 'Aktion T-4'의 베를린 중앙회계사무소 최고 책임자이자 하르트하임 안락사 시설의 행정책임자였던 한스 요아힘 베커(Hans-Joachim Becker, 1909-1974), 1942년부터 베를린 소재의 안락사 프로그램 본부 산하 중앙경제부 책임자이자 독가스나 독극물과 같은 안락사 재료의 조달자였던 프리드리히 로렌트(Friedrich Lorent, 1905-1988)와 함께 렌노는 살인 혐의로 고발되었고 재판이 시작되었다. 1970년에는 맹장염으로 재판 절차가 일시 중단되기도 하였지만, 렌노는 재판 과정에서 안락사 범죄 행위에 적극 가담한 사실을 일관적으로 부인하였다. 또한 1973년 10월에는 마인츠(Mainz) 의과 대학은 그에게 심장병, 동맥경화증과 뇌졸중 등의 질병에 대한 진단서를 발급하였고, 결국 1975년 12월 19일 소송 절차가 최종적으로 종결되었다. 그러나 그와 함께 재판정에 섰던 피고인 베커와 로렌트는 이미 1970년 5월 27일 대량 살인 동조 혐의로 10년과 7년의 금고형이 각각 언도되었다. 렌노는 자신의 인생 말년을 보켄하임(Bockenheim)에서 보냈으며, 1997년 10월에 그가 사망하기 전 한 인터뷰에서 다음과 같이 말하며 결코 자신의 과거 어두운 행적에 대하여 후회하거나 반성의 모습은 전혀 보이지 않은 채 결국 세상을 떠났다(Kater, 2000).

프리츠 바우어

> 나는 스스로 양심의 거리낌이 없다. 누군가를 총으로 살해한 그런 사람들 같은 차원에서 나는 책임감을 느끼지 않는다. 많은 사람들이 죽은 것을 보고 난 이후에 나는 나에게 독백을 하였는데, 이것은 그들을 위해서는 고통이 아니라고... 차라리 나는 이렇게 말하고 싶은데... 그 죽음은 하나의 해결책이라고... 이런 생각으로 나는 늘 걸어가고 있다. 나는 다시 내가 왔던 영원 속으로 돌아간다. 그 외 다른 것은 없다.

한편 하르트하임 안락사 시설에서 대량 학살에 가담한 간병인이나 간호사들의 행적을 살펴보면 다음과 같다. 먼저 이 직원들의 과제 가운데 하나는 수송차량으로 하르트하임 안락사 시설에 도착한 타 지역 시설의 안락사 대상자들을 탈의실로 안내하는 것이었다. 그곳에서 희생자들은 옷을 모두 벗어야 하였으며, 간호사나 간병인들은 이들을 도왔으며, 또한 그들은 희생자들 소유의 옷가지 수와 개인 소지품들을 수집하고 기록하였다. 이어서 나체의 안락사 대상자들은 간병인 혹은 간호사 등 직원들이 이미 기다리고 있는 의사를 등록(접수)실로 데리고 갔다. 아울러 사진을 촬영해야 할 안락사 대상자들의 경우에는 두 명의 간병인들에 의하여 반드시 부축을 받아야만 하였다. 이렇게 모든 일련의 과정이 경과된 후에 그들은 관계 직원들에 의하여 죽음의 가스실로 끌려갔던 것이다.

히틀러와 민족사회주의자들이 안락사 프로그램인 'Aktion T-4'를 실행한 초기인 1940년 5월 중반에는 간병인이나 간호사 등 직원이 매우 부족하였기 때문에 자신의 고유한 업무가 아님에도 불구하고 앞서 기술된 바와 같이 여러 가지 안락사 과정에서의 과업들을 마무리하기 위하여 사무실 직원들도 동원되기도 하였다. 그뿐 아니라 안락사 대상자들을 수송할 때 동행하였던 기타 직원들과 더불어 특히 칼 하러(Karl Harrer)와 쿠르트 쉬토이벌(Kurt Steubl) 등 니던하르트 시설로부터 수송 차량에 함께 동승한 간병인들도 안락사 실행과정에 깊이 관여하였다(https://pflege-professionell.at).

예를 들어, 수간호사였던 게르트루데 블란케(Gertrude Blanke)와 간병인이었던 헤르만 벤첼(Hermann Wentzel) 등은 안락사 범죄 시행 불과 몇 주 전에 하르트하임으로 왔다. 하르트하임 안락사 시설에서의 직원 부족 현상은 1940년 10월 중순에 11명의 간병인들이 도나우 근교의 입스(Ybbs) 지역의 치료 및 요양시설에서 하르트하임으로 비상복무명령을 받아 왔을 때 비로소 해결되었다.

프란츠 지터

특히 그들 가운데는 프란츠 지터(Franz Sitter, 1902-1980)라는 직원이 있었는데, 그는 간병인으로서 1902년 2월 6일 Winterberg에서 태어났으며, 처음에는 기계공의 직업을 가지고 있었는데, 1925년 7월부터 간병인으로서 입스 지역의 치료 및 요양시설에 고용되어 정신과에서 근무를 하였다. 1927년 3월에 정신과 간병인 자격 과정을 이수하였고 1929년에는 결혼을 하여 프란츠(Franz)와 레나테(Renate) 등 두 남매를 낳았다. 그는 1930년 6월에 공무원으로 임용된 후에 특별한 자격시험을 마쳤는데, 이는 간병 책임자로서 일할 수 있는 자격을 부여받은 것이었다. 그는 자신의 직업에 매우 만족하였고, 업무에 있어서 늘 상급자들로부터 높이 평가를 받았다. 1940년 10월에 그는 두 명의 제복을 입은 사람들로부터 놀라운 질문을 받았는데, 그것은 정신질환자들을 이송하는 일을 돕기 위한 비상근무를 할 준비가 되었느냐는 물음에 뜻밖에도 협력하기로 수락하였던 것이었다. 그리고 하르트하임 안락사 시설의 근무 내용에 해당하는 비밀엄수 확인서에 서명을 하였다. 이틀 후에 그는 입스 치료 및 요양시설의 환자들을 수송하는 첫 번째 일에 동행하였고, 이 일의 궁극적인 목적에 대해서는 어떤 누구도 그에게 자세한 사실을 알려주지 않았다. 그는 이 일에 계속하여 동참하였는데, 그가 펠트호프(그라츠) 지역의 시설 환자들을 니던하르트로 이송할 때 환자들이 오랜 이송 시간 동안 어떤 음식이나 음료수도 제공받지 못하는 이유에 대하여 알고 싶어 하였지만, 관심을 두지 말라는 냉혹한 대답만 돌아왔다. 이에 프란츠 지터는 종종 혼자 지냈고, 하르트하임 성 안에서 직원들의 저녁 회식이나 술잔치에는 참여하기를 꺼려하였다. 그리고 그는 이 시설의 주목적인 정신질환자들을 가스로 학살하는 일을 마침내 알았는데, 이는 그가 곧 바로 환자들의 시설 간 수송에 동행할 뿐 아니라, 하르트하임 안락사 시설 도착 후에 희생자들이 탈의하는 일을 돕고 유골함에 이름표 등을 붙이는 일에도 투입되었기 때문이다.

프란츠 지터는 이러한 엄청난 일에 대하여 양심적으로 매우 혼란하여, 즉시 자신의 이러한 비상 업무로부터 해직을 요청하였다. 그래서 당시 하르트하임의 의료팀 책임자였던 로나우어(Lonauer)에게 자신을 속히 입스에 있는 치료 및 요양시설로 근무지를 배치해줄 것을 요청하였다. 이에 Dr. 로나우어는 그에게 하르트하임 안락사 시설 근무에서 보수적인 면에서 월등한 장점을 내세우며 설득하였지만 프란츠 지터는 거절하였다. 그러나 그가 이러한 비상업무로부터 물러날 경우 당시 비밀경찰(Gestapo)의 집중적인 감시 대상이 될 위험성도 있었지만, 굴복하지 않았다. 아울러 그에게 당시 국방군으로의 즉각적인 입대조치라는 위협이 주어질지라도, 이 또한 감수하기로 하였다. 그의 이러한 바람에 따라 9일 후에 다시 입스 지역에 재배치가 승낙되었고, 하르트하임을 벗어난 지 3개월 후인 1941년 2월 6일에 그는 독일 국방군으로부터 전방에 군복무 명령이 떨어졌다. 그는 전쟁 중에서도 생존하였으며, 독일제국의 패전 즈음 미군 전쟁포로로 1946년 4월까지 미군의 사단병원에서 위생병으로 일하였다. 그리고 1946년 5월 초에는 다시 입스 시설로 와서 간병인으로 다시 근무하였다. 1947년에 린츠에 있는 국민재판소(Volksgericht)는 하르트하임 안락사 시설의 환자 살해와 관련하여 그에

오늘날 입스(Ybbs)의 치료센터 건물 일부

하르트하임 안락사 시설 기념관 입구(좌)/기념관 전시실(우)

게 무죄 판결을 내렸다. 그는 하르트하임의 안락사 시설에서 8명의 여성 간병인과 3명의 남성 간병인들 가운데 유일하게 양심에 따라 당국의 범죄 가담에 대한 지시를 단호히 거절한 유일한 직원이었다. 1952년에 그는 입스 시설의 책임 간병인이었고, 1967년 말 은퇴 후 말년을 입스에서 보냈으며, 1980년 11월에 세상을 떠났다(https://www.facebook.com: https://www.pflege-wissenschaft.info).

'Aktion T-4' 안락사 프로그램의 중단 이후 1941년 8월부터 1944년 말까지 계속하여 히틀러와 민족사회주의자들은 약 10,000여 명의 강제수용소 수감자, 강제노동자들이 하르트하임 안락사 시설에서 대량 학살을 자행하였다. 그 후 전쟁 말미에는 안락사 시설을 제거하고 범죄의 흔적을 지우려고 시도하기도 하였다. 1945년 6월과 7월에 미군 조사팀을 통하여 처음으로 하르트하임 안락사 시설에 대한 대량 학살 관련 조사가 이루어졌다. 그리고 오버외스트라이히(Oberoesterreich) 주의 주립 자선단체(Landes-Wohltaetigkeitsverein)는 하르트하임 성의 반환 이후인 1948년에 다시 장애인 시설을 운영하고자 계획을 세웠지만, 이를 즉각적으로 실행할 수는 없었다.

〈표 Ⅱ-12〉에 언급된 간병인이나 간호사들이 하르트하임, 니던하르트 및 그쉬벤트 시설에서 근무한 주요 직원들이다(Schwanninger, 2011).

〈표 II-12〉 하르트하임, 니던하르트 및 그쉬벤트 시설 주요 근무자

이름	출생	행적 및 기타
Johann Baumgartner	1896	• 니던하르트(Niedernhart) 시설의 간병인 책임자로서 직원들의 업무 분장 및 환자들의 일상적인 입실 및 퇴실 과정의 책임자. • 1948년 사전조사 실시되었지만, 1948년 5월 검찰에 의하여 고발 조치는 기각됨.
Gertrude Blanke	-	• 베를린(Berlin) 태생으로 1940년 4월부터 하르트하임 안락사 시설에서 근무를 하였던 간병 직원임. • 나중에는 간병직원의 관리 책임자로 되었고, 1944년까지 하르트하임 시설에 체류함. • 독일 검찰은 본 피의자를 찾지 못함으로서 1947년 2월 25일 조사를 중단함.
Karl Harrer	1893	• 니던하르트(Niedernhart) 시설에서 간병인으로 근무함. • 니던하르트(Niedernhart) 시설장이었던 루돌프 로나우어(Rudolf Lonauer)에 의하여 안락사 대상자들을 니던하르트에서 하르트하임으로 이송하는 일을 맡음. • 자신의 재판에서 안락사 프로그램인 'Aktion T-4'의 경과와 니던하르트에서 대량 학살 시에 로나우어를 도운 사실을 진술함. • 1948년 7월 3일 유죄가 선고되었고, 66개월의 금고형이 선고됨.
Leopold Lang	1899	• 니던하르트 시설에서 간병인으로 근무함. • 니던하르트 시설에서 시설장인 로나우어가 환자들을 대량 학살할 때에 도운 혐의로 1948년 7월 3일 36개월의 금고형이 언도됨.
Karl Streubel	1910	• 니던하르트 시설에서 간병인으로 근무함. • 1939년부터 1942년까지 니던하르트 시설과 하르트하임 안락사 시설 간의 운송 책임자. • 독일제국이 점령하였던 폴란드 및 우크라이나 지역의 유대인과 집시족 등에 대한 학살 행위였던 'Aktion Reinhardt' 프로그램에서 나치친위대(SS) 경비대원으로서 폴란드 남동쪽의 Sobibor 학살 시설에 배치되었음. 그곳에서 그는 수감자들 중에서 학대음란증을 가지고 있는 무자비한 존재로 간주됨. • 1945년 9월 21일 자살로 인하여 검찰은 1947년 2월 25일에 결국 그에 대한 소송 절차를 중지함.
Anton Schrottmayer	1899	• 도나우 근교의 입스(Ybbs) 시설에서 간병인으로 근무하였으며, 1940년 10월에 하르트하임으로 비상복무명령을 받고 파견된 11명의 간병인 직원 중 한사람임. • 'Aktion T-4' 프로그램의 실행 기간 동안 수송 책임자로 근무함. • 1942년 그쉬벤트(Gschwendt) 지소로 옮겼는데, 그곳에서 로나우어의 지시에 따라서 안락사 대상에게 치명적인 약을 먹이는 역할을 담당함. • 1946년 8월 3일 입스(Ybbs) 지방법원에서 이러한 살해 사실을 자백하였고, 같은 날 이곳의 구치소에서 스스로 목숨을 끊음. • 1947년 2월 25일 검찰은 그에 대한 소송절차를 중지함.

그 밖에도 간병인이나 간호사 등의 직원으로는 Anna Griessenberger를 비롯하여 Franz Gindl, Hermine Gruber, Margarethe Haider, Maria Hammelsboeck, Maria Lambert, Her-mann Merta, Maria Raab, Maria Wittmann 등이 있었다. 또한 로나우어와 렌노의 지시에 따라서 희생자들의 장기를 적출하는 데 책임을 가진 병리학자였던 헤르만 벤츨(Hermann Wentzl)도 안락사 범죄의 공범자에 포함되었다. 이들 중에는 Anna Griessen berger와 Margarethe Haider 등은 안락사 프로그램인 'Aktion T-4' 중단 이후에는 다시 옛날 직장인 입스 치료 및 요양시설로 다시 복귀하기도 하였다(http://www.antifa-info.at).

또한 마리아 함멘스뵉(Maria Hammelsboeck)과 마리아 람베르트(Maria Lambert) 등은 제2차 세계대전 중에 동부전선에 의무대원으로 자원입대하기도 하였다. 1941년/42년 겨울철의 혹독한 상황을 맞이하여 안락사 프로그램인 'Aktion T-4'의 조직자 중에 한 사람인 빅토르 브락은 안락사 시설 출신의 간병인 및 간호사 등으로 하여금 중부 전선 및 북부 전선의 많은 부상병들을 치료하는 일을 도와주라고 독려하기도 하였다(http://www.tenhumbergreinhard.de).

아울러 마리아 함멘스뵉과 마리아 람베르트는 1941년 12월 베를린에서 소위 토트 조직(Organisation Todt: OT)의 간호사로 활동하였는데, 이는 1938년에 창설된 프리츠 토트(Fritz Todt, 1891-1942)의 이름을 딴 독일 제3제국의 민군(民軍) 건설 조직체였다.

프리츠 토트

프리츠 토트는 독일의 건설기술자이자, 1922년 1월부터 민족사회주의 독일노동자당(NSDAP) 당원과 더불어 민족사회주의 시대에 도로 관련 총책임자이었다. 또한 그는 나치돌격대(SA)의 고위 관리자였으며, 1940년부터는 군비 및 탄약부 장관(Reichsminister fuer Bewaffung und Munition)이었다. 특히 1935년에서 1945년 사이에 건설된 최초의 독일제국 고속도로(Reichsautobahn: RAB) 프로그램을 총지휘하였다(Seidler, 1988).

이어서 'Aktion T-4' 프로그램에 따른 안락사 범죄의 실행에서 행정 혹은 사무직원들과 관련하여 살펴보면, 매우 다양한 활동을 하였음을 알 수 있다. 당시 안락사 시설의 행정 및 사무실 책임자들은 의료 관련 책임자처럼 그들의 과제와 역할은 매우 광범위하였다. 다시 말해, 행정이나 사무 책임자는 안락사 시설 내에 설치된 특별 호적사무소(Sonderstandesamt)의 최고 상급자였는데, 이는 수많은 희생자들의 불법적이고 비인간적인 죽음을 조직적으로 은폐하기 위하여 설치되었다. 그뿐만 아니라, 나치 정권의 범죄 은폐 행위는 희생자들의 유가족들에게는 수용 기관에 대한 정보나 사망 일자 및 사인 등에 대해서도 주로 폐결핵 등 전염성 질병 등을 기록하는 등 모두 허위로 전달되었다. 특히 희생자들의 실제적인 사망 일자보다 며칠 후에 유가족들에게 통보되었으며, 그로부터 10일 내지 20일 후에 하르트하임 안락사 시설의 두 번째 편지가 이른바 위선적이고 허구적인 '위로편지(Trostbrief)'의 형태로 전달되기도 하였다(Maruhn, 2002).

이렇게 위조된 사망 시점이 기록된 각종 서류를 통하여 안락사 시설당국은 사회보험기관이나 혹은 사회복지관들로부터 1924년부터 1948년까지 독일의 화폐 단위였던 수백만 제국마르크(Reichsmark: RM)의 부당 이익을 청구하여 편취하기도 하였다. 그리고 이러한 안락사 과정에서 나타난 일련의 행정 및 사무적인 사기행각 외에도 유가족들에게 유골함을 발송하는 일이나 희생자들의 호적을 정리하는 일에 그들이 직접 관여하기도 하였으며, 또한 경찰들도 이 일에 종종 함께 가담하기도 하였다. 하르트하임 안락사 시설의 경우에는 이미 다른 안락사 시설에서 많은 경험들을 가진 당시

독일제국의 고속도로(Berlin-München 구간의 일부)

독일제국 마르크(RM) 동전(좌)과 지폐(우)

경찰이면서 나치 친위대(SS)의 고위 관리자였던 크리스티안 비르트(Christian Wirth, 1885-1944)가 주된 역할을 담당하였다.

이어서 재정담당 책임자의 기능도 매우 중요한 의미를 가졌는데, 이는 총체적인 시설 관련 비품이나 재료의 조달에 있어서 전적으로 책임졌으며, 이러한 활동 과정에서는 주로 여성으로 구성된 사무(행정)보조원들이 조력하기도 하였다. 그들 가운데 예를 들어, 크리스티안 비르트의 여비서 이름가르트 라드비히(Irmgard Ladwig)나 혹은 이름가르트 슈밥(Irmgard Schwab) 등 몇몇은 베를린에 소재하였던 안락사 프로그램인 'Aktion T-4' 본부로부터 하르트하임 성의 안락사 시설로 직접 온 것이었다. 그 밖에 카로리네 부르너(Karoline Burner), 게르트라우트 디른베르거(Gertraud Dirnberger), 안네마리에 그루버(Annemarie Gruber), 헬레네 힌털쉬타이너(Helene Hintersteiner), 마리아 히르쉬(Maria Hirsch), 마리안네 쿠텔바셔(Marianne Kuttelwascher), 엘리지베트 레고(Elisabeth Lego), 직프리데 무켄후버(Siegfriede Muckenhuber) 및 마르기트 트롤러(Margit Troller) 등 많은 직원들은 특별히 채용되었던 것이었다. 또한 하급직원들의 모집에 있어서 주요 책임자는 쉬테판 샤허마이르(Stefan Schachermayr, 1912-2008)와 오스트리아 정치인이자 나치 친위대(SS) 지도자였던 프란츠 페터자일(Franz Peterseil, 1907-1991) 등 두 명의 지역 감찰관과 안락사 프로그램인 'Aktion T-4'의 본부인 베를린 본부의 감찰 부장이었으며 나치 돌격대(SA) 지휘자였던 아돌프 구스타프 카우프만(Adolf Gustav Kaufmann, 1902-1974)이었다(Riess, 2004).

그 당시에 안락사 프로그램의 실행 과정에서 몇몇의 사무실 혹은 행정 직원들이 간병인이나 간호사 인력 부족으로 그들의 임무를 대신 맡아서 해야 하였다. 예를 들어, 희생자들의 옷을 벗길 때에 옆에서 보조해야 하였다. 그리고 나중에 충분한 간호사 및 간병인 직원이 배치되었을 때는 사실 이런 역할이 필요 없었다. 그러나 안락사 시설의 검사실에서는 희생자들과의 개별적인 접촉이 있었고, 그곳에서 몇몇 사무실이나 행정 직원들은 로나우어와 렌노의 지시에 따라 다양한 목록을 작성하거나 서류 작업을 해야 하였다.

프란츠 페터자일

안락사 프로그램인 'Aktion T-4'의 중단 이후에 행정 직원들의 전문 지식이나 정보는

폴란드 Sobibor 지역의 옛 멸절수용소 기념관

또 다른 형태의 천인공노할 안락사 범죄였던 'Aktion Reinhardt'에 적용되기도 하였다. 이는 독일군이 당시 점령하였던 폴란드 및 우크라이나에 거주한 유대인과 집시족들에 대한 무자비한 학살 행위를 일컫는데, 1942년 7월부터 1943년 10월까지 약 1,600,000-1,800,000명의 유대인과 약 50,000여 명의 집시족 등이 당시 폴란드 식민지의 총독 관할 지역 내 특별 통제 구역이었던 Warschau를 비롯하여 Lublin, Radom, Krakau, Galizien과 Belzec, Sobibor, Treblinka 등 일명 '죽음의 시설(Todeslager)' 혹은 '죽음의 공장(Todesfabrik)'이라 불린 멸절수용소(Vernichtungslager)에서 나치 친위대(SS)에 의하여 가스실에서 무참하게 희생된 것이다(Musial, 2004).

또한 하르트하임의 안락사 시설에 근무하였던 몇몇의 행정직원은 그 동안에 폴란드의 식민지 총독 관할지역 내에 있는 멸절수용소에서 수용소 사령관으로 승진하기도 하였다. 이와 관련하여 주요 범죄자들의 활동을 살펴보면 <표 II-13>과 같다(Kohl, 1997).

그리고 하르트하임 안락사 시설의 재정담당 책임자들로 활동한 사람들 중에 폴만(Friedrich Vollmann)은 하르트하임 안락사 시설의 첫 번째 재정관련 책임자였으며, 아울러 1940년까지 활동하였던 프리드리히, 또한 그의 후계자로서 1944년 말까지 하르트하임에 머물면서 재정 담당 책임자였던 한스 하인리히 렌츠(Hans Heinrich Lenz)가 있었다. 그리고 아르투어 발트(Arthur Walter)도 1942년 초부터 1944년 말까지 하르트하임 시설에서 재정과 관련하여 총 책임자로 활동하였다.

〈표 II-13〉 하르트하임 안락사 시설 행정 직원

이름	주요 활동 및 기타
Franz Reichleitner (1906-1944) 	• 오스트리아 린츠 지역 출신의 형사 및 비밀경찰(Gestapo) • 하르트하임 안락사 시설에서는 Franz Stangl의 대리인 • 안락사 프로그램 'Aktion T-4' 중단 후에 'Aktion Reinhardt' 프로그램 당시에는 폴란드 Sobibor 지역의 멸절수용소 책임자로 승진 • 1944년 1월 3일 나치친위대와 경찰의 특별 독립부서이며, 유대인 추방과 멸절, 유대인 재산의 몰수, 정적(政敵)의 숙청 등을 주된 임무로 하였던 'Sonderabteilung Einsatz R(Reinhardt)'의 활동 중에 유격대원에 의해 저격을 당함.
Franz Stangl (1908-1971) 	• 오스트리아 형사이자 비밀경찰이었으며, 하르트하임 안락사 시설에서 크리스티안 비르트(Christian Wirth)의 후임자로서 사무 행정 책임자 • 'Ation Reinhardt' 프로그램에서 폴란드 Sobibor와 Treblinka 지역의 멸절수용소 책임자 • 이후에 'Sonderabteilung Einsatz R(Reinhardt)'에서 활동 • 종전 후에 린츠에서 하르트하임 재판을 피해서 Gustav Wagner와 함께 시리아(1948년), 브라질(1951년) 등지로 망명 • 1967년 오스트리아 계 유대인으로서 홀로코스트의 생존자이며, 문필가, 건축가였던 Simon Wiesenthal(1908-2005) 추적하였고, 후에 체포되어 독일로 압송 • 1970년 뒤셀도르프(Duesseldorf) 지방법원의 세 번째 Treblinka 재판에서 종신형이 언도되었고, 1971년에 심장마비로 교도소에서 사망
Gustav Wagner (1911-1980) 	• 오스트리아 나치친위대(SS) 고위관리자 • 하르트하임 안락사 시설의 행정공무원이며, 'Aktion Reinhardt' 프로그램에서 Sobibor 멸절수용소의 부책임자 • 'Sonderabteilung Einsatz R(Reinhardt)'에서 활동 • 제2차 대전 종전 후에 Franz Stangl과 함께 시리아와 브라질로 망명하였으며, Simon Wiesenthal이 추적하여 찾아냄 • 1978년 체포되었고, 2년 후에 자살로 생을 마감함
Christian Wirth (1885-1944) 	• 독일 경찰공무원(형사) 및 나치친위대 대대장 • 하르트하임 안락사 시설의 첫 번째 사무(행정) 책임자이었고, 모든 안락사 시설에 대한 감찰관으로 임명 • 폴란드의 Belzec 지역의 멸절수용소의 첫 번째 최고 책임자였고, 1942년 8월부터는 'Aktion Reinhardt' 안락사 프로그램 시행에서 감찰관으로 활동함 • 1943년 9월부터 'Sonderabteilung Einsatz R(Reinhardt)' 부서 관리 책임자 • 1944년 5월 26일 유격대원에 의하여 사살당함

'Aktion T-4' 안락사 프로그램의 중단 이후에 사무(행정)보조원들은 소수만 하르트하임 시설에 잔류하였으며, 일부는 다시 베를린의 안락사 프로그램 본부로 복귀하였다. 또 다른 일부는 민족사회주의독일노동자당(NSDAP) 관련 기구에 임용되거나 혹은 대관구(大管區)의 행정관청(Gertraud Dirnberger)이나 대관구 재무부(Karoline Burner) 혹은 사회복지국(Maria Hirsch) 등 다양한 국가직에 채용되기도 하였다. 이처럼 그들이 다양한 국가 기관으로 자리를 옮겼음에도 불구하고, 이들의 인사 기록상 적(籍)은 여전히 'Aktion T-4' 베를린 본부 소속으로 남아 있었다. 그 이유는 많은 사람들이 'Aktion T-4' 안락사 프로그램의 중단이 단지 일시적이고 곧 안락사 시설로 다시 돌아갈 것이라는 여론이 지배적이었고, 또 다른 이유는 그들은 안락사 시설에서 여러 가지 직간접적인 국가기밀을 취급하고 경험하였던 사람들이기 때문이다. 1943년 베를린의 안락사 프로그램인 'Aktion T-4'의 본부가 심각한 폭격으로 행정 및 사무실 일부를 하르트하임 성으로 옮겼을 때에 헬레네 힌터쉬타이너(Helene Hintersteiner)와 같은 과거의 몇몇 사무실 직원들처럼 다시 하르트하임 안락사 시설로 돌아가서 활동한 사람들도 있었다(Klee, 2010).

한편 안락사 시설에서는 이른바 가마쟁이(Brenner)라고 부르는 직원들이 있었는데, 이들의 주된 역할은 실제로 안락사를 통하여 사망한 희생자들의 시신을 소각하여 치우는 일을 하였다. 아울러 그들은 옷이 완전히 벗겨진 희생자들의 시신을 가스실에서부터 끌어내어 임시적으로 보관하기 위하여 시체실로 옮겼고, 희생자들 가운데 사전에 신체에 특별한 표시를 해두었던 시신의 경우에는 소위 가마쟁이들이 금니를 빼내었다. 또한 두 곳의 방에 나란히 소각실이 설치된 시체 소각장에서는 한꺼번에 최대 8구의 시신을 소각할 수 있었다. 비록 안락사 프로그램인 'Aktion T-4' 규정상으로는 다만 의사만 가스실의 가스밸브를 개폐할 수 있도록 분명하고 엄격하게 규정되었지만, 매우 자주 가마쟁이들이 이에 대한 전권을 위임받아 실제적인 살해 범죄를 자행하곤 하였다. 하르트하임의 안락사 시설의 경우에는 특히 2명의 이른바 가마쟁이 책임자(Oberbrenner)들이 있었는데, 즉 오토 쉬미트겐(Otto Schmidtgen)과 요셉 발라스트(Josef Vallaster)였다. 그 후에 'Aktion T-4' 안락사 프로그램 중단 뒤에는 당시 총 6명의 가마쟁이들 중 빈첸츠 노엘(Vinzenz Nohel)과 오토 쉬미트겐(Otto Schmidtgen) 만이 하르트하임 안락사 시설에 계속 잔류하였다. 사실 'Aktion T-4' 프로그램 계획에 따라서 1944년까지 강제수용소 수감자들에 대하여 자행한 대량 가스 살해와 관련된 과정상의 엄격한 규정은 없었다. 이에 따라서 1941년부터 1944년까지 독일제국 내에 설치된 강제수용소 수감자들 가운데 환자, 노동 무능력자 등으로 분류된 사람들에 대하여 집단학살한 이른바 'Aktion 14f13' 프로그램에서 가스밸브의 개폐 권한을 가진 주체에 대하여 구체적으로 밝혀진 바는 없었다. 따라서 앞에서 언급된 빈첸츠 노엘이나 오토 쉬미트겐 그리고 수많은 장애인이나 환자들을 수송할 때 동행하였던 나치친위대(SS) 대원들이나 연합국의 공습으로 베를린의 'Aktion T-4' 본부를 하르트하임 성으로 옮긴 후에 그곳에서 활동하였던 한스 요아힘 베커(Hans-Joachim Becker) 등도 가스실의 가스밸브 계폐권을 위임받아 안락사에 직접적 개입 여부에서 논란 대상이 되었다. 그 당시 안락사 만행의 주요 가담 혐의자들의 행적을 간단히 살펴보면 〈표 II-14〉와 같다(Weber, 2008).

이어서 당시 하르트하임 안락사 시설에는 모두 오스트리아 북부의 주인 오버외스트라이히(Oberoesterreich) 출신의 차량 운전자들이 함께 근무를 하였는데, 이들의 주요 업무는 니던하르트, 린츠 중앙역 혹은 기타 장애인 시설의 안락사 대상자들을 하르트하임 안락사 시설로 이송하는 일이었다. 이를 위하여 처음에는 작은 수송 차량들을 투입하여 하르트하임 성의 주출입문을 통과할 수 있도록 하였다. 그 이후에 하르트하임 안락사 시설은 독일제국체신청(Reichspost)의 메르세데스(Mercedes) 버스 3대를 소유하였고, 이 차량들은 하르트하임 성의 서쪽에 있는 문으로 출입하였다.

〈표 II-14〉 하르트하아미 안락사 시설의 주요 범죄 가담자(계속)

이름	주요 활동 및 기타
Vinzenz Nohel (1902-1947) 	• 오스트리아 민족사회주의자이며, 민족사회주의 독일노동자당(NSDAP) 당원임. • 1940년 4월 2일부터 요셉 발라스트(Josef Vallaster)와 하르트하임에 재직함. • Nohel은 희생자들의 시신을 소각 처리하는 일명 가마쟁이(Brenner)로서 마우트 하우젠과 구젠(Gusen) 출신의 강제수용소 수감자들에 대한 집단살해에 참가한 혐의로 다흐아우(Dachau)에 있는 미군 법정으로부터 기소됨. • Nohel은 당시 61명의 피고인들 가운데 자신의 범법 행위에 대하여 비교적 솔직하게 진술하였던 유일한 인물임. • 1946년 다흐아우(Dachau)의 마우트하우젠(Mauthausen) 공판에서 하르트하임 시설에서의 안락사 범죄 행위에 가담한 혐의로 교수형이 언도. • 1947년 5월 27일 Lech의 Landberg 전범교도소에서 교수형이 집행됨.
Josef Vallaster (1910-1943)	• 오스트리아 민족사회주의자였으며, 1940년부터 장애인 및 환자들에 대한 안락사 및 유대인 학살에 가담함. • Vinzenz Nohel보다 앞에 하르트하임 안락사 시설에 왔으며, 하르트하임 성(城)을 안락사 시설로의 개축 작업에 조력함. • 'Aktion T-4' 프로그램 시행에서 오토 쉬미트겐(Otto Schmidtgen)과 함께 희생자 소각 처리자인 가마쟁이 책임자(Oberbrenner) 중의 한 사람. • 가마쟁이 책임자(Oberbrenner)라는 직책으로 안락사 담당 의료진인 로나우어(Lonauer)나 혹은 렌노(Renno)의 부재중에 가스실의 가스밸브 조작권을 가짐. • 특히 'Aktion T-4' 프로그램의 중단 이후에 나치 친위대(SS)에 가입하였고, 하르트하임 안락사 시설 및 폴란드 Sobibor 멸절수용소(Vernichtungslager)에 감독관으로 대량 학살에 가담함. • 1943년 10월 14일 Sobibor 멸절수용소의 폭동과정에서 구두 수선공 작업장에서 자신의 새로운 장화를 신어보는 중에 수용소의 유대인 수감자였으며, Sobibor 수용소에서 살아남은 47명 중에 한사람이었던 Itzhak Lichtman(1908-1992)과 구두수선공이었던 Scholem Fleischacker에 의하여 도끼로 살해당함.
Otto Schmidtgen (출생 및 사망일 미확인)	• 1940년 6월 초순경에 하르트하임 안락사 시설에 왔으며, Vallaster와 Nohel이 오스트리아 사람인 반면에 Schmidtgen을 비롯하여 나머지 이른바 안락사 희생자 시신 소각 및 처리 담당자인 모든 가마쟁이(Brenner)들은 베를린에 있는 안락사 프로그램인 'Aktion T-4' 의 본부에서 오스트리아 하르트하임으로 파견된 직원들이었음. • Schmidtgen은 Vallaster와 함께 이른바 가마쟁이 책임자(Oberbrenner) 중에 한 사람이었고, Vinzenz Nohel과 함께 1944년까지 하르트하임 안락사 시설에서 활동하였기 때문에 그가 안락사 시설의 가스밸브의 계폐를 조작할 수 있는 권한도 가진 것으로 예상함.

Kurt Bolender (1912-1966) 	• 독일 나치친위대(SS) 고위관리직이자 'Aktion T-4' 및 'Aktion Reinhardt' 등의 대량 학살 및 Sobibor 멸절수용소 부서책임자로 수감자의 폭동 사건 강제 진압에 참여하였고, 그의 학대 음란증으로 수감자들에게 공포의 인물이었음. • 베를린 소재의 안락사 프로그램 'Aktion T-4' 본부에서 하르트하임 시설로 옮겼으며, 'Aktion T-4' 프로그램 중단 후에는 동부전선의 독일 제3제국의 민군(民軍) 건설조직체였던 'Organisation Todt: OT'의 의무대에 참여함. • 제2차 대전 후에는 다른 이름을 가지고 함부르크(Hamburg)에서 거주하였지만, 자신의 정체가 밝혀지고 최소한 360여 개의 살인 혐의로 1961년 체포됨. • 1966년 10월 10일 재판 선고가 내리기 전에 구류 도중에 목을 매어 자살로 생을 마감함으로써 공소시효가 만료됨.
Hubert Gomerski (1911-1999) 	• 독일 나치친위대 관리자이자 대량 학살 프로그램인 'Aktion T-4' 및 'Aktion Reinhardt' 프로그램에 의한 Sobibibor 멸절 수용소에서 대량 살인 범죄에 가담함. • 베를린의 'Aktion T-4' 본부에서 하르트하임 시설로 이직함. • 중간에 베를린 본부로 잠시 자리를 옮긴 후에는 하다마(Hadamar) 안락사 시설에서 다시 시신 소각장의 가마쟁이(Brenner)로 일함. • Kurt Bolender와 같은 학대 음란증으로 강제수용소 수감자들에게 공포의 인물이었음. • 1947년 3월 21일 프랑크푸르트(Frankfurt/M.) 지방법원에서 증거부족으로 살인 및 살인조력 혐의는 무죄로 선고되었고, 1950년 8월 25일 두 번째 공판에서는 Sobibor 멸절 수용소에서 행한 대량 학살 범죄혐의로 종신형을 선고받음. • 22년간의 구금생활 후인 1972년 이후 몇 번의 판결은 질병 등의 이유로 중단되었고, 1999년 12월 28일 88세로 프랑크푸르트에서 사망함.
Paul Groth (1913 or 1918-?)	• 다양한 자료에서 그의 성은 'Grath'로 표기되기도 함. 아울러 그의 출생과 관련하여 1918년 Zoppot 지역 혹은 1913년 함부르크(Hamburg) 출생설이 있음. • 분명한 사실은 그가 베를린 안락사 프로그램 'Aktion T-4' 본부에서 하르트하임 안락사 시설로 옮겨왔고, 'Aktion Reinhardt' 프로그램 시행 기간에 맨 먼저 폴란드 Belzec 멸절수용소에 투입된 사실임. • 1942년에 Christian Wirth가 처음에 그를 Sobibor 멸절수용소의 의복관리부서로 전근시켰고, 이후 안락사와 직접 관련된 부서로 보냄. • 그는 수감자들 중에서 많은 사람들을 살해한 매우 잔인한 감독자로 알려졌으며, 나중에는 살해되었지만 한 유대인 여성과 애정관계를 가지기도 하였음. • 알코올중독증으로 Christian Wirth는 그를 다시 Belzec 멸절수용소로 보냈고, 후에 Belzec 멸절수용소가 폐쇄된 뒤 다시 Sobibor 멸절수용소로 옴. • 2차 대전 이후에는 잠적하였으며, 1951년 그의 부인이 법정에 사망선고를 내려 줄 것을 신청하였지만, 1962년까지 실종된 것으로 되었음.

Paul Bredow
(1902-1945)

나치친위대(SS) 대원과
파울 브레도우(맨 왼쪽)

- 그는 원래 숙련된 웨이터였으며, 나치친위대(SS) 대원이었으며, 홀로코스트 가해자로 활동하였고, 'Aktion Reinhardt' 대량 학살 프로그램에 따라 행한 Treblinka 멸절수용소에서 Franz Stangl과 함께 근무하였고, 이후에는 Sobibor 멸절시설에서도 일하였음.
- 폴란드의 Treblinka 와 Sobibor 멸절수용소에서는 부엌이나 장교용 카지노의 책임자로 일하였고, 수많은 사람들에 대한 처형권을 가지고 총살에도 가담하였음.
- Grafeneck과 Hartheim 안락사 시설에서도 근무하였으며, Hartheim 안락사 시설로 오기 전에 베를린의 안락사 프로그램 본부의 구내식당에서 일을 함.
- 폴란드와 우크라이나 점령지역의 유대인과 집시족들에 대한 안락사 프로그램인 'Aktion Reinhardt'가 종료된 후에는 3,000-5,000명의 유대인 및 정적(政敵)들이 희생된 이탈리아의 Triest지방의 Risiera di San Sabba 강제수용소로 일자리를 옮겼음.
- 2차 대전 이후에 기센(Giessen)에서 나치친위대 친구인 Frenzel과 목수로 일하였으며, 1945년 12월 괴팅겐(Goettingen)에서 교통사고로 사망함.

나치 정권은 안락사 대상들을 수송하는 차량들을 위장하기 위하여 독일제국 체신청의 표시를 차에 부착한 채로 운행하였다.

또 하르트하임 안락사 시설의 운송차량 기사들은 안락사 시행 초기에는 소각장에서 희생자들의 시신을 소각 처리하는 가마쟁이들이 재를 자루에 넣어 4km나 떨어진 도나우 강가에서 자루의 재를 부어 버리는 일을 추가적으로 돕기도 하였다. 그들의 이러한 행동은 번거로운 일이기도 하였고, 동시에 도나우 강 주변 거주민들이 왕래하는 중에 그들의 의심을 살 수 있는 위험도 함께 존재하였다. 이에 나중에는 하르트하임 성의 정원에 구덩이를 파서 희생자의 재를 매장하는 방법으로 바꾸기도 하였다. 그 당시 하르트하임 안락사 시설에서 수송차량의 운전자로 활동한 주요 인물 중에 먼저 프란츠 회들(Franz Hoedl)은 1905년 8월 1일생으로 나치 친위대원(SS)이었다. 1942년 11월 오스트리아의 전범이자 민족사회주의자며, 또 나치친위대(SS) 대원이었던 오딜로 로타 루드비히 글로브닉(Odilo Lothar Ludwig Globocnik, 1904-1945)이 근무하고 있는 폴란드의 루브

독일제국 체신청의 표식

오딜로 로타 루드비히 글로브 닉

린(Lublin)으로 갔다. 그 후에 그는 Franz Stangl의 운전기사로 활동하였고, 폴란드의 Sobibor 멸절수용소에서는 특히 유대인들을 대상으로 배기가스를 통하여 자행한 대량 학살에 가담하였다. 또한 요한 로탈러(Johann Lothaller)와 프란츠 마이루버(Franz Mayrhuber)는 'Aktion T-4' 프로그램 중단 후 1942년 1월 독일 제3제국 민군 건설조직체였던 'Organisation Todt: OT'의 의무대에 참여하기 위하여 자신들의 차량 편으로 동부전선으로 자원하여 갔다고 한다. 그리고 안톤 게칭거(Anton Getzinger)는 1910년 11월 24일생인 나치친위대(SS) 대원이었다. 그는 하르트하임 안락사 시설에서 차량 운전자 근무 후에 Sobibor 멸절시설의 경비팀에 소속되었고, Sobibor 폭동이 발생하기 직전인 1943년 10월에 사실 러시아제 수류탄 취급 중에 폭발로 사망하였다. 그러나 나치 정권은 그의 죽음에 대하여 공식적으로는 1944년 12월 9일 세르비아(Serbien)에서 발생한 대(對)게릴라전에서 전사한 것으로 은폐하여 발표하였다(Sachslehner, 2018).

그 밖의 하르트하임 안락사 시설에서 직간접적으로 환자 및 장애인들에 대한 대량의 강제적 안락사에 가담한 인물들을 살펴보면 다음과 같다(Wulf, 1961).

게다가 그 당시에는 안락사 시설 등에 사진사들도 있었는데, 이들은 특히 의사들의 관심사에 따라서 각 사람들에 대하여 사진을 촬영을 한 것이었다. 그 첫 번째 사진사로는 프란츠 바그너(Franz Wagner)였으며, 그의 후계자는 브루노 브루크너(Bruno Bruckner)였다. 후자의 말에 의하면 그는 하루에 30-35명의 희생자들을 대상으로 사진을 촬영하였다고 진술하였다. 또한 1944년 10월에서 12월 사이에 나치 정권의 범죄 사실에 대한 은폐 지시 규정에 의거하여 당시 다양한 직원들의 진술에 의하면 사진을 포함한 수많은 환자들의 개인 명부 서류들이 폐기되었다는 것이었다. 또한 그중 일부 서류들은 폴란드의 Trzcińsko-Zdrój(독일어: Bad Schoenfliess)로 운

〈표 II-15〉 하르트하아미 안락사 시설의 주요 범죄 가담자(계속)

이름	주요 활동 및 기타
Heinrich Barbl (1900-1965)  Belzec 멸절 수용소 사령부 건물 앞에서 Heinrich Barbl (뒷줄 오른쪽)	• 오스트리아 수공업자이며, 1940년부터 안락사 및 홀로코스트 범죄에 가담함. • 특히 하르트하임 안락사 시설에서 시설(배관)공 및 Belzec 멸절 시설에서 나치친위대(SS) 대원으로 활동함. • 하르트하임 안락사 시설에서는 유골함의 뚜껑 위에 희생자의 이름을 각인하는 일을 하였으며, 1964년 그는 그 당시 하루에 20개까지 작업을 한 사실을 자백함. • 'Aktion T-4' 안락사 프로그램 중단 후에는 'Aktion Reinhardt' 프로그램에 따라서 폴란드의 멸절시설을 건립하는 일을 도왔으며, 시설을 운영할 때에는 감독관의 역할도 위임받음. • 1960년대에 증인으로서 심문을 받았지만, 법적인 처벌은 받지 않음.
Erwin Lambert (1909-1976) 	• 미장이(Maurermeister)의 출신이며 민족사회주의독일노동자당(NSDAP) 당원이자 'Aktion T-4' 장애인과 환자들을 대상으로 한 안락사 시설이나 폴란드 및 우크라이나 점령지역의 유대인들을 대량 학살한 'Aktion Reinhardt'의 가스실 건설을 주도한 자임. • 하르트하임 성(城)을 안락사 시설로 개조하는 책임자였으며, 그 후에 Sobibor나 Treblinka 멸절수용소 건설 때에 Lambert의 기술이 필요하였음. • 이러한 이유로 Sobibor나 Treblinka 멸절수용소 관련하여 1960년대 재판에서 대량 살해에 대한 가담 혐의로 수년의 징역형을 선고받음.

Kurt Franz (1914-1998) 	• Grafeneck, Brandenburg, Hartheim, Sonnenstein 등의 안락사 시설에서 요리사 및 나치친위대(SS) 대원 등으로 활동하였음. • 이어서 폴란드 및 우크라이나 지역 점령지의 유대인과 집시족에 대한 대량 안락사 프로그램인 'Aktion Reinhardt'에 따라 설치된 Treblinka 지역의 멸절수용소에서 경비대에 소속되었으며, 나중에는 시설 대리인 및 책임자로 근무함. • 학대 음란증으로 알려진 인물이었으며, Treblinka에서는 대량 학살에 가담한 자이고, 면직된 Franz Stangl 후임자로 수용소책임자였으며, 1965년 Treblinka 재판에서 종신형을 언도받았지만, 1993년 나이와 건강상 이유로 석방됨.
Matthias Buchberger (?-?)	• 수공업자였으며, 하르트하임 안락사 시설의 첫 번째이자 마지막 협력자였음. • 시설에서 직공으로서의 작업을 담당하였으며, 재판에서는 무죄판결을 받음.
Friedrich Lorent (1905-1988)	• Hartheim으로 'Aktion T-4' 안락사 프로그램 본부의 이동 이후에도 중앙재무부 책임자로 근무함. • 2차 대전 종전 전인 1945년 부활절 즈음 하르트하임 안락사 시설로 다시 돌아와서 각종 필름이나 서류를 소각하고 가구를 운반하도록 지시함. • 전쟁 후 몇 년 간 은둔하다가 1970년에 프랑크푸르트(Frankfurt/M.) 지방법원에서 4,300여 명의 강제수용소 수감자 살해 조력혐의로 7년형을 언도받음.
Hans Girtzig (?-?)	• Hartheim과 Grafeneck 안락사 시설에서 구내식당 책임자로 근무하였고, 'Aktion Reinhardt' 안락사 프로그램에 따라서 가장 먼저 Belzec 멸절수용소 시설로 자리를 옮겨서 그곳에서도 구내식당 책임자로 근무함. • 나중에는 폴란드의 전쟁포로수용소와 강제노동자수용소가 있었던 Poniatowa와 멸절시설이었던 Sobibor에서도 근무함.
Max Gringers (?-?)	• 나치친위대(SS) 대원이었으며, 하르트임(Hartheim) 안락사 시설의 구내식당과 Grafeneck과 Hadamar 안락사 시설에서 일함. • Belzec 멸절수용소의 의복관리부 책임자로 있었으며, 'Aktion Reinhardt' 프로그램 종료 후 다른 많은 사람들과 함께 이탈리아로 가서 그곳에서 사망함. • 그의 무덤은 Christian Wirth, Franz Reichleitner 등과 함께 북부이탈리아에 소재한 지역인 Costermano sul Garda 독일 군인 묘지에 있음.
Fernand Gromer (1903-?)	• Hartheim 안락사 시설에서 상황에 따라서는 요리사로도 일하였으며, 'Aktion Reinhardt' 프로그램에 의하여 Sobibor 멸절수용소 시설에서도 먼저 부엌에 배속됨. • 그 후에는 안락사 대상에 대한 독가스 살해 및 시신 소각 일을 직접 맡았으며, 알코올 문제로 인하여 Franz Reichleitner에 의하여 면직을 당함.

Hermann Michel
(1912-1984)

- 먼저 Grafeneck 안락사 시설에서 근무하였고, 후에는 Hartheim 안락사 시설에서 책임간병인으로 일을 함.
- 1941/42년 겨울 동부전선의 의무부대에서 활동하였고, 'Aktion Reinhardt' 안락사 프로그램에 따라서 Sobibor 멸절수용소로 먼저 이직하였고, 1942년 11월에는 Treblinka 시설로 이동하였음.
- 그의 역할은 멸절수용소에 도착한 유대인들에게 인사말을 통하여 그들이 마치 노동수용소에 온 것처럼 믿도록 하는 일이었고, 이에 수감자들 중에 그는 파렴치하고 음란학대증을 가진 사람으로 간주되었음에도 이른바 '설교자(Prediger)'라 불리었음.
- 전쟁 후에 남부 바이에른(Bayern)의 Bad Aibling에서 미군에 의하여 체포되었고, 1946년 다시 석방되었고, 그 후에는 이집트에서 살았던 것으로 추측함.

반된 것으로 알려졌다. 그리고 Hartheim 안락사 시설에서 참혹한 살상이 전개되는 동안 Rosa Haas의 경우 여자 정원사였으며, Aloisia Ehrengruber는 여성보조 요리사로 일을 하였다.

이처럼 하르트하임 안락사 시설에 대한 구체적인 역사적 사실과 내용은 1995년 '하르트하임 성 협회(Verein Schloss Hartheim)'나 2004년의 '하르트하임 학습 및 기념지 재단(Lernund Gedenkort Schloss Hartheim)' 혹은 하르트하임 성의 오버외스트라이히(Oberoesterreich) 주의 자료관 건립 등을 통하여 지난 20년 동안 구체적으로 연구하고 정리된 결과물이었다. 특히 역사학자인 Brigitte Kepplinger는 다양한 출판물들을 통하여 하르트하임 안락사 시설의 참혹한 역사적 사실을 발표하였다(https://www.museum.de).

6) 하르트하임 안락사 시설 범죄 관련자 재판

나치 정권과 민족사회주의자들의 하르트하임 안락사 범죄와 관련하여 총 세 번의 재판이 열렸다. 즉 두 번의 재판은 오스트리아에서 그리고 한 번은 독일에서 진행되어 하르트하임 성, 니던하르트, 그쉬벤트 성에서 자행된 안락사 범죄를 철저히 규명하고자 하였다(http://www.wikiwand com).

먼저 2차 대전 이후에 오스트리아에 설립된 특별재판소는 1947년과 1948년 린츠에서 개최되었는데, 이 두 번의 재판에서는 세 곳의 안락사 시설에서 자행된 대량 학살 범죄를 중심으로 심리가 진행되었다. 첫 번째 재판은 1947년 11월 26일에 두 명의 남성 간병인에 대한 유죄 판결을 내리면서 종결되었다. 그들은 살인 및 학대 가담 혐의로 각각 3년 6개월 및 2년 6개월의 징역형이 언도되었다. 그리고 6명의 여성간병인에 대해서는 결국 무죄 선고가 내려졌다. 그리고 주 심리(Hauptverfahren)에서 총 61명의 피고인에 대한 조사가 이루어졌는데, 이 중 남성이 43명이고, 여성이 18명이었다. 이들은 하르트하임, 니던하르트, 그쉬벤트에서 안락사 범죄 행위에 직간접적으로 가담하였다. 각각의 직업을 보면, 먼저 의사(남성 3명, 루돌프 로나우어, 게오르크 렌노 등), 간병인 혹은 간호사(남성 15명, 여성 8명), 행정(사무)직원(남성 9명, 여성 7명, 프랑츠 쉬탕굴 등), 차량 운전자(남성 4명), 희생자의 시신 소각처리 담당 화부/가마쟁이(남성 6명, 빈첸츠 노엘 등), 기타(남성 6명, 여성 3명)이었다.

1948년 7월에는 린츠에서 마침내 공판이 시작되었지만, 61명의 피고인 중에 단 3명만이 기소되었다. 그중 2명의 남성 간병인이 금고형을 각각 선고받았는데, 칼 하러(Karl Harrer)는 66개월, 네오폴트 랑(Leopold Lang)은 36개월이었고, 나머지 한 명은 무죄로 석방되었다. 또한 검찰은 그전에 13명의 피고에 대해서는 기소중지가 내려졌고, 22명의 피고인들은 행방이 불분명한 관계로 소송이 중단되었다. 그리고 7명의 피고인의 경우에는 사망으로 기소중지 처리가 되기도 하는 등 대부분의 안락사 범죄 가담자들에게 기대 밖의 면죄부가

하르트하임 학습 및 기념지(地) 재단

주어졌다. 또 1967년과 1970년에 프랑크푸르트(Frankfurt/M.) 고등검찰청은 프랑크푸르트 재판에서 하르트하임 안락사 담당 책임 의사였던 게오르크 렌노에게 살인죄를 입증하려고 노력하였다. 하지만 이러한 시도는 피고가 질병 사유로 1975년 그에 대한 소송 절차가 결국 종결됨으로 실패하였다. 그러나 이 소송은 오스트리아에서 자행된 'Aktion T-4' 프로그램의 안락사 범죄에 대한 사건을 규명하는 데 중요한 시금석 역할을 하였다(https://www.t4-denk-mal.de).

7) 하르트하임 안락사 희생자 기념관

나치 시대 당시 비참한 죽음의 장이었던 하르트하임 성이 1948년에 비로소 주립 자선단체(Landes-Wohltaetigkeitsverein)에 다시 양도되었다(http://www.schloss-hartheim.at).

제2차 세계 대전 종전 이후에 오스트리아에서는 1950년에 하르트하임 성 외곽지역의 북쪽에 마우트하우젠 강제 수용소에서 살아남은 프랑스인들의 연합회에 의하여 첫 번째로 공식적인 기념비가 건립되었다.

이 기념비는 하르트하임 성에서는 가장 오래된 기념비로서 'Amicale de Mauthausen'이라는 마우트하우젠 강제수용소의 역사를 기억하는 프랑스

하르트하임 안락사 시설 희생자 기념현판

하르트하임 성의 프랑스인 안락사 희생자 기념비

연합군의 입성으로 해방된 Mauthausen 강제수용소

인들의 단체에 의하여 세워졌으며, '수 천 명의 자유 투사들이 나치 정권에 의하여 하르트하임 안락사 시설로 끌려갔으며, 한 사람도 살아나오지 못하였다'라고 불어로 새겨졌다(https://www.traunsteiner-tagblatt.de).

1954년에는 당시 홍수로 인해 피해를 입은 사람들을 위하여 하르트하임 성 안에 셋집을 짓기도 하였다. 하르트하임 안락사 시설 건물 내에 과거 접수실과 가스실로 사용하였던 공간에 첫 번째 작은 기념관은 1969년에 처음으로 오버외스트라이히 주의 주립 자선단체를 통하여 설치되었다. 이 기념관은 그 당시 거의 출입이 없었고, 관리도 거의 되지 않은 상태였고, 아울러 역사적인 연구나 규명에 대한 노력이 매우 미비하였던 것이 사실이었다.

그러나 1997년에는 오버외스트라이히 주정부와 주립 자선단체(Landes-Wohltaetigkeitsverein)가 새로운 개념을 바탕으로 비어 있던 하르트하임 성의 원상 복구와 시대에 걸맞은 기념관 등으로 서로 연계하여 조성할 것을 결의하였다. 이에 그 곳이 나치 정권 당시에 안락사 실행이 이루어졌던 모든 시설 내 공간들을 역사적인 현장으로서 되살릴 수 있었고, 아울러 안락사 범죄와 관련된 다양한 시설들이 발굴되고 확보된 것이었다. 여기에는 오스트리아의 예술가이자 실내 장식가이며 그래픽 디자이너였던 헤르베르트 프리든(Herbert Friedl, 1943-2018)에 의하여 당시 안락사 시설의 주요 공간들이 기도와 명상 혹은 기념을 위한 스타일의 공간으로 조성되었다. 또한 건물 외부에는 당시의 버스 주차장이나 희생자들의 시신을 소각 처리하였던 장소에서 나온 유골이나 유품 등이 비밀리에 암매장되었던 정원에 기념비가 조성되기도 하였다. 그리고 대개 2년에 한 번씩 하르트하임 회의(Hartheimkonferenz)가 개최되곤 한다(Pampel, 2007).

2001년 10월에는 오스트리아의 브란트쉬타트와 빌헤링 사이의 도나우 강가 Alkoven 지역 Gstocket에 하르트하임 성 연합회(Verein Schloss Hartheim)라는 시민단체가 기념석을 건립하였는데, 이곳은 과거에 하르트하임 안락사 시설에서 희생된 사람들의 소각된 수많은 시신들의 재를 쏟아 버린 곳이었다. 거대한 도나우 돌 비문에는 오스트리아의 오버외스트라이히 주 출신의 문필가였던 Franz Rieger(1923-2005)의 문장인 'Das Wasser loeschte die Spuren, die das Gedaechtnis bewahrt'(강물은 기억을 간직한 흔적을 지웠다)가 새겨져 있다(https://www.ns-euthanasie.de).

도나우(Donau) 강가의 기념석

2003년에는 오버외스트라이히 주 주최로 특별전시회가 열린 후부터는 하르트하임 성이 완전히 개축되어 학습과 기념의 장으로 거듭났다. 그리고 2010년에는 약 17,000여 명의 방문객이 이곳을 찾았고, 특히 그 가운데는 학생들의 비율이 매우 높았다(Nickolai/Brumlik, 2007; http://www.schloss-hartheim.at).

6. 피르나 존넨쉬타인(Pirna-Sonnenstein) 안락사 시설

피르나 존넨쉬타인 안락사 시설은 오늘날 작센(Sachsen) 주에 위치하고 있고, 또 원래 1811년 병원이 설치되었던 피르나 지역 근교의 존넨쉬타인 옛 성에서 나치 시대에 히틀러와 민족사회주의자들이 수많은 장애인과 환자들을 대상으로 강제적인 안락사를 자행한 곳이었다.

이 시설에서 1940년과 1941년에 나치 정권은 최소한 14,751명의 인명을 무자비하게 살상하였다. 이 당시 희생자들은 특히 정신질환자나 지적장애인 및 강제수용소의 수감자들이 주된 대상자였다. 나치 정권은 제2차 세계대전을 일으킨 직후에 '안락사'라는 개념으로 미화한 가운데 전체 독일제국에서 조직적이고 비밀리에 이른바 '살 가치가 없는 목숨의 멸절(Vernichtung lebensunwertes Lebens)' 혹은 '거추장스럽거나 필요없는 존재(Ballastexistenzen)'에 대한 살해를 목적으로 한 'Aktion T-4' 프로그램을 실행하였다(Boehm, 1994).

또한 장애인과 환자들을 대상으로 한 안락사 시설들은 나중에 결과적으로는 유대인 학살인 홀로코스트(Holocaust)를 위한 인적, 기술적 혹은 행정적인 측면에서의 준비에도 기여한 셈이 되었다. 피르나 존넨쉬타인 안락

피르나 존넨쉬타인 옛 안락사 시설
(건물명 Haus C16)

베를린 제국의회의사당과 미 대사관 앞의
홀로코스트 기념비

사 시설은 당시 독일제국의 총 6곳의 안락사 시설 가운데 가장 많은 희생자를 낸 시설 중 하나이며, 또한 이 지역은 작센 주에서 민족사회주의자들이 일으킨 범죄 중에 가장 끔찍한 현장에 속하기도 하였다.

1) 피르나 존넨쉬타인 치료 및 요양시설의 역사(1811-1939)

19세기 초에 작센에서의 정신질환자들은 북쪽에 위치한 토르가우(Torgau)와 중부에 있는 발트하임(Waldheim) 등지의 교도소나 고아원 혹은 빈민보호시설에서 재소자, 고아, 걸인 및 장애인들과 함께 거주하였다. 그러나 18세기 계몽주의 사상과 프랑스 혁명의 영향으로 인권에 대한 요구와 더불어 토르가우와 발트하임 시설의 수용 능력의 초만원 현상 등으로 말미암아 결국 작센에서는 몇몇 의사들과 개혁적인 의지가 있는 국가공무원들을 중심으로 시설 제도를 개혁하려는 운동으로 이어진 것이었다.

이때 '주립 교도소와 복지시설을 위한 왕립위원회(Die Koenigliche Kommission fuer die Landes-Strafe-und Versorgungsanstalten)가 설치되었는데, 여기에서는 1809년부터 작센 지역 정치가였으며, 또한 회의장관(Konferenzminister)이었던 고트롭 아돌프 에른스트 폰 노스티츠 운트 엔켄도르프(Gottlob Adolf Ernst von Nostitz und Jaenckendorf, 1765-1836)가 의장으로 활동하였다. 그리고 나폴레옹(Napoleon Bonaparte, 1769-1821)의 명령에 따라 1810년 시작된 토르가우 요새의 설립은 그곳의 시설에 대한 해체를 재촉하였고, 또한 작센 지역 시설 관련 제도의 새로

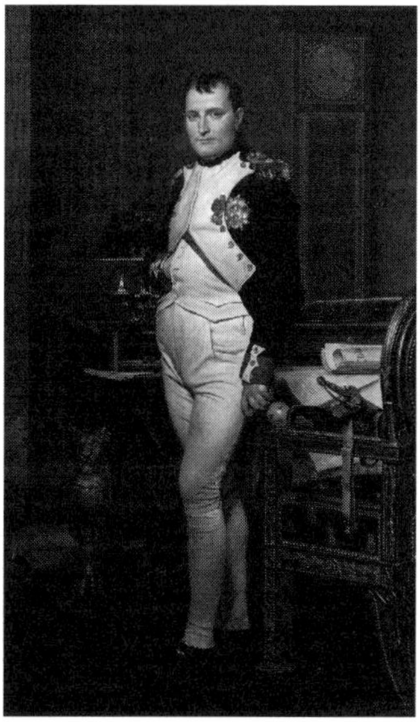

나폴레옹 보나파르트

수리 후 존넨쉬타인 성(城)의 외관(2011년)

칼 빈딩

알프레트 호헤

헤르만 파울 니체

운 개편을 위한 외부 원인으로도 작용하였다.

1811년 7월 8일 옛 선제후의 지방요새 안에 사소하게 개축된 몇몇 건물에 존넨쉬타인 지역 왕립 작센 치료 및 요양시설(Die Koeniglich Saechsiche Heilund Verpflegungsanstalt Sonnenstein)이 문을 열었다.

이 시설은 더 이상 정신질환자들을 단지 수용 보호하는 것만 목적으로 하지 않고 치료를 강조한 측면에서 독일에서 첫 번째로 의미 있는 국립시설이었다. 제1차 세계대전(1914-1918)이 일부 포함된 1910년부터 1928년까지 이 시설은 독일의 정신과 의사였던 게오르크 일베르크(Dr. Georg Ilberg, 1862-1942)가 시설장을 맡아 운영하였다. 1차 세계대전 동안에는 식료품의 비참할 정도의 배분이나 의사나 간병인 등의 부족이 존넨쉬타인의 환자들에게는 매우 심각한 결과를 초래하였는데, 많은 수의 환자들이 기아부종(飢餓浮腫)에 시달리거나, 영양결핍이 전염성 질병에 대한 면역결핍증으로 이어지기도 하였다. 1913년 존넨쉬타인 주립시설에서 4.6%의 사망률을 보인 반면 1916년에는 29,5%였고 1917년에는 53.5%까지 치솟았다(Schilter, 1998b).

제1차 세계대전이 끝난 후에 존넨쉬타인 시설은 전쟁 전의 발전상을 회복하기 위하여 게오르크 일베르크 원장을 중심으로 환자의 치료나 간호에 있어서 새로운 길들을 모색하기도 하였다. 그러나 1922년 게오르크 일베르크 박사는 이미 작센에서 뜨거운 논쟁을 불러 일으켰던 독일의 법학자(형법) 칼 빈딩(Karl Binding, 1842-1920)과 정신과 의사였던 알프레트 호헤(Alfred Hoche, 1865-1943)의 저술인 '살 가치가 없는 목숨의 멸절에 대한 허용(Die Freigabe der Vernichtung lebensunwertigen Lebens)'에서 '의사가 살인을 해도 되는가?'라는 질문에 그것은 분명하게 아니라고 대답하였다(Riha, 2005).

1928년에 정신과 의사였던 헤르만 파울 니체(Hermann Paul Nitsche, 1876-1948) 교수가 존넨쉬타인 시설의 새로운 책임자로 오게 되었다. 바이마르공화국(Weimarer Republik)에서 헤르만 파울 니체 교수는 가장 열성적인 정신과 분야의 개혁가에 속하였다. 또한 세계경제공황 기간(1929-1933)에 주립시설들은 강력한 비용절감이 요구되었고, 이에 존넨쉬타인 시설도 인력이나 약품에 있어서 대대적인 삭감 정책을 펼쳐야 하였다. 히틀러와 민족사회의자들이 권력을 장악한 후에 존넨쉬타인 시설의 시설장인 헤르만 파울 니체는 나치 정권의 장애인을 혐오하는 보건 정책에 대하여 적극적으로 선동 선전하는 자이자, 실제로 현장에서 적용한 주요 집행자 중 한사람이었다. 그는 1936년에 독자적으로 존넨쉬타인 시설의 일정한 환자 집단에게 최대한 고기를 쓰지 않고, 또한 지방이 적은 '특별음식(Sonderkost)'을 제공하였다. 그뿐만 아니라, 1933년 7월 14일에 제정된 '차세대 유전성 질병 예방법(Das Gesetz zur Verhuetung erbkranken Nachwuchses)'을 적용하여 1934년부터 1939년까지 존넨쉬타인 시설 환자 일부에게 강제적인 불임시술을 자행하였다. 수많은 존넨쉬타인 의사들도 본 시설에서만 아니라, 소위 유전성건강법원(Erbgesundheitsgericht)에서 강제적인 불임시술을 시행함에 있어 매우 적극적으로 관여하였다(Seipolt, 1995).

환자들에 대한 치료 과정에서 주된 관점이나 목적은 경제적인 유용성 여부가 점점 강조되었다. 그러나 다른 한편으로는 중추 신경, 특히 연수에 작용하여 흥분을 일으키는 물질인 카르디아졸(Cardiazol)을 이용한 경련 치료법 같은 새로운 치료 방식도 적용되는 등 한때는 인간적인 치료법이 온 세계에 널리 알려지기도 하였다. 그러나 히틀러의 치하에서 결국 치료와 관련된 국가 재정의 사용 여부는 환자의 노동 능력 향상이나 치료 예후에 따라서 결정되는 정책이 점점 더 강화되었다. 1930년 10월에 피르나 존넨쉬타인 주립시설은 해체가 되었고, 그곳의 환자들이나 직원들은 다른 주립시설에 분산 배치되었다(Klee, 1985).

2) 피르나 존넨쉬타인 안락사 시설(1940-1941)

1939년 10월에 나치 정권의 독재자였던 아돌프 히틀러는 일정한 형식을 갖추지 않은 서신에 서명을 하였는데, 그 속에는 불치병 환자들에 대한 살해를 지시하고 있었다. 그리고 몇 개월 후 총통인 히틀러 사무국의 감독과 옛 존넨쉬타인 시설장이었던 헤르만 파울 니체 교수의 협력 가운데 환자 및 장애인 등에 대한 학살 준비와 실행을 위한 기구가 베를린의 티어가르텐 쉬트라쉬(Tiergartenstrasse) 4번지에 중앙 본부를 두고 설립되었다. 이른바 'T-4 조직체(Die Organisation T-4)'는 독일제국에 1940년과 1941년에 총 6곳의 안락사 시설을 설치하였는데, 즉 그라페넥, 브라덴부르크, 오스트리아 린츠 근교의 하르트하임, 피르나-존넨쉬타인, 베른부르크 및 하다마 지역이었으며, 이곳에서는 정신과 병원이나 양로원 및 요양원 혹은 병원에 있던 지적장애인, 정신질환자 등 총 70,000여 명 이상이 일산화탄소로 비참한 죽음을 맞이한 것이었다.

안락사 프로그램을 앞장서서 이끌었고, 총통관저 고위직에 있었고, 나치 친위대(SS) 지휘관이자 경제학자였던 빅토르 브락(Viktor Brack, 1904-1948)이 작센 내무부와의 협력을 통하여 존넨쉬타인 지역을 작센 주의 미래의 안락사 장소로 미리 정하였던 것이었다. 1940년 5월부터 베를린에 소재한 'Aktion T-4' 안락사 프로그램 본부는 담이나 나무판자 등을 이용하여 시설 부지의 일부를 가리고 안락사 시설을 건립할 것을 지시하였다. 그리고 옛 진행성 마비(뇌연화증) 환자(paralytic) 병동인 'C 16'의

빅토르 브락

지하실에는 샤워실로 위장된 12㎡ 크기의 가스실 한 곳과 두 개의 시체 소각실 및 굴뚝실에는 1.4m×1.4m 넓이의 연통이 각각 설치되었다(https://www.gedenkort-t4.eu).

옛 프랑스 지역의 Natzweiler-Struthof 강제수용소 해부실

또 1940년 5월부터 존넨쉬타인 안락사 시설의 책임자로 임명된 Halle/Saale 출신의 호스트 슈만(Horst Schumann, 1906-1983)은 그곳에서 안락사에 직접적으로 가담한 5명의 의사 중 한사람인데 인생 말년까지 자신의 범죄를 끝까지 발뺌하고 침묵을 지켰다. 그는 사실 나치 정권과 제2차 세계대전 중에 많은 장애인과 환자들을 'Aktion T-4'과 1941년부터 1944년까지 독일제국 내의 강제수용소 수감자들 중에 환자나 노인 및 노동무능력자로 분류된 자들을 학살한 'Aktion 14f13' 및 아우슈비츠 강제수용소에서 유대인 등을 대상으로 안락사 범죄를 자행한 의사였다. 또한 X-Ray를 이용하여 불임시술을 시도하려고 인체실험을 자행한 인물이었다. 또한 호스트 슈만과 함께 안락사 범죄에 가담한 의사로는 먼저 나치 친위대(SS) 책임자였던 쿠르트 보름(Kurt Borm, 1909-2001, 예명은 Dr. Strom), 크라우스 엔트루바이트(Klaus Endruweit, 1913-1994, 예명 Dr. Bader), 에발트 보르트만(Ewald Wortmann, 1911-1985, 예명 Dr. Friede) 및 쿠르트 쉬발렌바흐(Curt Schmalenbach, 1910-1944, 예명은 Dr. Palm)

쿠르트 보름(Kurt Borm)

등이었다(Mitscherlich/Mielke, 1978).

1940년-1941년에 존넨쉬타인 안락사 시설에는 의사, 수공업자, 간병인, 운전자, 간호사, 사무직원, 경찰 등 총 100명에서 110명의 직원이 근무하였으며, 그 가운데 23명의 간병인과 대부분 작센 주립시설에 소속된 10여 명의 간호사들이 일을 하였다. 1940년 6월 28일에 안락사 시설이 체계적으로 가동되기 시작하였고, 이날에 발트하임 주립시설로부터 10여 명의 남자들이 존넨쉬타인 안락사 시설에 처음으로 버스 편으로 강제 수송되어 왔다.

그리고 이들의 가스실 살해는 앞으로 자행될 존넨쉬타인 안락사 시설에서의 대량 학살을 알리는 서막에 불과하였던 것이었다. 그리고 여러 번에 걸쳐 매 주마다 치료 및 요양시설로부터 안락사 대상자들이 존넨쉬타인 안락사 시설로 버스 편으로 수송되어 왔다.

히틀러가 국내정치적인 저항으로 말미암아 이른바 안락사 중지명령(Euthanasie-Stopp)을 내린 1941년 8월 24일까지 'Aktion T-4' 안락사 프로그램이라는 미명하에 존넨쉬타인 시설의 가스실에서 희생된 장애인과 정신질환자의 수는 1945년 6월에 하르트하임 안락사 시설에서 발견된 이른바 시설 내부적으로 작성된 통계자료에 따르면 총 13,720여 명에 이르렀다. 당시 희생자들 가운데는 모든 연령대가 포함될 뿐만 아니라 수많은 아이들도 죽음을 면하지 못하였는데, 특히 그들은 Grosshennersdorf와 Chemnitz-Altendorf 주립 시설 출신이었다. 존넨쉬타인 안락사 시설의 안락사 프로그램 이행을 위한 책임 담당 지역은 작센을 비롯하

당시 안락사 시설의 쓰레기장
(Krietzschwitzer Str., 2014년)

여, 튀링겐(Thueringen), 프랑켄(Franken), 쉬레지엔(Schlesien), 주덴덴란트(Sudendenland)의 일부 지역, 오스트프로이센(Ostpreussen), 베스트프로이센(Westpreussen) 및 바이에른(Bayern) 지역 일부까지도 포함되었다(https://www.ns-euthanasie.de). 또한 존넨쉬타인 안락사 시설을 위한 중간기착지 시설로는 Arnsdorf, Grossschweidnitz, Zschadrass와 Waldheim 주립시설들이 포함되었던 것이었다. 중간기착지 시설들은 끔찍하였던 살해 행각을 위장해야 하였고, 유가족들에게 가족에 대한 수소문이 어렵도록 방해를 해야 하였다. 그리고 유가족들은 한동안 안락사 시설이 자행한 그 가족들에 대한 악랄하였던 범죄에 여러 가지 위장 전략과 거짓에 속아 제대로 된 진실을 바로 알지 못하였다.

정신질환자나 장애인들이 존넨쉬타인 안락사 시설에 도착한 후에는 특수경찰들이 경비를 서는 출입구를 통과한 후에 희생자들은 건물 'C 16'의 1층에서 간병인들에 의하여 남녀로 분리되고, 한명씩 접수처에서 2명의 시설 의사로부터 검진이 이루어졌다. 그 목적은 나중에 사망 확인서를 작성할 때 사실 날조된 사인에 대하여 미리 알아보고 결정하기 위함이었다. 이 과정을 거친 후에는 각각 20-30여 명씩 간호사나 간병인들의 감시 하에 넓은 공간에 들어가서 셔츠까지 탈의해야 하였다. 이어서 안내자들에 의하여 목욕탕으로 간다는 거짓말에 속아 지하실로 이끌려갔고, 그곳에서 희생자들은 완전히 벌거벗긴 채로 천정에 다수의 샤워기처럼 위장된 가스실로 끌려갔다. 그런 후에는 관계 간병인들이 가스실로 들어가는 철문을 잠근 후에 관계 의사는 인근 시체실의 나무 선반 안에 있는 일산화탄소가 채워진 통의 배출구를 개방하였다. 그리고 의사는 계속하여 희생자들의 고통스러운 수십 분 동안의 사투를 관찰하였던 것이었다. 희생자들의 사망 과정은 각자의 체격이나 지구력에 따라서 약 20분에서 30분가량 지속되었다(http://2017.denktag.de).

안락사 대상자들이 모두 숨진 것을 확인한 후에는 창문 가까이에 설치된

안락사 시설 아래로 펼쳐진 엘베(Elbe) 강변(1950년대 말)

전기 환풍기를 통하여 가스를 모두 배출하여 환기시킨 후에는 시신소각 담당자들이 시신을 가스실 밖으로 끌어내었으며, 만약에 시신 가운데 금니를 가진 자는 이것을 발치하였다. 또한 몇몇 분류된 시신들은 한 명의 의사와 보조 인력을 통하여 해부실에서 뇌를 적출하여 연구 목적으로 사용하기도 하였다. 그리고 모든 시신들은 바로 옆방에 설치된 두 개의 시신 소각로에서 불태워진 것이었다. 소각 후 시신으로부터 나온 재는 희생자별로 구분하여 보관하지 않고 모두 모아서 임의의 재를 일부는 희생자의 유골함에 그 체중에 맞춘 양을 담아 유가족들의 요구에 따라서 발송하였다. 또한 소각된 시신 잔해물은 유골분쇄기를 통하여 귀리 크기 정도로 빻아서 안락사 시설의 쓰레기 매립지에 보관하거나, 'Haus C 16' 건물 근처의 엘베(Elbe) 강가에 저녁 무렵에 간단하게 쏟아 버렸다.

존넨쉬타인 안락사 시설의 가해자들은 대량 학살 후 약 2주 뒤에 시설 내부에 설치된 특별호적사무소(Sonderstandesamt)를 통하여 사망확인서(Sterbeurkunde)와 의사들의 서명을 받은 소위 표준화된 내용으로 구성된 '위로편지(Trostbrief)'를 동봉하여 유가족들에게 사망 소식을 전달하였다.

1941년 여름에는 추가적으로 최소한 1,031명의 Sachsenhausen, Buchenwald, Auschwitz 출신의 강제수용소 수감자들 중 환자, 노인 및 장애로 인하여 노동 불능자들이 'Aktion 14 f13' 안락사 프로그램에 따라서 존넨쉬타인 안락사 시설에서 가스로 희생되었다. 사실 그 당시 강제수용소에서 이송된 수감자들에 대한 정확한 숫자는 아직 분명히 밝혀지지 않았다.

이 시점에 아직은 강제수용소 내부에는 자체적으로 가스실 시설이 아직 건립되기 전이었다. 나중에는 'Aktion T-4' 프로그램 시행 중에 축척된 경험을 바탕으로 나치친위대(SS)가 1942년 전반부에 'Aktion Reinhardt' 프로그램에 따라서 특히 동 폴란드에서 폴란드계 유대인과 유럽계 유대인을 멸절시키기 위한 목적으로 몇몇 강제수용소에 자체적으로 안락사 시설을 건립하기도 하였다. 존넨쉬타인 안락사 시설에서 일한 협력자들의 약 1/3이 1942년과 1943년 사이에 Belzec, Sobibor, Treblinka 강제수용소에 각각 투입되었다. 여기에는 예를 들어, Kurt Bolender를 비롯하여 Kurt Franz, Heinrich Gley, Lorenz Hackenholt, Gottlieb Hering, Otto Horn, Erwin Lamber, Heinrich Matthes, Gustav Muenzberger, Walter Nowak, Josef Oberhauser, Paul Rost 및 Friedrich Tauscher 등이 있다(https://www.aktion-zivilcourage.de).

아울러 연구 자료에 의하면 안락사 시설이 있었던 피르나 지역주민들은 나치 정권의 대량 학살에 대하여 알고 있었지만, 이에 반대한 저항 운동에 대해서는 아직 알려진 바는 없다. 하지만 타 지역에서는, 예를 들어 바덴 뷔템베르크 주의 그라페넥에서는 히틀러의 반인간적인 범죄 행위에 대하여 신랄하게 비판하였고, 그 결과 1940년에 그라페넥 안락사 시설을 폐쇄하고 다른 지역으로 시설을 옮기기까지 하였다. 1941년 8월 24일 아돌프 히틀러의 명령에 의하여 가스를 통한 안락사 행위가 중단되었는데, 주요 이유 가운데 한 가지는 Muenster의 가톨릭 주교였던 Clemens August Graf von Galen(1878-1946)이 자신의 설교에서 나치의 반인륜적인 범법행위를 공개적으로 지탄하였으며, 이를 통하여 나치 정권의 행각들이 사회에 알려지게 된 것이다. 1941년 8월 24일까지 'Aktion T-4' 안락사 프로그램에 의거하여 내부적인 통계자료인 이른바 '하르트하임 통계(Hartheimer Statistik)'에 따르면 총 6곳의 안락사 시설에서 무고한 70,273명이 목숨을 잃었다고 한다(Trautmann at al., 2012).

1942년 여름에 존넨쉬타인 안락사 시설과 더불어 가스실과 시체소각실이 완전히 해체되었다. 이러한 주도 면밀한 안락사 범죄의 흔적을 제거한 후에 건물들은 1942년 말부터 독일국방군 병원으로 사용하였고, 1945년 5월에는 작센에서 안락사 범죄자들에 대한 수사가 시작되었다. 1947년 여름에 소위 '드레스덴의 의사 재판(Dresdner Aerzteprozess)에서 안락사 범죄에 가담한 혐의를 가진 몇몇 피고인 일부에 대한 재판이 진행되었다. 그 가운데 1940년 봄부터 독일제국에서 환자의 살해와 관련하여 의료계 책임자였던 헤르만 파울 니체 교수를 포함하여 2명의 존넨쉬타인 시설의 간병인 등이 드레스덴 배심재판에서 사형을 언도받았다. 이러한 드레스덴의 의사 재판이후에 피르나 지역에서는 안락사 범죄에 대해서는 거의 논의가 되지 않았다. 아울러 이 재판이 끝난 후에 구동독(DDR)에서나 혹은 제2차 세계대전 후의 소련 점령지역(Sowjetische Besatungszone: SBZ)에서 더 이상의 어떤 누구에게도 형사소추나 당시의 안락사 범죄에 대한 구체적이고 체계적인 조사는 이루어지지 않았다. 이러한 반인륜적인 범죄들은 수십년 동안 잊으려고 애쓰고 있고, 가능한 한 침묵하였다. 당시 존넨쉬타인 지역에는 공공연하게 대기업이 설립되었으며, 아울러 과거 안락사 시설의 건물 일부도 함께 사용하고 있었다(Hohmann, 1993).

3) 피르나 존넨쉬타인 안락사 시설에서의 희생자 현황

하르트하임 안락사 시설에서 발견된 안락사 통계에 따르면, 존넨쉬타인 안

〈표 II-16〉 피르나 존넨쉬타인 안락사 시설의 년도 별 희생자 수

1940년대		1941년대	
월별	희생자 수(명)	월별	희생자 수(명)
6월	10	1월	365
7월	1,116	2월	608
8월	1,221	3월	760
9월	1,150	4월	273
10월	801	5월	1,330
11월	947	6월	1,297
12월	698	7월	2,537
		8월	607
합계		13,720	

락사 시설에서 1940년 6월부터 1941년 9월 1일까지 총 13,720여 명이 그곳의 가스실에서 희생되었다(Klee, 1985).

하지만 이러한 통계 수치는 사실 히틀러가 1941년 8월 24일 날짜로 'Aktion T-4' 안락사 프로그램을 중지할 것을 명령한 시점까지 희생된 사람들의 수만 포함된 자료에 지나지 않는다. 실제로는 장애인과 정신질환자들에 대한 안락사를 자행한 'Aktion T-4'를 진행하는 동안 1941년 여름부터 Sachsenhausen, Buchenwald, Auschwitz 출신의 강제수용소 수감자들 중에 환자, 노인 및 장애로 노동 불능자로 분류된 1,031명이 이른바 'Aktion 14f13' 프로그램에 따라서 추가적으로 존넨쉬타인 안락사 시설로 이송되어 가스로 처참하게 목숨을 잃었다. 따라서 피르나-존넨쉬타인 안락사 시설에서 희생된 수는 실제로는 14,751명에 달하였으며, 그 가운데는 아동 및 청소년이 약 700여 명이 포함되어 있었다.

첫 번째 희생자들은 1940년 6월 28일 발트하임시설에서 끌려온 10여 명의 남성들로서 이들은 몇 가지 과정을 거친 후에 곧장 어두운 방으로 들어섰다. 그들은 단순히 안내자들의 말에 속은 채 샤워를 하는 줄로 믿고 샤워

실로 위장된 방으로 들어갔지만, 막상 그곳에서는 물 대신에 일산화탄소가 실내로 끊임없이 밀려들어왔던 것이다. 그리고 밖에서는 한 의사가 가스실의 한쪽 벽면에 설치된 작은 감시 구멍용 창문을 통하여 희생자들의 길고 비참한 죽음의 현장을 지켜보고 있었다. 이렇게 그들은 생명을 잃었고, 피르나 존넨쉬타인 안락사 시설에서 첫 번째 희생자들이 되었다. 그 이후에 다시 여러 곳의 강제수용소에서 수송된 희생자들, 주로 환자나 노인 및 노동불 가자에 대하여 소위 가치가 없는 목숨(unwertiges Leben)으로 분류한 다음에 국가의 조직적인 대량 제거 작전이 시작되었다. 당시 안락사 대상자들의 삶과 죽음을 결정하기 위하여 'Aktion T-4' 안락사 프로그램을 위한 베를린 본부는 이미 모든 정신과병원, 양로원 및 요양원에 신고서를 각각 발송한 후에 작성하여 재송부할 것을 지시하였다(Schmidt, 2012).

주로 의사를 중심으로 구성된 심사위원회는 회수된 신고서 서류상 병력(病歷)을 바탕으로 노동 능력이 없거나 치료 가능성이 없는 것으로 보이는 사람들을 '살 가치가 없는 생명'으로 낙인을 붙인 후에 안락사 대상자로 결정하였다. 이에 대하여 당시 담당 의사들이나 혹은 간병인이나 간호사들이 서로 합의하였다. 대부분의 희생 대상자에는 보호나 관리의 손길이 과다하게 많이 필요하거나, 다량의 약물 사용을 필요로 하는 환자 또는 공격적인 행동으로 반사회적인 사람 등이 포함되었다. 이들은 독가스를 통하여서 뿐만 아니라, 의도적인 기아사나 방치 및 과다 약물 처방 등에 의하여 목숨을 잃은 것이었다. 안락사를 당한 환자나 장애인들은 당시 독일제국 내에 설치된 6곳의 안락사 시설 가운데 한 곳으로 이끌려 갔고, 그곳에서 가스 살해를 당하기 전에

존넨쉬타인 안락사 시설의 가스실

는 의사가 나중에 유가족들에게 전할 위조된 사인을 미리 정하였다. 그때 가장 흔하게 언급된 거짓 사인으로는 주로 심근경색을 비롯하여 폐렴 및 맹장염 등이었다. 결국 가스사를 당한 희생자들의 시신은 소각 처리되었고, 그 과정에서 굴뚝 밖으로 나온 연기는 끊임없었고, 인근 주민은 물론이고 멀리에서도 볼 수 있었다고 알려져 있다. 희생자들의 시신이 소각로에서 소각된 후에 재는 아무런 거리낌 없이 소각 잔재물과 함께 안락사 시설 인근 지역에 뿌려 버리거나 일부는 유족에게 보낼 유골함에 아무거나 담아서 처리하였다.

이처럼 나치 정권과 민족사회주의자들은 약 15개월 만에 존넨쉬타인 안락사 시설에만 최연소자 2살부터 최고령자 86세에 이르기까지 총 14,751명(13,720명+1,031명)이 대량으로 학살당하였으며, 독일제국 당시 총 6곳의 안락사 시설에서 모두 70,273명의 희생자를 초래하는 결과를 낳았다.

'Aktion T-4' 안락사 프로그램에 따라 존넨쉬타인 안락사 시설에서 희생된 사람들 가운데 유명한 사람들 중, 예를 들어 드레스덴 출신의 전위예술 여류 화가였던 엘프리데 로제 뵈히틀러(Elfriede Lohse-Waechtler, 1899-1940)가 있다(Evers, 1983; von der Dollen, 2000).

엘프리데 로제 뵈히틀러(1928년)

엘프리데 로제 뵈히틀러는 비교적 부유한 가정에서 성장하였는데, 그녀의 아버지는 드레스덴 출생의 실업가인 Gustav Adolf Waechtler와 체코의 한 지역인 보헤미아 출신 어머니 Maria Zdenka Ostadal의 딸로 태어났다. 엘프리데 로제 뵈히틀러의 부모들은 1898년 5월에 약혼을 하였지만 그녀의 어머니가 가톨릭 신자인 관계로 개신교인이었던 아버지 사이에 종교적 차이 때문에 결혼이 다소 미루어졌다. 하지만 그들은 딸을 임신함으로써 1899년 7월 17일 정식으로 결혼식을 치렀다. 엘프리데 로제 뵈히틀러는 개신교식으로 세례를 받았고, 12살 어린 남동생 Hubert Waechtler (1911-1988)가 있었다. 그녀는 16세에 부모를 떠나 1915년부터 1918년까지 드레스덴의 왕립 공예학교(Koenigliche Kunstgewerbeschule Dresden)를 다녔다. 1916년부터 1919년까지 그녀는 추가적으로 드레스덴 예술아카데미에서 그림과 도화학(圖畫學) 코스를 이수하기도 하였다.

이어서 그녀는 사회 비판적 예술을 통하여 전후의 어려움을 극복하고 새로운 사회를 건설하고자 결성된 이른바 '드레스덴 분리파 1919(Dresdner Sezession Gruppe 1919)'를 알게 되었고, 이의 중심인물들인 Otto Dix, Otto Griebel, Conrad Felixmueller 등의 모임에 가입하게 되었다. 그녀는 드레스덴 시내 근교의 한 아틀리에에 세를 들었으며, 엽서, 밀랍을 사용한 바틱 날염이나 삽화 활동 등으로 생계를 유지하였다. 1921년 6월에 화가이자 오페라 가수였던 쿠르트 로제(Kurt Lohse, 1892-1958)와 결혼하였고, 함께 1922년에는 작센 주의 동쪽 도시인 괴어리츠와 1925년에는 함부르크로 갔다. 그러나 그들 부부 관계는 어려웠고, 이후 여러 번 이별을 하는 등 결혼생활이 순탄하지 못하였다. 1926년 그녀는 함부르크 여성예술가 및 여성예술애호가 연합(Bund Hamburgischer Kuensterinnen und Kunstfreundinnen)에 가입하였다. 이어서 1928년에는 제1차 대전 후에 독일에서 일어난 예술 운동 및 양식 중 하나인 신즉물(新卽物) 주의(Neue Sachlichkeit)와 관련된 전시회도 참여하였으며, 같은 해에 함부르크 예술가 단체(Hamburgische Kuenstlerschaft)에도 가입하였다.

그러나 1929년 그녀는 경제적인 어려움과 부부관계 문제로 신경쇠약에 시달렸고, 함부르크의 프리드리히스베르크 국립병원에 입원조치를 받았다. 이곳에서 약 2개월간의 입원 기간에 일명 '프리드릭스베르거 쾨페(Friedrichsberger Koepfe)'라 불리는 소묘와 파스텔화 등 60점의 연속

자화상

병원 내 정원

여성 환자

환자와 간호사의 대화

엘프리데 로제 뵈히틀러의 연속작품들

작품들을 쏟아내었다. 그 작품들은 대부분 함께 입원해 있는 환자들의 초상화들로 이루어져 있었다.

그녀는 신경쇠약이 치료되고, 남편과 완전히 결별한 후에는 새로운 창조적인 단계로 접어들었다. 예를 들어, 함부르크 항구의 풍경을 비롯하여 노동자나 매춘부의 처지 등을 주제로 한 수많은 그림뿐만 아니라, 자신에 대

환상적인 사회에서의 자기초상화(1930)

Loschwitz 다리(1931)

엘프리데 로제 뵈히틀러의 신 작품들의 예

한 자화상도 그리기 시작하였다.

그녀는 이러한 작품들을 가지고 몇몇 전시회나 판매 및 소규모의 기부금에도 불구하고 자신의 삶은 매우 비통한 가난에 시달렸다. 1931년 중순경에 재정적인 어려움과 점점 늘어가는 외로움 때문에 결국 드레스덴의 부모에게 되돌아갔다. 그러나 점점 악화되는 딸의 정신건강으로 그녀의 아버지는 1932년 아른스도르프 치료 및 요양시설로 입원을 시켰다. 그녀는 그곳에서 정신분열증 진단을 받았고, 그럼에도 불구하고 1932년부터 1935년까지 계속하여 창작 활동을 계속하였다. 1935년 5월 남편과의 이혼 후에 '불치의 정신질환(unheilbare Geisteskrankheit)' 때문에 금치산 선고가 내려졌다.

그 후에 그녀는 불임시술을 거부한 후에는 허용된 시설 밖으로의 외출을 할 수 없었다. 1935년 12월에 그녀는 이른바 민족사회주의자들의 우생학 정책에 따라서 드레스덴-프리드리히쉬타트 시립병원의 부인과에서 강제 불임시술을 받았다. 1940년 그녀는 결국 안락사 시설인 프리나-존센쉬타인 치료 및 요양원에 끌려갔고, 그곳에서 'Aktion T-4' 안락사 프로그램에 의하여 죽음을 당하였던 것이었다. 그녀에 대한 공식적인 사인은 심장쇠약을 동반한 폐렴(Lungenentzuendung mit Herzmuskelschwaeche)으로 위장하여 발표하였다(Bruhns, 2001).

이어서 또 다른 희생자 가운데 유명한 사람의 사례로는 독일의 문필가이자 극 평론가였던 헤르만 폰 뵈티혀(Hermann von Boetticher)이다. 그는 니던작센(Niedersachsen) 주의 동중부 지역인 Eldingen 출신의 아버지이자 목사였던 Johannes von Boetticher(1859-1905)와 어머니 Katharina Boetticher(친정의 성은 Zeschwitz)의 6명의 자녀 가운데 두 번째 아들이었다. 그는 1914년 5월 14일 미국으로 여행을 가고자 처녀항해를 마쳤던 '조국(Vaterland)'이라는 이름의 여객선을 탔으며, 5월 21일에 뉴욕에 이르렀다. 하지만 3개월 여후에 제1차 세계대전(1914년 7월 28일-1918년 11월 11일)이 발발하여 다시 독일로 돌아오려고 뉴욕에서 8월 24일 암스테르담을 목적지로 한 'Nieuw Amsterdam'으로 명명된 여객선을 탔다. 그러나 그 여객선은 9월 2일 프랑스의 보조순양함(Hilfskreuz)인 'La Savoie'에 의하여 영국과 프랑스의 도불해협 입구로 안내되었고, 이어서 프랑스의 서중부 항구도시인 Brest로 들어오게 되었다(Klee, 2007).

여객선 "Vaterland'(1914년)

그는 전쟁 병력의 연령에 속한 중부유럽제국(주로 독일제국과 오스트리아-헝가리)의 국민이었기 때문에 먼저 Crozon이라는 프랑스 서쪽 반도의 요새에 감금되었고, 1916년에는 근로봉사를 위하여 Ile Longue의 브류타뉴(Bretagne)로 이송되었다. 여기에서 자신의 실제 처녀작이었던 'Jephta'를 만들었고, 1914년 7월 28일 발발한 1차 세계대전은 결국은 1918년 11월 11일에 종전되었다. 1917년 그는 건강상의 이유로 스위스로 옮겼고, Genf 및 Zuerich를 거쳐 결국 베른(Bern)에 격리되었다. 1918년 종전 후 그는 무대감독과 극 평론가로서 베른 시의 시립극장에서 활동하였다.

이어서 그는 1919년 독일로 다시 돌아왔으며, 뒤셀도르프(Duesseldorf) 극장에서 짧은 시간 극 평론가로 일하였고, 동시에 같은 해에 여러 가지 많은 작품들을 발표하였으며, 그 이후로도 유명한 작품들이 알려지게 되었다. 1920년부터 그는 베를린(Berlin), 뮌헨(Muenchen), 겐프(Genf)와 파리(Paris) 및 특히 이탈리아의 북부도시인 플로렌츠(Florenz) 등지에서 떠돌아다니며 살았다. 1924년에는 그는 자신의 마지막 작품이며, 특이한 사건이나 극적인 구성을 지닌 중, 단편 분량의 소설인 노벨레(Novelle) 'Das Bild'를 출판하였다. 그러나 1925년에 처음 그는 정신분열증으로 정신과 병원에 입원하였고, 1934년 1월 17일 베를린에 소재한 프로이센 국립극장(Preussisches Staatstheater)에서 최초로 독일 감독이자 배우인 구스타프 그륀트겐스(Gustaf Gruendgens, 1899-1963)와 위르겐 폰 알텐(Juergen von Alten, 1903-1994)이 헤르만 폰 뵈티혀의 주요 작품인 'Der Koenig'를 연출하였다. 이 작품은 1934년 여름까지 총 26번의 공연 횟수를 기록하였지만, 헤르만 폰 뵈티혀가 자신의 작품이 그렇게 성공적이었는지를 아는가의 여부는 알려지지 않았다. 이는 1930년대에 이미 정신분열증을 앓았기 때문이었다. 그 인생의 말년에는 힐데스하임 지역의 병원으로 옮기게 되었고, 그곳에서 다시 1941년 3월 14일에는 작센의 발트하임 병원으로 이동하였고, 계속하여 4월 28일에는 알려지지 않는 다른 시설로 끌려갔다. 1940년 6월 28일부터 모든 안락사 대상자들에 대한 존넨쉬타인 안락사 시설로의 수송이 시작되었기 때문에 그는 이곳에 이송되어 온 날에 살해된 것으로 짐작할 수 있다. 1941년 그의 어머니는 메모장과 함께 아들의 유골함을 받

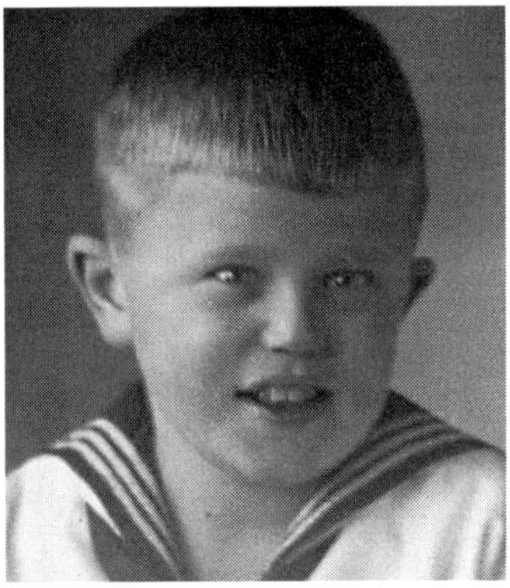
비차르트 에르트만 폰 하이니츠

왔고, 이에 따르면 그녀의 아들은 1941년 5월 8일 작센의 존넨쉬타인 정신과병원에서 뇌졸중(Hirnschlag)이 사인으로 기록되었다. 그러나 사실은 민족사회주의적 인종위생학 이념에 의해 피르나-존넨쉬타인 안락사 시설에서 가스로 죽음을 당한 것이었다(Bab, 1920).

또한 비차르트 에르트만 폰 하이니츠(Wichard Erdmann von Heynitz, 1921-1941)의 경우 드레스덴 출생으로, 1937년 5월에 선천성 지적장애를 이유로 의사의 권유로 하이데호프 장애인 시설로 오게 되었다.

그 후에 그로스쉬바이트니츠(Grossschweidnitz) 지역에 있는 중간기착지 시설로 온 후 약 4개월 뒤인 1941년에 78여 명의 다른 환자들과 함께 피르나-존넨쉬타인으로 이송되었다. 그리고 아마도 이송되어 온 날인 1941년 5월 8일 가스실에서 살해되었고, 사인으로는 독감과 혈액순환 부전증 등으로 기록되었다.

그리고 마리아 랑게(Marie Lange, 1906-1940)는 바트 쿠도바(Schlesien)에서 출생하였으며, 1935년 10월 정신분열증으로 진단을 받고 피르나-존넨쉬타인 치료 및 요양 시설로 입소되었다.

이 시설이 폐쇄된 뒤에 그녀는 라이프치히-되젠에 위치한 정신과 시설로 들어갔고, 1940년 8월에는 아른스도르프 시설로 옮기게 되었으며, 다시 1940년 11월 27일 존넨쉬타인 안락사 시설로 마지막 여정을 떠난 것이었다. 그리고 같은 날 두 딸을 남겨둔 채로 비참하게 살해되고 말았다.

끝으로 프리츠 발터 쉬베르트(Fritz Walter Schubert, 1906-1940)의 경우에는 피르나에서 출생하였고, 여러 번의 정신분열증 때문에 존넨쉬타인

마리아 링게

프리츠 발터 쉬베르트

치료시설에 입원하였는데, 1927년에 처음으로 몇 달 동안만 병원에 머물렀는데, 결국 1933년 다시 입원을 해야 하였다.

1935년에 그는 강제적으로 불임시술을 받고난 후에야 퇴원하였고, 1936년에 다시 입원을 해야 하였으며, 이 시설이 문을 닫게 되면서 1939년에는 아른스도르프 시설로 옮겼다. 그리고 1년 후 1940년 8월 28일 그는 마지막으로 존넨쉬타인 안락사 시설로 온 후에 결국 그날 목숨을 잃었다(Boehm, 2015).

4) 범죄자에 대한 재판

크라우스 아스터(Klaus Aster, 77세)는 자신의 아버지인 마틴 아스터(Martin Aster, 1899-1940)에 대해 말하면서 눈에 눈물이 고였다. 그의 부친은 오랫동안 행방불명되었는데, “나의 어머니가 남긴 유물에서 겨우 우리는 아버지가 1941년 하르트하임 안락사 시설에서 폐렴으로 사망하였다는 소식을 알았다”라고 크라우스 아스터가 이야기하였다. 그러나 그가 자신의 부인인 Ingrid(74세)와 함께 2005년에 아버지에 대해서 알아보려고 하르트하임에 가서 놀라운 사실을 알았다. 즉 그의 아버지의 이름이 서류에는 빠져 있었다는 것이었다. 이러한 일은 그 당시 드물지 않게 일어나는 일이었는데, 왜냐면, 종종 위조된 사망 장소가 기입되곤 하였는데, 이는 희생자들의 유가족들을 가능하면 멀리하려고 한 것이었다. 그리고 크라우스 아스터는 계속

Ingrid Aster(좌)와 Klaus Aster(우)

말을 이어갔는데, "이후에 우리는 아버지가 피르나-존넨쉬타인 안락사 시설에서 사망한 것을 알았다"라고 말하면서, 그의 아버지는 사실 발트하임에서 피르나-존넨쉬타인으로 강제적으로 이송되어 갔던 것이었다. 나중에 밝혀진 진실 가운데 한 가지는 그의 아버지 마틴 아스터는 피르나-존넨쉬타인에서 살해되기 전에 Technitz 양로원 및 요양원에서 거주하였고, 진행성 뇌연화(腦軟化), 즉 뇌질환을 앓고 있었다는 사실이었다(https://www.tag24.de).

히틀러 나치 정권은 소위 안락사라는 미명하에 총 약 300,000명 이상의 장애인과 정신질환자들을 학살하였다. 독일의 제3제국은 민족사회주의 이념을 바탕으로 이른바 인종우생학(Rassenhygiene) 이론에 따라서 '열등하거나' 혹은 '민족공동체에 위험한' 사람으로 간주된 사람들은 멸절 프로그램에 따라서 제거 정책을 실행하였던 것이었다. 제2차 세계대전이 끝난 후에 피르나-존넨쉬타인 안락사 시설에서 안락사 범죄에 가담한 범죄자들 가운데 다만 소수만 전쟁이 종식된 후에 법적인 책임을 물었는데, 즉 1947년 6월 16일 드레스덴 안락사 재판(Dresdner "Euthanasie-Prozess)이 드레스덴 지방법원에서 시작되었다(https://www.aerzteblatt.de).

그 당시 피고인석에는 존넨쉬타인 안락사 시설 및 그로스쉬바이트니츠 주립 시설에서 환자 및 장애인을 대량으로 학살하는 데 가담한 19명의 피고인들이 자리 잡고 있었다. 간병인이었던 Hermann Felfe와 Ehrhard Gaebler(1888-1948), 안락사 대상자 심사책임자였던 Hermann Paul Nitsche (1876-1948), 중간기착지 시설인 아른스도르프 시설장이었던 Ernst Leonhardt

드레스덴 안락사 관련 재판(피고석의 간호사 및 간병인)

등은 사형 판결이 내려졌다. Leonhardt와 Felfe는 자살하였고, Nitsche와 Gäbler는 1948년 3월 25일 결국 교수형으로 사형이 집행되었다(Klee, 1983).

또 존넨쉬타인 안락사 시설의 담당 의사였던 프리우스 엔드루바이트(Klaus Endruweit, 1913-1994)가 20여 년 후에 법정에 섰지만 무혐의 처분되었다. 안락사 범죄에 가담하였던 모든 의사들은 전쟁이 종식된 후에 다시 의사생활을 이어나갔던 것이다. 특히 고트립 헤링(Gottlieb Hering, 1887-1945)은 'Aktion T-4'와 'Aktion Reinhardt' 안락사 및 대량 학살 프로그램 당시 가담하였던 경찰 공무원이었으며, 특히 벨젝 멸절수용소의 최고 책임자를 맡기도 하였다(Fritz Bauer Institut, 2000).

고트립 헤링

그는 존넨쉬타인 안락사 시설의 부시설장이었고, 1941년 이곳의 안락사 시설이 폐쇄된 후에 그와 직원들은 진급하였고, 그 동안 축척되고 개발된 경험들과 지식을 멸절수용소에서 자행한 악랄한 살해범죄에 재사용하였다. 고트립 헤링은 1942년 8월부터 폴란드의 벨젝 멸절수용소의 책임자로 있었고, 전쟁이 끝난 바로 후에 질병으로 사망하였다.

사실 구동서독 두 나라는 오랜 시간 동안 이러한 나치 정권의 잔인하였던 안락사 범죄에 대하여 사법 당국이나 사회적인 관심과 구체적이고 철저하게 규명하고자 하는 노력이 만족할 만한 수준은 아니었다.

5) 피르나-존넨쉬타인 안락사 시설 희생자를 위한 기념관

오늘날 기념관 건물은 1900/1901년에는 원래 피르나-존넨쉬타인의 치료 및 요양시설로 사용되었으며, 건물 번호 'C 16'은 1939년에 폐쇄되기까지 남성병동으로 사용되었다. 그러나 1940년 나치 정권은 안락사 프로그램이었던 'Aktion T-4'를 실행하기 위하여 'C 16' 건물의 지하실 공간을 가스실, 시신 소각장 및 굴뚝을 설치하는 등 조직적으로 대량 학살을 실행하도록 개조하였다. 당시 안락사 시설 건립의 주목적은 정신과 환자와 지적장애인 그리고 훗날 강제수용소 수감자들에 대한 멸절 프로그램의 실행이었다. 당시 안락사 대상자들을 분류한 의료진들은 이들을 민족사회주의자들의 이념에 의거하여 '살 가치가 없는(lebensunwert)' 존재로 낙인찍었던 것이었다. 당시 작센 지역의 여러 시설로부터 끌려온 안락사 대상자들은 건물 번호 'C 16'의 지하실의 샤워실로 위장된 가스실에서 처참하게 숨을 거둔 것이었다. 그러나 히틀러와 민족사회주의자들은 1942년

피르나-존넨쉬타인 안락사 희생자 기념관 전경

8월에 이러한 자신들의 범죄에 사용된 거의 모든 건축물의 증거들을 제거하였고, 구동독 시대에서는 당시 지하실을 대기업의 기록 보관소 및 여러 작업장으로 사용하기도 하였다(https://www.stsg.de).

1941년 안락사 범죄 종료 후 존넨쉬타인 구역에는 작센 지역 'Adolf-Hitler-Schule', 제국행정학교(Reichsverwaltungsschule)와 독일제국 군병원(Wehrmachtslazarett) 등이 설립되어 1945년까지 유지하였다. 제2차 세계대전 종전 후에 이곳은 1949년까지 피난민 수용소, 주의회나 경찰학교(1954년까지 유지) 등이 자리 잡고 있었다.

1954년부터 1991년까지 존넨쉬타인 안락사 시설 구역 가운데 많은 부분이 항공기용 터빈 제작과 관련된 대기업의 생산 공장 운영 부지로 사용되었고, 또한 1977년에는 존넨쉬타인 성 지역에는 피르나 지역 재활센터(Kreisrehabilitationszentrum)가 건립되기도 하였다. 이 기관의 탄생을 계기로 1991년에는 노동자 복지재단(Arbeiterwohlfahrt)에서 장애인 작업장(Werkstatt fuer behinderte Menschen)이 세워졌다.

이윽고 1989년 가을부터 지금까지 거의 망각 속에서 사라질 위기에 있던 지난 역사적 아픔이 점차 사회 속에서 다시 의식하게 되었다.

특히 1989년 9월 1일 피르나-존넨쉬타인 기독지역센터(Evangelisches Gemeindezentrum)는 나치 정권의 장애인 및 정신질환자에 대한 안락사 범죄를 시작한 50주년을 계기로 독일 역사학자이며, 정치학자이자 저널리스트인 괴츠 알리(Goetz Aly, 1947-현재)의 'Aktion T-4' 관련 소규모의 전시회를 개최하였다. 무엇보다도 괴츠 알리는 나치 정권의 민족사회주의적 인종우생학, 홀로코스트, 나치 정권의 경제정책 및 19세기와 20세기에 걸쳐 나타난 반유대주의에 큰 관심을 가지고 연구 활동을 활발히 하고 있다(Aly, 2005).

그리고 나치 정권의 만행에 대한 계몽에 관심 있는 몇몇 시민들을 중심으로 진행된 전시회도 세간의 큰 주목을 받았다. 또한 존넨쉬타인에서의

피르나-존넨쉬타인 성(城) 입구 기념 현판

역사학자 괴츠 알리(2012)

과거 안락사 범죄 희생자들을 위한 기념관 건립을 위한 시민운동이 잇달아 생겨났고, 1991년 6월에는 시민들과 희생자들의 유가족을 중심으로 존넨쉬타인 기념관 후견인회 재단(Kuratorium Gedenkstaette Sonnenstein e. V.)이 조직되었다. 1992년부터 1994년까지 문서와 건축고고학적인 조사를 마친 후 1995년부터 건물 'C 16'의 지하실 공간을 복원하였고, 기념관으로서 정비작업을 하던 것이었다(https://www.geden kort-t4.eu).

1939년까지 남자 환자 병동이었던 건물 'C 16'의 지하실에는 1940년부터 죽음의 건물로 바뀌었는데, 1개의 가스실(Gaskammer), 2개의 시체 소각로실(Krematoriumsraum)과 굴뚝실(Schornsteinsraum) 등이 설치된 것이었다. 사실 현재는 그 가운데 일부만 남아 있는데, 나치 정권은 자신들의 과거의 추악한 흔적을 제거하려고 시도하였다. 오늘날 기념관의 침묵의 방(Raum der Stille)은 유가족이나 방문객들에게 희생자들에 대한 기억과 기념의 시간과 공간을 제공하는데, 동쪽 벽에는 3곳의 현판 위에 11,600여 명 이상의 희생자 이름이 새겨져 있으며, 서쪽 벽에는 폴란드 정부의 기념표

피르나-존넨쉬타인 기념관 일부

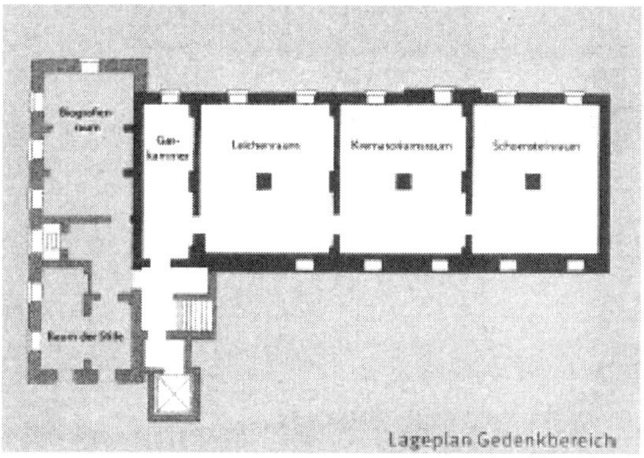

피르나-존넨쉬타인 안락사 시설 기념관(지하 위치도)

지 등이 조성되어 있다(Schilter, 1998).

그리고 과거 희생자들이 대기하였던 방에는 희생자들의 이력실(Raum der Biografien)로 조성되어 있는데, 그곳에는 그들의 초상화가 전시되어 있는데 이는 자신들이 나치 정권 치하에서 목숨을 잃었던 인생 여정과 운명을 대변하고 있는 것이다.

한편 당시 가스실에서는 1940년 6월부터 1941년 8월까지 최소한 14,751명의 남녀 및 어린아이들이 의사들에 의하여 일산화탄소 중독으로

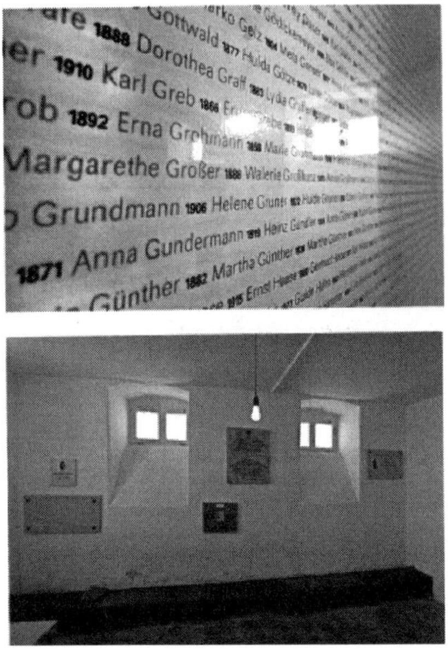

희생자의 이름이 새겨진 벽면(위, 2009년)과 폴란드 정부의 기념현판(아래, 2015년)

살해되었다. 그리고 존넨쉬타인 안락사 시설에서 시신을 소각하는 직원들은 가스실 두 번째 문을 통과하여 희생자들을 시체실로 날랐다. 그 동안 의사와 간병인은 희생자들의 금니를 발치하거나, 해부실에서 뇌를 적출하기도 하였다. 가스실 벽의 옷걸이나 부착물 대부분은 과거 동독시대에 대기업이 운영될 당시에 설치한 것이었다. 이어서 시체소각실에서는 가스실에서 사망한 희생자들의 시신을 소각하였다. 이를 위하여 베를린에 있는 회사였던 하인리히 코리(Heinrich Kori, 1887년 설립-2012 해체)가 두 대의 시신 소각로를 공급해주었다.

이 기업은 1887년 베를린에서 엔지니어였던 하인리히 코리(1860-1938)에 의하여 건립되었다. 원래 이 기업은 쓰레기 소각로 등의 생산으로 유명세를 탔는데, 홀로코스트 기간 동안에 에어푸르트에 소재한 J. A. Topf & Soehne 사와 함께 강제수용소의 희생자들을 소각하는 과정에서 필요한 화장용 소각로를 대량으로 공급하였던 것이다. 처음에는 코리 사가 이동용 소각로를 생산하였지만, 나중에는 고정용도 동시에 제작하였다. 그러나 이 기업은 2012년 베를린의 샤로텐부르크 지방법원을 통하여 결국 폐업하였고, 상업등기부(Handelsregister)에서도 삭제되고 말았다(Perz et al., 2008).

그리고 당시 안락사 시설에서 시신 소각자들은 시체를 시체실로부터 옮

과거 가스실로 가기 전의 대기실(22명의 희생자 사진 전시 장면)

코리 사 제품의 시체소각로 유형〈고정용(좌)/이동용(우)〉

겨온 후에 철로 만들어진 들것에 얹은 후 그것을 소각로 안으로 밀어 넣었던 것이었다. 보통 한 소각로에는 두 구의 시신이 동시에 소각 처리되었다. 희생자들의 소각된 시신의 재 대부분은 직원들이 안락사 시설 건물 뒤에 있는 산비탈에 희생자들의 유물들과 함께 쏟아 버린 것이었다. 만일 유가족들이 유골함을 요청하면, 시설 당국은 해당 희생자의 재와 상관없이 아무 재나 채워 넣어서 발송하였던 것이다.

이 기념관에서 안락사 범죄의 문서 자료에 대한 상설 전시는 오늘날 기

옛 희생자 시신 소각실 터

엘베 강변의 희생자 유물(가운데)/
소각로의 희생자 유물(아래)(2013년)

념관 건물의 다락 층에서 관람이 가능하다. 2000년 6월 9일부터는 '정치적 폭력의 희생자 작센 기념관 재단(Stiftung Saechsische Gedenkstaetten zur Erinnerung an die Opfer politischer Gewaltherrschaft)'의 위탁

피르나 존넨쉬타인 안락사 희생자 수송차량의 기념 모형

하에 일반인들에게 공개하고 있다. 이 재단은 나치 독재정권의 희생자들뿐만 아니라, 옛 소련의 점령지 및 구동독에서 공산주의 치하의 정치적 폭력과 과거 공산 정권이었던 동독의 작센 주에서의 정치적인 불법 행위에 대하여 사실과 유적지를 밝히고 보존하는 활동을 통하여 역사적-정치적 교육의 장으로 조성하고자 활동하는 단체이다. 그리고 지금까지 매 해에 걸쳐 히틀러와 민족사회주의자들의 만행과 관련한 다양한 전시회를 실시하고 있으며, 2012년 현재 피르나-존넨쉬타인 희생자 기념관의 방문객 수는 11,459명에 달하고 있다(https://www.stsg.de).

제 III 부

시사점

1. 나치 정권 시대의 장애인 탄압 정책의 개관

2. 시사점 소고

제 III 부

시사점

1. 나치 정권 시대의 장애인 탄압 정책의 개관

한 명의 정신 질환자를 관리하기 위하여 국가가 부담하는 재정적인 부담은 년 평균 766제국마르크(Reichsmark: RM)이다. 그 밖에도 청각장애인이나 시각장애인은 일인당 일 년 평균 615제국마르크, 지체장애인은 600제국마르크에 달한다. 이들을 위한 수많은 시설에는 국가적 비용으로 운영되고 있는데, 167,000여 명의 정신질환자, 8,300여 명의 시각 및 청각장애인, 20,600여 명의 지체장애인 등이 있다. 그러면 해마다 몇 백만 제국마르크의 비용이 이러한 장애인들을 위하여 요구되는가? 그리고 이 합계는 집 월세가 평균 60제국마르크라고 할 때에 몇 명의 유전적으로 건강한 가족들이 거주할 수 있는가?

독일의 제3제국 시대의 히틀러와 민족사회주의자들은 성인들을 위한 정치적 선전 선동뿐만 아니라, 수학 과제 등 공식적인 학교 교과서를 통하여 아동 및 청소년들의 학교 교육에서도 조차 특히 반유대주의(antisemitism)의 인종주의나 사회적 다윈주의(social darwinism) 등 자신들의 병적인 정치 이념들을 각인시키기 위하여 광분하였다. 이러한 국가적 이념들을 바탕으로 나치 정권은 1939년부터 1945년까지 유대인 및 다른 집단과 더불어 수많은 환자와 장애인들이 가스, 약물, 기아사 등의 강제적인 안락사 수단을 통하여 대량 학살당하였던 것이다. 이들은 당시 사회로부터 이른바 '살 가치가 없는 목숨(lebensunweres Leben)' 혹은 '독일국민 공동체의 기생충(Parasiten am deutschen Volkskoerper)'으로 분류되어 조직적으로 국가 범죄에 의하여 목숨을 잃었다.

그러나 그에 앞서 히틀러는 1933년 1월 30일부터 모든 권력을 서서히 이양받기 시작하였으며, 1934년 1월 1일부터는 '차세대 유전성질병예방법(Gesetz zur Verhuetung erbkranken Nachwuchses)'이 발효됨에 따라서 유전성 질병으로 분류된 농, 맹 등의 장애인, 정신질환자 및 알코올중독자 등에 대한 강제 불임시술이 대대적으로 자행되었다. 그 당시 이른바 유전성건강법원(Erbgesundheitsgericht)에서 나치들이 선발한 의료인들이 불임시술 대상자 여부를 결정하였고 특별히 권한이 위임된 의사들이 시술하였다. 이때 국가가 실시한 강제 불임시술의 희생자들은 튀링겐 지역에서만 약 16,000여 명이었으며, 1934년부터 1945년까지 약 400,000여 명에 이르는 여성, 남성, 아동 및 청소년들이 피해자에 해당하였다. 더 나아가 당시 강제 불임시술 과정에서 약 6,000여 명이 사망하기도 하였다. 또한 당시 독일제국은 1938년 3월 12일 오스트리아를 침공하였고, 다음날인 13일에 강제적으로 병합하였는데, 1940년부터 1945년까지 오스트리아 지역에서는 최소한 6,000여 명의 남녀가 그들의 의지와는 상관없이 당국에 의하여 강제적으로 불임시술이 이루어졌다.

나치 정권의 이른바 '살 가치가 없는 목숨에 대한 말살(Vernichtung lebensunwertes Lebens)'에 대한 왜곡된 이념의 기원은 사실 오스트리아의 심리학자였던 아돌프 요스트(Adolf Jost, 1874-1908)에서 출발한다(Benzenhöfer, 2009). 심리학자 아돌프 요스트의 효과적인 학습 및 기억과 관련하여 이른바 '요스트 법칙(Jostsche Saetze zum Lernen und Behalten)'을 주장하였다. 또한 그는 이 외에도 특히 1895년 괴팅겐(Goettingen)에서 발간된 53쪽 분량의 논박문인 '죽음에 대한 권리(Recht auf den Tod)'로 알려져 있다. 그의 이 글은 독일에서 이른바 안락사(Euthanasie)에 대한 폭넓은 토론에 있어서 매우 중요한 역사적 출발점으로 작용하기도 하였다. 아돌프 요스트 34세의 나이에 뇌막염으로 오늘날 폴란드의 서쪽에 위치한 Sorau의 정신과 병원에서 생을 마감하였는데, 그는 이른바 '한 인생의 가치(Wert eines Menschenlebens)'를 다음과 같이 정의하고 있다.

> 한 인간의 삶의 가치는 순수한 자연스러운 관점에 따르면 두 가지 요소로만 구성되었다고 볼 수 있다. 먼저 첫 번째 요소로는 당사자 자신의 삶의 가치인데, 이는 자신이 경험해야 하는 기쁨과 고통의 합이라 할 것이다. 그리고 두 번째 요소는 개인이 자신의 동료들에게 주는 이익과 손해의 합인 것이다... (중략) 만일에 고통이 마치 죽음의 질병에 있는 경우와 같이 크다고 한다면, 이 사람의 삶의 가치는 0일 뿐만 아니라 부정적이라 할 수 있다. 죽음이란 그 자체가 말하자면 제로 가치이기 때문에 부정적인 삶의 가치에 비하여 더 나은 것으로 보인다는 것이다.

아돌프 요스트는 자신의 글에서 죽음에 대한 권리는 불치병의 경우에서만 아니라, 이러한 원칙을 불치의 정신질환자에게도 마찬가지로 적용하도록 요구하였다. 왜냐하면, 그의 견해에 따르면 불치의 정신질환자들의 삶의 경우에도 무익할 뿐만 아니라, 기껏해야 고통스러운 삶으로 이어지고, 더 나아가서 '상당한 양의 물질적인 가치'도 소비하기 때문이다. 이러한 사상과 관련하여 아돌프 요스트는 그의 아버지로부터 자극을 받았다고 전해진다. 그의 아버지는 고령의 나이에 자살하였으며, 그의 작별 편지에서 아들에게 삶이 더 이상 행복하고 즐겁지 않을 때는 자살할 것을 요구하였다고 한다. 이에 아돌프 요스트는 '죽음에 대한 권리도 있는가?'라는 질문을 제기하였다. 즉 어떤 경우에 죽음이 개인 자신뿐만 아니라, 인간사회를 위해서도 바람직한 것인가라는 문제였다. 이로써 그는 더 이상 자살을 합법화하는 것뿐만 아니라, 정신적으로나 육체적으로 병든 사람들의 문제도 동일한 차원에서 언급하였다(Zimmermann-Acklin, 2002).

이와 같은 아돌프 요스트의 인간관은 바이마르공화국(1918-1933) 초기 독일의 법학자였던 칼 빈딩(Karl Binding, 1841-1920)과 독일 정신의학자이자 신경학자였던 알프레트 호헤(Alfred E. Hoche, 1865-1943)에 의하여 1920년에 이른바 '살 가치가 없는 생명의 멸절 허용(Die Freigabe der Vernichtung lebensunwerten Lebens)'이라는 제목의 논문으로 발표되었다. 이 논문은 결국 나치 정권에서 지적장애인 등 장애인에 대한 조직적인 대량 학살을 위한 기초적인 배경과 근거로 간주되었다. 이러한 시대적이고 민족적인 사상의 총화로부터 나치 정권은 1933년부터 1935년 사이에 당시 제국내무부장관이었던 빌헬름 프릭(Wilhelm Frick, 1877-1946)에 의하여 다양한 법률과 규정으로 제정된 인종우생학(Rassenhygiene)의 이념으로 발전하게 되었다.

나치 정권은 인종우생학이라는 정치 이념 아래 당시 독일제국 민족공동체의 모든 저해 요인을 제거하려 하였다. 1929년 히틀러는 뉘른베르크(Nuernberg)의 제국전당대회(Reichsparteitag)에서 해마다 백 만 명의 신생아들 가운데 70-80만 명의 가장 허약한 아이들을 제거한다는 것은 독일제국의 국력 상승을 의미하며, 결코 쇠약해지지 않을 것이라고 공언하였다. 이러한 히틀러의 발언을 통하여 그의 정치적 이념은 권력 장악 이전부터 널리 알려진 바였다. 한편 히틀러는 1935년의 뉘른베르크 제국전당대회에서는 제국의사회 지도자(Reichsaertztefuehrer)였던 게르하르

빌헬름 프릭

트 바그너(Gerhard Wagner, 1888-1939)에게 불치병의 정신질환자들을 제거하되, 늦어도 앞으로 일어날 전쟁 중에는 멸절할 것을 지시하였다.

나치 정권이 장애인에 대하여 자행한 체계적인 안락사 행위는 다음과 같이 단계별로 진행되었다.

게르하르트 바그너

1. 아동 안락사(Kinder-Euthanasie): 1939년부터 1945까지 자행됨.
2. 성인 안락사(Erwachsenen-Euthanasie): 1940-1945
   · 1940년 1월부터 1941년 8월까지는 'Aktion T-4' 프로그램에 따라서 중앙정부 주도의 대량 독가스 살해.
   · 1941년 9월부터 1945년까지는 중앙정부가 배후 관리 감독하고 지방정부나 혹은 시설 자체적으로 약물 과다 처방이나 의도적인 영양결핍 등을 통하여 대량 살해.
3. 노동 무능력자 혹은 강제수용소 수감자 안락사(Invaliden oder Haeftlings-Euthanasie)
   · 'Aktion 14f13' 프로그램에 따라서 1941년 4월부터 1944년 12월까지 자행.

이때 분명한 증거에 의하면 최소한 약 260,000명 이상이 목숨을 잃었다고 알려져 있지만, 실제 희생자 수는 아마도 이것의 배수라고 보고 있다.

사실 아동안락사는 'Aktion T-4' 프로그램의 본격적인 실행을 위한 전조에 해당하였는데, 이에 아동 안락사와 관련하여 1939년 8월 18일 '엄격한 기밀유지(Streng vertrau-lich)'라는 표시가 된 제국내무부의 회람에 아동 안락사 해당자의 범주나 조사 방법 등이 정해져 있었다. 이에 따라서 의료인, 산파, 조산원, 병원 등 출산과 관련되는 기관과 관계자들은 일정 신고양식에 따라서 출생한 신생아가 다음과 같은 중증 선천성 질병이 있다고 의심되는 경우에는 관계 보건 당국에 반드시 알릴 의무가 있다.

- 다운증후군과 같은 지적장애(특히 맹과 농이 수반되어 있는 경우)
- 소두증(microcephalic)
- 수두증(Hydrocephalus), 특히 진행형 혹은 중도인 경우
- 모든 유형의 기형아(특히 사지, 머리 및 척추의 결손인 경우)
- 소아 뇌성경련성마비를 포함한 마비형 질병 등

이와 관련된 신고 의무는 먼저 만3세까지의 아동에게 적용되었지만, 나중에는 16세까지 연령 제한을 상향 조정하였다. 당시 이러한 일정한 신고양식은 장애아동에 대한 조사를 통하여 마치 그들에게 특별한 의료적 서비스를 제공할 목적인 것 같은 인상을 주었다. 공의(公醫)들은 작성된 신고서를 이른바 '법률위원회(Rechtsausschuss)'에 보냈고, 그곳에서는 자신들의 심사 의견에 따라서 소위 '어린이 전담부서(Kinderfachabteilung)'로 가서 안락사를 시행할 대상들을 분류하였다. 이때 아동들의 삶과 죽음에 대한 판단은 오로지 신고서에 기입된 내용이 주요 기준점이었으며, 심사자가 구체적인 의료기록을 자세히 열람하거나 혹은 당사자인 아동을 직접 검사하는 일은 전혀 없었다. 만일 어떤 아동이 안락사 대상자로 판단될 경우 심사자들이 판정표에 '+'로 표시하고, 반대인 경우에는 '-'로 기입하였다. 그리고 심사자들의 입장에서 분명한 결정이 불가능할 경우에는 'B'로 표기하였는데, 즉 'Beobachtung', 관찰이 필요한 대상으로 표시한 것이다. 이러한 아동들은 사실 안락사 집행이 잠시 보류되었지만, 결국은 마찬가지로 어린이 전담부서로 넘겨져 희생당하였던 것이다. 어린이 전담 부서의 담당 의료인들은 대상 아동에 대한 '법률위원회'의 소견에 대하여 정밀조사를 실시한 후에 이에 부합되는 관찰보고서를 제출하였다. 이른바 '+' 진단평가,

즉 안락사 대상에 대한 결정적인 기준은 주로 앞으로 노동 불가 혹은 교육 불가에 해당하는가 여부였다(Kaelber/Reiter, 2011).

이와 더불어 심지어 겉으로는 '치료 권한(Behandlungs-Ermaechtigung)'을 부여받은 어린이들도 보통은 몇 개월 동안 연구용 '재료'인 실험 대상으로 사용되기도 하였으므로 그들에게 즉시 안락사를 행하지는 않았다. 이러한 비인간적인 인체실험은 Eichberg 주립병원에 있는 아동전문부서의 책임자였으며, 의료인이자 나치친위대(SS) 지원관리자였던 발트 쉬미트(Walter Schmidt, 1910-1970)와 하이델베르크(Heidelberg) 대학의 신경과 책임교수였던 칼 슈나이더(Carl Schneider, 1891-1946) 간의 긴밀한 협력 가운데 자행되었다. 이때 희생자들은 하이델베르크에서 먼저 자세하게 임상연구 대상자로 이용된 이후에는 Eichberg로 이송되어 안락사를 당한 후에는 뇌가 적출되기도 하였다.

이 당시 아동안락사를 통한 부당 이익자로는 역시 베를린 부흐(Berlin-Buch) 지역에 위치한 카이저 빌헬름 뇌연구소(Kaiser-Wilhelm-Institut (KWI) fuer Hirnforschung)였는데, 이 기관은 나중에 프랑크푸르트의 막스 프란크 뇌연구소(Max-Planck-Institut fuer Hirnforschung)로 개칭하였다. 여기에는 뇌조직학부장이었던 율리우스 할러포덴(Julius Hallervorden, 1882-1965) 교수가 안락사 희생자들로부터 약 600여 개 이상의 뇌를 카이저 빌헬름 뇌 연구소에 수집하였다. 또 그가 베른부르크 안락사 시설에 재직 중에는 괴르덴 주립시설에서부터 안락사 대상으로 수송된 아동들의 시신을 해부하기도 하였다.

아동들에 대한 안락사 범죄 행위는 시간대별로 조직적이고 과잉 처방된 신경안정제 종류인 루미날(Luminal), 페로날(Veronal), 트리오날(Trional) 혹은 모르핀(Morphin)을 통하여 환자의 음식에 혼합하여 공급하거나 주사로 주입하기도 하였다. 이러한 약물을 통하여 아동들은 결국 호흡장애를 비롯하여 혈액순환장애, 신장 기능 및 폐렴 등을 보이며 숨졌던 것이었으며, 안락사 가담자들은 결국 이와 같은 증상을 바탕으로 하여 희생자들의 실제적인 사인을 철저히 위장한 것이었다. 이러한 안락사 과정은 'Aktion T-4' 프로그램 의료책임자였던 헤르만 파울(Hermann Paul Nitsche, 1876-1948) 교수에 의하여 1940년 초에 이른바 '루미날 모델(Luminalschema)'로 발전하였다. 그 밖에도 나치 정권에 의하여 안락사로 희생된 아동들은 계획적으로 영양결핍이나 난방이 불충분한 공간에서의 거주 환경 등에 방치됨으로써 결국에는 폐렴이나 결핵 혹은 티푸스 등의 후유증으로 사망에 이르게 되었다. 이러한 나치 정권의 인종위생학 혹은 사회적 다윈주의적 이념의 왜곡된 인간관은 아동 안락사에 이어 이른바 'Aktion T-4" 프로그램을 통하여 더욱더 체계적인 대량 살상으로 확대되었다(Kinast, 2010).

1940년부터 1941년 사이 'Aktion T-4' 안락사 프로그램으로 약 70,000여 명 이상의 지적 혹은 지체장애인들이 처참한 죽음을 당하였다. 사실 'T-4'라는 개념은 베를린의 안락사 본부였던 건물의 주소인 Tiergartenstr. 4번지였으며, 나중에 역사적인 재조명 작업 가운데서 습관적으로 사용된 용어였다. 1939년 10월에 히틀러는 위임장을 통하여 은밀한 명령을 지시하였는데, 이는 질병 상태가 인간적인 판단에 따라서 매우 비관적인 불치병 환자들에게 이른바 '은혜로운 죽음(Gnadentod)'이 보장될 수 있도록 일정한 의료진들에게 실행 권한이 제공되었다. 이러한 보건 정책에 가장 깊이 관여하였던 책임자로서는 총통실장이었으며, 국가적인 주요 사안들에 있어서 독재자를 위한 행정 집행자였던 필립 보울러(Philipp Bouhler, 1899-1945)와 더불어 히틀러의 주치의였던 칼 브란트(Karl Brandt, 1904-1948)였다.

이러한 히틀러의 안락사 관련 위임장은 사실 적법성이 결여된 것이었다. 이는 원래 공식 문서로 인쇄하여 법률 공보에 공개적으로 공포해야 하였음에도 불구하고, 그 지시는 단지 히틀러와 의사이자 'Aktion T-4'의 조직자 중 한 사람이었던 헤버트 린덴(Herbert Linden, 1899-1945)에 의하여 철저히 불법적으로 서명되었다. 히틀러와 민족사회주의자들은 이와 같은 비합법적인 절차로 결정된 안락사 범죄 계획인 관계로 공식적인 조직을 만들지 못하고 반(半)국영 형식의 특별기관을 만들었는데, 이것이 바로 빅토르 브락(Viktor Brack, 1904-1948)이 지휘하였던 형식적으로는 이른바 '총통실 본사 II(Hauptamt II der Kanzlei des Führers(KdF)'였다. 이 기관은 1940년 4월부터 베를린 Tiergartenstrasse 4번지 빌라에 위치하며, 민족사회주의 독일노동자당(NSDAP) 제국재정책임자(Reichsschatzmeister)였던 프란츠 산버 쉬바르츠(Franz Xaver Schwarz, 1875-1947)를 통하여 재원이 조달되었던 것이었다. 당시 베를린에 소재한 'Aktion T-4' 안락사 프로그램의 중앙 부서의 운영 책임자는 법률가였던 디트리히 알러스(Dietrich Allers, 1910-1975)였다.

아울러 안락사 대상자 여부를 판단하기 위한 40여 명의 심사자가 임명되었다. 그들은 환자에 대한 구체적인 병적기록부나 혹은 직접 환자를 진단하여 평가하기보다는 다만 신고서에 기입된 환자 기록에 의거하여서만 그들의 생사를 결정한 것이었다. 이는 앞서 자행하였던 이른바 '아동안락사(Kinder-Euthanasie)'의 심사 절차와 유사하다 할 것이다. 1939년 10월 9일의 한 협의에서 이에 해당하는 환자의 수는 약 70,000명으로 결정되었다. 동시에 이 정책의 주요 목적은 치료가 불가능한 유전적 질환을 근절하고 동시에 복지시설의 운영비용을 절감하는 데 있었다(Klee, 2004).

1939년 10월 9일 히틀러의 지시회람과 함께 제국내무부의 제IV부서의 책임자이자 의사 및 나치친위대(SS) 고위책임자였던 레오나르도 콘티(Leonardo Conti, 1900-1945)는 해당되는 모든 병원이나 요양시설의 환자들에 대하여 질병이나 혹은 노동가능성 등 구체적인 환자 정보에 대하여 신고서를 작성하여 제출하라고 관계 당국의 책임자들에게 지시하였다. 이때 각 시설에 발송된 당국의 공문에는 다음과 같은 질병이나 환자와 관련된 기준이 구체적으로 명시되어 있었다.

- 정신 분열증, 간질, 뇌염, 치매, 마비, 헌팅턴 병, 노인성 치매 또는 기타 신경 학적 말기 질환자
- 5년 이상 이미 복지 시설에 있었던 사람들
- 범죄적인 '정신병 환자'
- 독일 시민권이 없거나 '독일 또는 관련 혈통'이 아닌 사람들

각 병원이나 요양 시설로부터 작성되어 제국 내무부의 주무자인 헤버트 린덴에게 재회부된 신고서는 다시 베를린의 'Aktion T-4' 안락사 프로그램 본부로 보내졌다. 그곳에서는 각 신고서의 색인 카드를 만든 후 사본을 만들어 세 명의 심사자에게 발송되었으며, 심사자는 자신의 결정 결과에 따라서 사본의 블랙박스 안에 '살해'를 의미하는 빨간색 '+', '생존 유지'를 나타내는 파란색으로 된 '-'를 각각 기입하였다. 만일 심사자가 결정할 수 없는 경우에는 신고서에 '?'로 표기하고, 경우에 따라서는 짧은 소견을 기록하기도 하였다. 생사의 갈림길에서 평가자의 가장 중요한 결정 요인으로는 대상 환자의 노동 능력 유무나 치료 가능성 여부였다.

'Aktion T-4' 안락사 프로그램의 주요 조직자였던 빅토르 브락과 베르너 하이데의 지시에 따르면, 환자에 대한 살해 권한은 오로지 의료인들에게만 허용되었는데, 이는 1939년 9월 1일 히틀러의 전권위임서신에서 이와 관련하여 원칙적으로는 다만 의사들만 언급하였기 때문이었다. 이에 따라서 독일제국 전역의 여섯 곳 안락사 시설에서 다음과 같은 의료인들의 주도하에 환자 및 장애인들에 대한 살해 행각이 자행되었다.

- Grafeneck 안락사 시설: 1940년 1월부터 1940년까지 9,839명이 살해되었고, 주요 의사들로는 Horst Schumann, Ernst Baumhard alc Guenther Hennecke 등이 있다.
- Brandenburg 안락사 시설: 1940년 2월부터 1940년 11월까지 9,722명이 살해되었고, Irmfried Eberl, Aquilin Ulrich, Heinrich Bunke 등이 안

락사 범죄 관련 주요 의료인이었다.

- Hartheim 안락사 시설: 1940년 4월부터 1941년 8월까지 18,269명이 살해되었고, 주요 의료진에 Rudolf Lonauer, Georg Renno 등이 있다.
- Bernburg 안락사 시설: 1940년 11월부터 1941년 8월까지 8,601명이 목숨을 잃었으며, 주요 범죄의료인에는 Irmfried Eberl, Aquilin Ulrich, Heinrich Bunke를 들 수 있다.
- Sonnenstein 안락사 시설: 1940년 6월부터 1941년 8월까지 13,720여 명이 희생되었음, 여기에는 Horst Schumann, Curt Schmalenbach, Klaus Endruweit, Kurtborm 등이 주요 의료진이었다.
- Hadamar 안락사 시설: 1941년 1월부터 1941년 8월까지 10,072명이 안락사로 숨졌으며, Ernst Baumhard, Freidrich Berner, Curt Schmalenbach, Adolf Wahlmann 등이 직접 관여한 의료인이었다.

나치 정권 당시에 시설이나 병원에 있던 수많은 환자나 장애인들이 심사자들로부터 안락사 대상자로 분류된 후에는 우선 이른바 중간기착지로 이송되었다. 그들은 일반적으로는 국가적인 차원에서 버스 편으로 이송되었지만, 몇몇 예외의 경우에는 대중교통 편을 이용하기도 하였다. 안락사 과정에 있어서 각각의 안락사 시설은 대부분 2-3곳의 중간기착지를 두고 있었고, 그곳은 대부분 국립정신과 시설이었다. 이러한 중간기착지 시설은 한편으로는 나치의 최종적인 목적인 안락사 범죄를 은폐하는데 있었는데, 주로 안락사 대상자들을 이송할 때에는 간호사나 간병인 등이 동행하였는데, 이들은 중간기착지까지만 함께 가도록 허용되었다. 다른 한편으로 중간기착지 시설은 안락사 시설이 안락사 대상으로 초만원이 되어 혼란이 발생하는 것을 막는 완충 작용을 하는 곳이기도 하였다. 안락사 대상자들은 각 안락사 시설에 도착 한 후에 일반적으로 가건물 접수처에서 탈의를 해야 하였고, 키와 몸무게 등을 기록하고 사진도 촬영해야 하였다. 그런 후에는 의료진들에게 안내되었고, 개인 인적사항을 확인하고 추후에 위조된 사망 원인을 기록할 때 중요한 근거로 삼기 위하여 수술자국 등 신체적으로 특이한 점은 기록되었다(Schmuhl, 1992).

또한 안락사 대상자들을 속이기 위하여 가스실은 샤워 시설들로 위장하여 설치하였고, 대부분 1회에 30명 정도씩 가스실에서 동시에 살해를 자행하였으며, 안락사는 일산화탄소를 통하여 실시하였으며, 담당 의사들이 가스 개폐기를 조작하였다. 가스실에 주입되는 일산화탄소 가스는 일반적으로 약 20여 분 동안 지속되었고, 가스실에 어떤 움직임도 없는 것으로 파악된 후에 비로소 가스 주입이 중단되었다. 이어서 시신들은 보통 안락사 시설에 독자적으로 설치된 시체 소각장에서 소각 처리되었다. 특히 이때 희생자들 가운데 금니가 있는 사람들은 소각처리 이전에 발치하였고, 이렇게 수집된 수많은 금니들은 베를린의 안락사 중앙 본부에 보내져 순금으로 가공되었다.

브란덴부르크(Brandenburg an der Havel) 출신 로타 크라이식(Lothar Kreyssig, 1898-1986)은 나치 정권의 안락사 범죄 행위를 비난하였던 독일의 유일한 판사였다. 후견 재판관으로서 그는 자신과 관련된 미성년 장애인들의 죽음에 대한 소식들을 알게 되었고, 1940년 7월에 그는 많은 환자들이 대량으로 살해당하고 있다는 혐의를 당시 제국법무부장관인 Franz Guertner(1881-1941)에게 알렸다. 이에 대량 학살이 총통실의 책임하에 실행되고 있다는 사실을 안 뒤 크라이식 판사는 총통실 책임자였던 Philipp Bouhler를 상대로 살해 혐의로 고발하였다. 그리고 그는 자신의 동의 없이 미성년자들이 시설로 옮겨지는 것을 엄격하게 금지하였다. 이런 일로 인하여 크라이식 판사는 1940년 11월 13일 제국법무부장관으로부터 소환당하였으며, Franz Guertner 제국법무부장관은 히틀러가 지시하였다는 내용이 담긴 유일한 법적 근거로 사용할 히틀러의 친서를 그에게 내밀었다. 그러나 크라이식 판사는 '한 명의 총통의 말이 정의를 실현하지 못한다'라고 말함으로써, 그는 이것을 인정하지 않는다는 것을 분명히 하였다. 이에 제국법무부장관은 크라이식 판사가 더 이상 판사직을 수행할 수 없음을 경고하였고, 1940년 12월 그는 결국 강제 휴가를 받았다. 그 사이에 독일 비밀경찰(Gestapo)이 그를 강제수용소로 이송하려는 시도는 실패하였으며, 2년 후인 1942년 3월에 크라이식 판사는 히틀러의 지시에 따라 강제로 판사직에서 물러나야 하였다.

1941년 1월 31일 날짜로 기록된 요셉 괴벨스(Joseph Goebbels)의 일기를 보면 다음과 같이 기록되어 있다(Kaelber/Reiter, 2011).

> 필립 보울러(Philipp Bouhler)와 정신질환자들에 대한 비밀스러운 멸절 계획과 관련된 이야기를 하였는데, 40,000여 명은 사라졌지만 아직 60,000여 명이 제거되어야 한다. 이것은 매우 힘든 일이지만 반드시 해야 할 일이다. 지금 그 일을 해야 한다. 보울러는 이 일에 적당한 자이다.

여기에서 언급된 안락사 계획 목표량인 100,000명은 나중에 미군 조사관이 발견한 나치의 내부 문서인 하르트하임 통계 자료에 의하면 실행되지는 못하였다. 그리고 요셉 괴벨스의 일기 기록은 나치의 안락사 프로그램인 'Aktion T-4'가 조기에 중단되었다는 증거로 인용되기도 하였다.

히틀러와 나치 정권은 1941년 8월 24일 자신의 주치의인 Brandt와 총통실 책임자인 Bouhler에게 구두지시를 통하여 'Aktion T-4' 프로그램을 끝내고, 6곳의 안락사 시설에서의 '성인 안락사'에 대한 중단 명령을 내렸다. 그러나 소위 '아동 안락사(Kinder-Euthanasie)'는 계속되었고, 병원이나 요양시설 등에서의 성인장애인에 대한 안락사 행위는 지역적 혹은 시설 차원에서 음식물 공급 부족이나 루미날, 모르핀 투여 등을 통하여 지속되었다. 또한 Bernburg, Sonnenstein 및 Hartheim 등 세 곳의 안락사 시설에서는 이른바 'Aktion 14f13'으로 명명된 프로그램 아래에서 강제수용소로부터 끌려온 환자 및 노동 능력이 상실된 수용자들을 대상으로 계속적인 대량 학살이 진행되었던 것이었다(Ebbinghaus/Dörner, 2002).

이처럼 나치 정권은 집권기(1933-1945) 및 제2차 세계대전(1939-1945)에 걸쳐 무수한 장애인과 환자들을 대상으로 특히 인종주의 및 사회적 다윈주의를 바탕으로 무자비한 탄압과 학살을 자행하였다.

먼저 히틀러와 민족사회주의자들은 약 400,000여 명의 남녀를 대상으로 강제적인 불임시술을 자행하였으며, 이 과정에서 6,000여 명 이상이 부작용이나 의료 처치 결여로 목숨을 잃었다. 아울러 1939년부터 전국 약 30여 곳에 설치된 이른바 '아동전문부서(Kinderfachabteilung)에서 아동안락사를 통하여 약 5,000여 명 이상의 지체장애, 지적장애 및 유전성질환을 가진 영아 및 아동들이 죽음을 당하였다. 그리고 베를린에 본부를 둔 'Aktion T-4' 프로그램에 따라서 6곳의 안락사 시설에서 독가스를 통하여 자행된 국가적인 범죄에 의하여 장애인, 정신질환자 약 70,000여 명 이상이 희생되었다. 그뿐만 아니라 1938년 10월에서 1945년 3월까지 독일군이 점령한 폴란드에서만 12,850여 명(주로 정신질환자)이 살해되었으며, 소련 점령지에서는 최소한 5,000여 명의 장애인, 환자 및 노동무능력자 등이 사살, 독주사, 기아사 혹은 독가스로 목숨을 잃었다. 이어서 'Aktion 14f13' 혹은 'Sonderbehandlung'으로 명명된 안락사 프로그램을 통하여 강제수용소 수감자들 중에 환자 및 노동무능력자 등을 대상으로 과거 'Aktion T-4' 안락사 프로그램 당시 운영된 Bernburg, Sonnenstein 및 Hartheim 안락사 시설에서 20,000여 명이 대량 학살을 당하였다. 이어서 1943년부터 연합군의 공중폭격으로 병원시설이 파괴되어 병상 확보를 위하여 기존의 장애인이나 환자들을 강제로 이주시키거나 계획적인 과잉 약물 주입, 음식물 공급 축소를 통한 기아사 등을 통하여 약 30,000여 명이 희생되었다. 이를 흔히 'Aktion Brand' 또는 'Wilde Euthanasie'라고 불렀다. 아울러 이 시기에는 강제수용소 수감자들 가운데 노동 무능력 환자들은 의도적으로 방치하거나 사살하였고, 약 1,000여 명의 범죄를 일으키는 정신질환자들은 무자비하게 혹독한 노동을 통하여 결국은 죽음에 이르게 하였다. 그 밖에도 병원이나 요양시설에서 다양한 인체실험을 통하여 수많은 사람들이 생명을 잃기도 하였다. 그러나 전쟁이 끝난 후 1999년까지 개최된 총 438건의 안락사 관련 재판 가운데서 겨우 약 6.8%만 법률적 효력이 있는 판결이 내려졌지만, 그 마저도 대부분은 나중에 무죄 판결로 종결되었다(Mueller-Seidel, 1999).

2. 시사점 소고

특수교육의 역사 가운데서도 고대시대(B. C. 1550-A. D. 476)는 특히 장애인들에는 인간의 기본권인 생명권조차도 허용되지 않은 이른바 '멸절(extinction)의 시대'라 일컫는다. 이 당시에 한 인간의 존재는 가족의 한 구성원으로서 인격체적 존재라기보다는 국가적인 가치유무를 따지는 한낱 자산 정도로 여겨졌기 때문에 장애인이나 허약한 아이들은 삶의 존재의미가 없는 것으로 묘사하여 '식충이' 혹은 '국가의 해충'으로 분류되어 사회로부터 철저히 버림받았던 것이다.

또한 이러한 인간관이나 생명윤리 사상은 특히 20세기 독일의 제3제국 시대에 들어와서 유사한 형태로 반복되어 나타났다. 히틀러와 민족사회주의자들은 무엇보다도 반유대주의나 인종주의적인 정치 이념에 사로잡혀 수많은 유대인들을 비롯하여 타 민족들을 대상으로 탄압 정책과 대량 학살을 자행하는 국가적인 범죄를 저질렀다. 그뿐만 아니라 나치 정권은 사회적 다윈주의를 바탕으로 지적장애인, 지체장애인, 정신질환자 혹은 유전성 질환자 등에 대하여 국가는 강제적으로 불임시술을 실시하였을 뿐만 아니라, '살 가치가 없는 목숨' 또는 '독일국민 공동체의 기생충'이라 분류하여 결국 엄청난 인명을 안락사 시설에서 비참하게 살해하였다. 그 당시 장애인과 환자들 가운데 안락사 대상으로 분류되는 가장 큰 결정 요인은 노동 능력

유무, 치료 가능성 혹은 학습 능력의 유무에 달렸으며, 이와 같은 당시의 사회적 가치나 규범에 부합되지 않는 사람들은 그 삶이 개인적 측면이나 국가적으로도 고통과 낭비일 뿐 무의미하고 무가치한 것으로 간주되었다.

21세기를 살고 있는 오늘날 현대 사회도 인간의 생명윤리를 둘러싼 삶의 의미와 가치에 대하여 여전히 끊임없는 갈등과 논란 가운데 있음을 살펴볼 수 있다. 지난 2018년 5월 10일 호주의 최고령 과학자였던 데이비드 구달(David Goodall) 박사가 그 당시에 질병은 없지만 건강이 나빠지면 지금보다 더 불행해질 것 같다는 ABC 방송 인터뷰를 남기고 스위스에서 104세에 안락사(조력자살)를 통하여 자신의 생을 마감하였다(http://mbn.mk.co.kr). 한 보도에 의하면 국제적으로 조력자살을 돕는 단체인 스위스의 '디그니타스(DIGNITAS)'는 2016년과 2018년에 한국인 두 명이 스위스에서 안락사로 생을 마감하였다고 전해지며, 이 외에도 약 107명의 한국인이 향후 해외 안락사를 준비 중이거나 기다리고 있는 것으로 알려졌다(http://www. seoul.co.kr).

한편 우리나라의 경우에도 이른바 '연명의료결정법(호스피스·완화의료 및 임종 과정에 있는 환자의 연명의료 결정에 관한 법)이 2016년 1월 8일 국회 본회의를 통과하였고, 이후 호스피스 분야는 2017년 8월 4일, 연명의료 분야는 2018년 2월 4일부터 시행에 들어갔다. 이는 회생 가능성이 없고, 치료해도 회복되지 않으며, 급속도로 증상이 악화되어 사망에 임박해 임종 과정에 있는 환자를 대상으로 심폐소생술, 혈액 투석, 항암제 투여, 인공호흡기 착용 등 네 가지 연명의료를 중단하여 존엄하게 죽음을 맞이할 수 있도록 하는 내용을 골자로 하고 있다. 이에 따라서 지난 2018년 2월 연명의료결정법이 시행된 이후 10개월 만인 12월 3일 기준으로 8만 6,691명이 사전 연명의료 의향서를 등록해 말기나 임종과 정에서 연명의료를 받지 않겠다고 의사를 밝힌 것으로 나타났다(http://medipana.com).

또한 지난 2019년 4월 11일 우리나라 헌법재판소는 낙태를 전면적으로 금지하는 형법상 낙태죄 규정에 대하여 '헌법불합치' 결정을 내림으로써 그동안 논란의 중심에 있었던 임신한 여성의 '자기결정권'과 '태아의 생명권'과의 갈등이 일단 종지부를 찍은 셈이 되었다. 그러나 여기에서 쟁점 중 하나는 낙태 허용 시기인데, 11일 헌재는 낙태죄의 헌법불합치 결정을 내리며 임신 22주 내외 이전으로 임산부의 자기결정권 행사에 충분한 기간이 보장되는 시기까지의 낙태는 국가가 생명보호의 수단 및 정도를 정할 수 있다고 판결하였다. 아울러 헌법재판관 3인은 임신 14주까지는 어떠한 사유도 요구하지 않고 임산부의 판단으로 낙태할 수 있어야 한다는 입장도 제시하였다. 또한 단순위헌 의견을 낸 헌재 재판관들은 임신 초기인 14주까지를 여성의 자기결정권을 존중, 스스로 낙태 여부를 결정토록 하는 시기라고 밝혔으며, 반면에 헌법불합치 의견을 낸 재판관들은 태아가 독자적으로 생존할 수 있는 시점인 22주로 정하는 등 헌법재판관들조차도 낙태 허용 시기에 대한 견해가 다양하다는 것을 볼 수 있다(http://www.jjn.co.kr).

더 나아가서 우리나라는 경제협력개발기구(OECD)의 회원 국가들 중에서 자살률 1위를 10년 이상 차지할 정도로 자살과 가까운 나라라 할 수 있다. 2017년 통계청의 발표에 의하면 한국의 10만 명당 자살자 수는 24.3명으로 여전히 높은 국가에 해당한다. 연령별로는 80대 이상의 자살률이 10만 명당 70명으로 가장 높고, 20대의 자살률도 10만 명당 16.4명으로 나타났다(http://www.fnnews.com).

특히 장애인 가족 간의 삶을 비관하여 자살 및 살인 사건이 최근 들어 끊임없이 매우 빈번하게 일어나고 있는데, 예를 들어 지난 2019년 5월 7일의 부산에서 아버지가 지적장애아들(18세)을 흉기로 찌르고 자해한 사건(http://www.newspim.com)이나 같은 달 18일 남원에서 발생한 희귀 난치병을 앓고 있던 형제의 사망 및 투신시도(http://www.fnnews.com) 등을 들 수 있다.

이처럼 고대로부터 오늘날까지 인간의 삶의 의미나 존재 가치는 앞서 언급된 오스트리아의 심리학자였던 아돌프 요스트(Adolf Jost)나 히틀러와 민족사회주의자들의 사회적 다윈주의적인 입장대로 주로 개인적인 측면에서 삶의 고통 여부나 혹은 사회적 관점에서 유용성 유무 등 이른바 생산성, 경제성 혹은 합리적 사고방식에 따라 결정되는 전통이 이어지고 있음을 살펴볼 수 있다.

과연 인간 존재의 본질적인 가치나 의미는 무엇일까? 우리가 일반적으로 인정하고 있는 기본적으로 절대적이고 무조건적인 인간 생명의 가치와 의미는 현실적으로는 상대적이고 조건적인 것일까? 인류 역사가 계속되는 한 장애나 난치성 질병의 발생은 완전히 막을 수 없는 인간의 가장 어려운 과제 가운데 하나에 속하는데, 그때마다 사회적 기대나 규범에 부합되지 않는 사람들은 개인적으로나 사회적으로 자살하거나 안락사를 통하여 죽고, 죽이면 해결될 문제일까? 그렇다면 특수교육학이나 장애인복지학이 지향하는 인간관이나 교육관은 무엇이며 또한 이 학문의 본질적인 의미와 역할은 도대체 무엇일까? 우리 인간은 스스로 죽거나, 또는 남을 죽이면 모든 문제가 해결되고 죽음 이후에 한 인간 존재의 모든 것은 소멸되는 것일까? 아울러 사회적 약자를 둘러싸고 인간과 다른 동물 사회와의 차이점은 무엇일까?

이에 이러한 끊임없는 질문에서 나타나는 인간의 삶과 죽음의 의미와 가치를 종교적, 사회적, 윤리적 혹은 법적으로 깊이 고민하고 지속적으로 다양하게 토론하는 계기가 되길 바라는 바이다.

도판 출처

아돌프 히틀러 https://de.wikipedia.org/wiki/Adolf_Hitler#/media/Datei:Bundesarchiv_Bild_102-13774,_Adolf_Hitler.jpg

1925년 7월 <나의 투쟁> 초판 http://www.victor-gross.eu/epages/62155982.sf/de_DE/?ObjectPath=/Shops/62155982/Products/3374

파울 폰 힌덴부르크 https://de.wikipedia.org/wiki/Paul_von_Hindenburg#/media/File:Paul_von_Hindenburg_(1914)_von_Nicola_Perscheid.jpg

다윗의 별(Davidstern)을 부착한 유대인 https://de.wikipedia.org/wiki/Judenstern#/media/Datei:Bundesarchiv_Bild_183-N0619-506,_Paris,_Jüdische_Frauen_mit_Stern.jpg

나치의 장애인에 대한 부정적 이미지 선동 포스터 https://www.reddit.com/r/PropagandaPosters/comments/7jpy2p/60000_reichsmark_is_what_this_person_suffering/

독일 3제국 당시 장애인 안락사 시설 지역 위치 Gedenkstaette Grafeneck e.V.(2016). Gedenkstaette Grafeneck.Dokumentationszentrum.Goma-dingen. p. 59.

안락사 시설 내 가스실의 일부 https://de.wikipedia.org/wiki/Gaskammer_%28Massenmord%29

빅토르 브락 https://de.m.wikipedia.org/wiki/Viktor_Brack#/media/Datei%3AViktor_Brack_N%C3%BCrnberg_2.jpg

칼 브란트 https://de.wikipedia.org/wiki/Karl_Brandt_(Mediziner)

요셉 괴벨스 https://de.wikipedia.org/wiki/Joseph_Goebbels

필립 보울러 https://de.wikipedia.org/wiki/Philipp_Bouhler

베른부르크 안락사 시설 시체 소각장 https://www.gedenkort-t4.eu/de/historische-orte/qezeq-t4-toetungsanstalt-bernburg-fachklinikum-bernburg#karte

브란덴부르크 안락사 희생자 기념관 외부 https://www.stiftung-bg.de/gedenkstaetten/

브란덴부르크 안락사 희생자 기념관 내부 https://erlebnis-brandenburg.de/anbieter-de-tails/gedenkstaetten-brandenburg-an-der-havel.html

브란덴부르크 지역의 과거 안락사 시설 건물 I https://de.wikipedia.org/wiki/Altes_

Zuchthaus_Brandenburg_an_der_Havel
브란덴부르크 지역의 과거 안락사 시설 II(옛 희생자의 시체 소각장터) 저자 직접 촬영
환자 및 장애인을 안락사 시설로 수송한 차량 https://www.pinterest.de/pin/539446861610043614
알버트 비트만 http://www.tcmag.com/magazine/11_nazi_physicians_that_give_science_a_bad_name
위로편지 George et al.(2012). Die Toetungs-Anstalt Brandenburg 1940: Behinderte Menschen wurden ermordet. Berlin: Metropol Verlag. p. 73.
율리우스 할러포르덴 https://de.wikipedia.org/wiki/Julius_Hallervorden
나치 친위대 표장(標章) https://de.wikipedia.org/wiki/Schutzstaffel
라인하르트 하이드리히 https://de.wikipedia.org/wiki/Reinhard_Heydrich
신분카드의 앞면(좌)과 내면(우) https://de.wikipedia.org/wiki/Kennkarte
이름프리트 에버를 https://de.wikipedia.org/wiki/Irmfried_Eberl
코리(Kori) 사의 고정용(좌)과 이동용(우) 시체 소각로의 모습 https://de.wikipedia.org/wiki/Kori_(Unternehmen
나치 돌격대 표장(標章) https://de.wikipedia.org/wiki/Sturmabteilung
로타 크라이식 https://www.ns-euthanasie.de/index.php/lothar-kreyssig
파울 브라우네 http://medicinayholocausto.blogspot.com/2013/08/la-resistencia-la-operacion-eutanasia.html
헤르만 괴링 https://de.wikipedia.org/wiki/Hermann_G%C3%B6ring
베른하르트 리히텐베르크 https://www.dhm.de/lemo/bestand/objekt/f52_4474
클레멘스 아우구스트 그라프 폰 갈렌 https://de.wikipedia.org/wiki/Clemens_August_Graf_von_Galen
레오나르도 콘티 https://de.wikipedia.org/wiki/Leonardo_Conti_(Mediziner
아동전문부서 https://www.ns-euthanasie.de/index.php/kinderfachabteilung
1933년 7월 14일 차세대 유전성질병예방법 공표 https://www.euthanasiegeschaedigte-zwangssterilisierte.de/
장애인과 환자들에 대한 부정적 이미지 확산을 위한 정치적 선전 그림 https://www.hagerhard.at/blog/2018/04/hier-traegst-du-mit/
나치의 혈통보호법(Blutschutzgesetz) 조문 https://de.wikipedia.org/wiki/N%C3%BCrnberger_Gesetze#/media/File:Blutschutzgesetz.jpg

나치의 혈통보호법(Blutschutzgesetz) 선동 화보 https://de.wikipedia.org/wiki/Sozialdarwinismus

유대인들을 적대시하는 그림을 담고 있는 아동도서(1930년대) http://elviscadillac.com/366232-ernst-hiemer-der-giftpilz-1938-cadillac.html

필립 보울러와 칼 브란트에게 보낸 히틀러의 안락사 위임 서신 https://de.wikipedia.org/wiki/ Philipp_Bouhler

비스로흐(Wiesloch) 지역 시설의 안락사 대상자 목록표 Gedenkstaette Grafeneck e.V.(2016). Gedenkstaette Grafeneck. Dokumentations-zentrum. Gomadingen. p. 27

그라페넥 안락사 시설 https://www.ns-euthanasie.de/index.php/grafeneck

그라페넥 대량 학살용 옛 건물(가스실) https://www.gedenkstaetten-bw.de/erinnerungsarbeit.html

1866년 루드빅스하펜 BASF 공장 https://de.wikipedia.org/wiki/BASF#/media/File:Basf_1865.jpg

에글핑 하르 치료 및 요양시설의 환자 체중 기록표 https://www.t4-denkmal.de/Hungermord-Eglfing-Haar

어린이 안전대피소(KLV)행 특별열차를 기다리는 아동들 https://www.zukunft-braucht-erinnerung.de/kinderlandverschickung-klv/

테오도르 키나스트 http://www.s522790709.online.de/286.htm

'살인자'라는 단어가 쓰여진 비스켓 Gedenkstaette Grafeneck e.V.(2016). Gedenkstaette Grafeneck. Dokumentations-zentrum. Gomadingen. p. 39.

키나스트의 죽음을 기리는 기념표식 http://www.stolpersteine-gp.de/theodor-kynast/

헬레네 부모에게 보낸 '위로편지' Gedenkstaette Grafeneck e.V.(2016). Gedenkstaette Grafeneck. Dokumentationszentrum. Goma-dingen. p. 44

안나 렌케링의 기념표지판 https://de.wikipedia.org/wiki/Anna_Lehnkering#/media/File:Stolperstein_Anna_Lehnkering.jpg.

하인리히 헤르만 Gedenkstaette Grafeneck e.V.(2016). Gedenkstaette Grafeneck. Dokumentations-zentrum. Gomadingen. p. 54.

그라페넥 안락사 시설의 시체소각장 연기 Gedenkstaette Grafeneck e.V.(2016). Gedenkstaette Grafeneck. Dokumentations-zentrum. Gomadingen. p. 61.

호스트 슈만 https://en.wikipedia.org/wiki/Horst_Schumann

크리스티안 비르트 https://upload.wikimedia.org/wikipedia/commons/4/41/Wirth%2C_Christian.jpg

유대인 학살을 위한 멸절수용소 위치 Gedenkstaette Grafeneck e.V.(2016). Gedenkstaette Grafeneck. Dokumentationszentrum. Goma dingen. p. 63.

아우슈비츠 수용소 https://auschwitzundich.ard.de/auschwitz_und_ich/geschichte/index.html

파울리네 크나이슬러 Gedenkstaette Grafeneck e.V.(2016). Gedenkstaette Grafeneck. Dokumentationszentrum. Gomadin-gen. p. 68.

연합국에 의한 독일의 분할 통치 Gedenkstaette Grafeneck e.V.(2016). Gedenkstaette Grafeneck. Dokumentationszentrum. Gomadin-gen. p. 73.

그라페넥 옛 가스실 해체작업 Gedenkstaette Grafeneck e.V.(2016). Gedenkstaette Grafeneck. Dokumentationszentrum. Gomadin-gen. p. 81.

그라페넥 희생자를 기리는 기념 예배 Gedenkstaette Grafeneck e.V.(2016). Gedenkstaette Grafeneck. Dokumentationszentrum. Gomadin-gen. p. 83.

그라페넥 희생자 공동묘지 앞의 기념비 Gedenkstaette Grafeneck e.V.(2016). Gedenkstaette Grafeneck. Dokumentationszentrum. Gomadin-gen. p. 85.

그라페넥 안락사 시설 기념관 https://de.wikipedia.org/wiki/T%C3%B6tungsanstalt_Grafeneck#/media/File:Grafeneck_Gedenkst%C3%A4tte.JPG

희생자 명부 https://www.gedenken-nt.de/dokumente/in-grafeneck-vergast/

알파벳 정원의 일부 Gedenkstaette Grafeneck e.V.(2016). Gedenkstaette Grafeneck. Dokumentationszentrum. Gomadin-gen. p. 89.

그라페넥 정보관 https://www.gomadingen.de/index.php?id=125

이탈리아의 Benito Mussolini와 Adolf Hitler(1938년, 뮌헨) https://de.wikipedia.org/wiki/Zweiter_Weltkrieg#/media/File:Bundesarchiv_Bild_146-1969-065-24,_M%C3%BCnchener_ Abkommen,_Ankunft_Mussolini.jpg

나치 정권의 정치 선전물 사례 http://www.spiegel.de/fotostrecke/ns-euthanasie-die-brandpredigt-von-bischof-von-galen-fotostrecke-141278.html

Eichberg 아동전문부서에서 살해된 아이들과(왼쪽과 중앙) 적출된 뇌(오른쪽) https://www.vitos-rheingau.de/fileadmin/user_upload/TG-Rheingau/Fotos/Tafeln_Krankenmord/TAFEL_7.pdf

과거 가스실과 시체 소각실(지하) https://de.wikipedia.org/wiki/T%C3%B6tungsanstalt_Hadamar#/media/File:Hadamar_030.JPG

시설에 발송된 신고서 양식 George/Goethling(2008). Was geschah in Hadamar in der Nazizeit? p. 37.

회색의 수송 차량 https://www.opferdenkmal-oberursel.org/2014/09/hadmar-ein-ausflug-in-die-oberurseler-geschichte/

옛 수도원 건물 지붕의 적십자 표시 George/Goethling(2008). Was geschah in Hadamar in der Nazizeit? p. 51.

요셉 George/Goethling(2008) Was geschah in Hadamar in der Nazizeit? p. 60.

하다마 안락사 시설의 굴뚝 연기 George/Goethling(2008). Was geschah in Hadamar in der Nazizeit? p. 71.

클레멘스 아우구스트 그라프 폰 갈렌 https://www1.wdr.de/stichtag/stichtag-bischof-von-galen-euthanasie-100.html

아돌프 발만 https://de.wikipedia.org/wiki/Adolf_Wahlmann

하다마 안락사 시설의 중간기착지인 Andernach https://www.ns-euthanasie.de/index.php/andernach

하다마 안락사 시설의 간호사 및 간병인 http://lucifer-pictures.com/ns-toetungsastalt-hadamar/

하다마 시설의 죽음의 병실 George/Goethling(2008). Was geschah in Hadamar in der Nazizeit? p. 91.

하다마 안락사 시설의 집단 매장 형태의 공동묘지 George/Goethling(2008). Was geschah in Hadamar in der Nazizeit? p. 93.

하다마 안락사 시설의 시신 소각장 http://lucifer-pictures.com/ns-toetungsanstalt-hadamar/

보도 고르가스(1946) George/Goethling(2008). Was geschah in Hadamar in der Nazizeit? p. 65.

1945년 5월 4일 미군들에 의하여 조사받고 있는 이름가르트 수간호사 http://www.dorsten-unterm-hakenkreuz.de/2012/05/28/euthanasie-lanesheilanstalt-hadamar-arzte-schwestern-und-pfleger-ermordeten-mit-gas-luftspritzen-medikamenten-und-essenentzug-rund-15-000-frauen-manner-und-kinder/

이름가르트 George/Goethling(2008). Was geschah in Hadamar in der Nazizeit? p. 107.

발굴된 강제노동자 시신 George/Goethling(2008). Was geschah in Hadamar in der Nazizeit? p. 106.

알폰스 클라인 George/Goethling(2008). Was geschah in Hadamar in der Nazizeit? p. 107.

하다마 안락사 시설의 안락사 범죄 주요 가담자들 http://www.gedenkstaette-hadamar.de/webcom/show_article.php/_c-1168/_nr-2/i.html

파울라, 남편과 딸(1929년) George/Goethling(2008). Was geschah in Hadamar in der Nazizeit? p. 53.

에밀리에 George/Goethling(2008). Was geschah in Hadamar in der Nazizeit? p. 55.

에밀리에 가족 https://www.gedenkort-t4.eu/de/biografien/09-07-1891-21-02-1941-emilie-rau-alsfeld#biografie

민나 George/Goethling(2008). Was geschah in Hadamar in der Nazizeit? p. 94.

리차르트 George/Goethling(2008). Was geschah in Hadamar in der Nazizeit? p. 95.

귄터(우)의 어머니(Helene Heinemann, 가운데)와 형 볼프강(좌) http://www.gedenkstaette-hadamar.de/webcom/show_article.php/_c-691/_lkm-640/i.html

아동 및 청소년 공동묘지 George/Goethling(2008). Was geschah in Hadamar in der Nazizeit? p. 98.

그리고리쉬(Grigorij) George/Goethling(2008). Was geschah in Hadamar in der Nazizeit? p. 99.

1938년 10월 'Westwall' 요새방어선 노동자 방문한 히틀러 https://de.wikipedia.org/wiki/Westwall#/media/File:Bundesarchiv_Bild_183-2004-1202-501,_Westwall,_Besichtigung_durch_Adolf_Hitler.jpg

안나 George/Goethling(2008). Was geschah in Hadamar in der Nazizeit? p. 126.

하다마 정신과 병원 로비 벽면 기념작품 http://www.gedenkstaette-hadamar.de/webcom/show_article.php/_c-619/_lkm-1361/i.html

마르틴 니묄러 https://de.wikipedia.org/wiki/Martin_Niem%C3%B6ller#/media/File:Martin_Niem%C3%B6ller_(1952).jpg

희생자 공동묘지의 기념비 George/Goethling(2008). Was geschah in Hadamar in der Nazizeit? p. 133.

하다마 희생자 기념관의 상설 전시장 George/Goethling(2008). Was geschah in Hadamar in der Nazizeit? p. 135.

안락사 시설 당시의 하르트하임 성(2005) https://pflege-professionell.at/schloss-hartheim-historische-und-aktuelle-perspektiven

하르트하임 안락사 시설의 안락사 대상 수송차량 http://www.ooegeschichte.at/epochen/oberoesterreich-in-der-zeit-des-nationalsozialismus/orte-des-terrors/hartheim/

하르트하임 안락사 시설의 옛 가스실 http://www.deathcamps.org/gas_chambers/gas_chambers_hartheim_de.html

하르트하임 안락사 시설의 직원 야유회(좌)와 축제행사(우) 모습 http://www.ooegeschichte.at/epochen/oberoesterreich-in-der-zeit-des-nationalsozialismus/orte-des-terrors/hartheim/

게오르크 렌노(1990년대) https://www.gedenkort-t4.eu/de/biografien/13-01-1907-04-10-1997-georg-renno-arzt-bockenheim-an-der-weinstrasse#biografie

과거 안락사 대상자들의 탈의실 https://de.wikipedia.org/wiki/T%C3%B6tungsanstalt_Hartheim#/media/File:SchlossHartheim_Entkleidungsraum_201701.jpg

3만 여명의 안락사 희생자 이름이 새겨진 유리판 https://de.wikipedia.org/wiki/T%C3%B6tungsanstalt_Hartheim#/media/File:Schloss_HartheimAufnahmeraum_201704.jpg

하르트하임 안락사 시설 근처에서 발굴된 희생자 유물 http://www.ooegeschichte.at/epoch-enoberoesterreich-in-der-zeit-desnationalsozialismus/orte-des-terrors/hartheim/

하르트하임 안락사 시설의 시체실 http://www.ooegeschichte.at/epochen/oberoesterreich-in-der-zeit-des-nationalsozialismus/orte-des-terrors/hartheim/

하르트하임 안락사 시설의 옛 기계 설비실 https://de.wikipedia.org/wiki/T%C3%B6tungsanstalt_Hartheim

다흐아우 강제수용소(KZ Dachau) https://www.br.de/nachricht/80-jahre-konzentrationslager-dachau-100.html

Dachau 강제수용소 수감자들의 죽음의 행진 기념석(좌)/희생자, 독일인 및 미군들 https://de.wikipedia.org/wiki/Todesm%C3%A4rsche_von_KZ-H%C3%A4ftlingen#/media/File:Todesmarsch_Krailling.jp

헤르만 샤이퍼스 https://www.domradio.de/themen/bist%C3%BCmer/2016-06-03/hermann-scheipers-ist-mit-102-jahren-gestorben

페트루스 렉게 https://de.wikipedia.org/wiki/Petrus_Legge
게르하르트 샤프란 https://www.bistum-goerlitz.de/?page_id=387
요하임 라이넬트 https://de.wikipedia.org/wiki/Joachim_Reinelt#/media/File:Bischofjoachimreinelt.jpg
요한 파울 2세 https://de.wikipedia.org/wiki/Johannes_Paul_II.#/media/File:John_Paul_II_Medal_of_Freedom_2004.jpg
하르트하임 안락사 시설의 직원들 http://www.holocaustresearchproject.org/euthan/dameron.html
루돌프 로나우어와 가족 http://www.holocaustresearchproject.org/euthan/dameron.html
헤르만 파울 니체 http://www.holocaustresearchproject.org/euthan/sonnenstein.html
빅토르 라트카 https://www.ns-euthanasie.de/index.php/dr-ratka
에어빈 람베르트 https://upload.wikimedia.org/wikipedia/commons/9/94/Lambert%2C_Erwin.jpg
프리츠 바우어 https://de.wikipedia.org/wiki/Fritz_Bauer#/media/File:Bauer_Fritz_Studentk_ HD_Uniarchiv.jpg
프란츠 지터 https://www.fischundfleisch.com/zauberloewin/in-memoriam-franzsitter-vom-widerstand-des-psychiatrischen-krankenpflegers-in-hartheim-47230
오늘날 입스(Ybbs)의 치료센터 건물 일부 https://de.wikipedia.org/wiki/Therapiezentrum_Ybbs_%E2%80%93_Psychiatrisches_Krankenhaus#/media/File:Therapiezentrum_Ybbs_-_Innenhof_Haus_1.jpg
하르트하임 안락사 시설 기념관 입구(좌)/기념관 전시실(우) https://www.gedenkort-t4.eu/de/historische-orte/2xx62-t4-toetungsanstalt-hartheim#schnellueberblick
프리츠 토트 https://de.wikipedia.org/wiki/Fritz_Todt#/media/File:Bundesarchiv_Bild_146-1969-146-01,_Fritz_Todt.jpg
독일제국의 고속도로(Berlin-München 구간의 일부) https://de.wikipedia.org/wiki/Reichsautobahn#/media/File:Bundesarchiv_Bild_146-1979-096-13A,_Reichsautobahn,_Saalebr%C3%BCcke_bei_Hirschberg.jpg
독일제국 마르크(RM) 동전(좌)과 지폐(우) https://www.ngccoin.com/price-guide/world/germany-third-reich-5-reichsmark-km-94-1936-common-date-cuid-1129869-duid-1319348(좌)

http://www.dialoglexikon.de/reichsmark.htm(우)

프란츠 페터자일 https://de.wikipedia.org/wiki/Franz_Peterseil#/media/File:PeterseilFranz.jpg

폴란드 Sobibor 지역의 옛 멸절수용소 기념관 https://www.deutschlandfunk.de/aktion-reinhardt-deutschlands-widerwilligeerinnerung.691.de.html?dram:aticle_id=381556

독일제국 체신청의 표식 https://de.wikipedia.org/wiki/Datei:Reichspost-Emblem_-_Verkehrszentrum_Muen-chen_02.SVG

오딜로 로타 루드비히 글로브 닉 https://de.wikipedia.org/wiki/Odilo_Globocnik#/media/File:Bundesarchiv_Bild_146-2007-0188,_Odilo_Globocnik.jpg

하르트하임 학습 및 기념지(地) 재단 https://www.museum.de/museen/lern-und-gedenkort-schloss-hartheim

하르트하임 안락사 시설 희생자 기념현판 http://schloss-hartheim.at/index.php/gedenken-ausstellung/gedenkstaette/gedenktafeln

하르트하임 성의 프랑스인 안락사 희생자 기념비 http://schloss-hartheim.at/index.php/gedenken-ausstellung/gedenkstaette/denkmaeler-rund-um-das-schloss

연합군의 입성으로 해방된 Mauthausen 강제수용소 https://de.wikipedia.org/wiki/Amicale_de_Mauthausen#/media/File:KZ_Mauthausen.jpg

도나우(Donau) 강가의 기념석 http://schloss-hartheim.at/index.php/gedenken-ausstellung/gedenkstaette/denkmaeler-rund-um-das-schloss

피르나 존넨쉬타인 옛 안락사 시설(건물명 Haus C16) https://www.stsg.de/cms/pirna/startseite#lg=1&slide=0

베를린 제국의회의사당과 미 대사관 앞의 홀로코스트 기념비 https://www.berlin.de/sehenswuerdigkeiten/3560249-3558930-holocaust-mahnmal.html#slide1

나폴레옹 보나파르트 https://de.wikipedia.org/wiki/Napoleon_Bonaparte#/media/File:Jacques-Louis_David_-_The_Emperor_Napoleon_in_His_Study_at_the_Tuileries_-_Google_Art_Project.jpg

수리 후 존넨쉬타인 성(城)의 외관(2011년) https://de.wikipedia.org/wiki/Schloss_Sonnenstein#/media/File:Pirna_Schloss_Sonnenstein_Panorama_ 2011_(01-2).jpg

칼 빈딩 https://de.wikipedia.org/wiki/Karl_Binding#/media/File:(UAZ)_DOK.001.001_Binding.tif

알프레트 호헤 https://de.wikipedia.org/wiki/Alfred_Hoche#/media/File:Alfred_Erich_

Hoche.jpg

헤르만 파울 니체 https://dirkdeklein.net/2016/05/19/action-14f13-the-killing-of-the-sick/

빅토르 브락 http://heart.sys-con.com/node/975078/mobile

옛 프랑스 지역의 Natzweiler-Struthof 강제수용소 해부실 https://de.wikipedia.org/wiki/Menschenversuche_in_nationalsozialistischen_Konzentrationslagern#/media/File:Medexp.jpg

쿠르트 보름(Kurt Borm) http://www.uetersen-geschichte.de/index.php?id=33

당시 안락사 시설의 쓰레기장 Boehm, B.(2015). Die ehemalige Toetungsanstalt Pirna-Sonnenstein. Pirna: Gra-phische Werkstaetten Zittau, pp 40.

안락사 시설 아래로 펼쳐진 엘베(Elbe) 강변 Boehm, B.(2015). Die ehemalige Toetungsanstalt Pirna-Sonnenstein. Pirna: Gra-phische Werkstaetten Zittau, pp 38.

존넨쉬타인 안락사 시설의 가스실 https://www.tag24.de/nachrichten/hier-begann-vor-jahren-das-toeten-8038

엘프리데 로제 뵈히틀러(1928년) https://www.stsg.de/cms/pirna/biografien/elfriede-lohse-waechtler#lg=1&slide=0

엘프리데 로제 뵈히틀러의 연속작품들 https://de.wikipedia.org/wiki/Friedrichsberger_K%C3%B6pfe

엘프리데 로제 뵈히틀러의 신작품들의 예 https://de.wikipedia.org/wiki/Elfriede_Lohse-W%C3%A4chtler#/media/File:LoschwitzerBruecke_Lohse.jpg

여객선 "Vaterland'(1914년) https://de.wikipedia.org/wiki/Vaterland_(Schiff,_1914)#/media/File:BundesarchivDVM_10_Bild-23-61-77,_Dampfer_%22Vaterland%22.jpg

비차르트 에르트만 폰 하이니츠 https://www.tag24.de/nachrichten/hier-begann-vor-jahren-das-toeten-8038

마리아 링게 https://www.tag24.de/nachrichten/hier-begann-vor-jahren-das-toeten- 8038

프리츠 발터 쉬베르트 https://www.tag24.de/nachrichten/hier-begann-vor-jahren-das-toeten-8038

Ingrid Aster(좌)와 Klaus Aster(우) https://www.tag24.de/nachrichten/hier-begann-vor-jahren-das-toeten-8038

드레스덴 안락사 관련 재판(피고석의 간호사 및 간병인) https://www.tag24.de/nachrichten/hier-begann-vor-jahren-das-toeten-8038

고트립 헤링 https://de.wikipedia.org/wiki/Gottlieb_Hering#/media/File:Gottlieb_ Hering.jpg

피르나-존넨쉬타인 안락사 희생자 기념관 전경 https://www.sachsen-tourismus.de/service/points-of-interest/details/poi/gedenkstaette-pirna-sonnenstein-pirna/

피르나-존넨쉬타인 성(城) 입구 기념 현판 https://www.stsg.de/cms/pirna/histort/geschichte_der_gedenkstaette#lg=1&slide=0

역사학자 괴츠 알리(2012) https://de.wikipedia.org/wiki/G%C3%B6tz_Aly#/media/File:Boernepreis-2012-ffm-goetz-aly-075.jpg

피르나-존넨쉬타인 기념관 일부 https://de.wikipedia.org/wiki/T%C3%B6tungsanstalt_Pirna-Sonnenstein

피르나-존넨쉬타인 안락사 시설 기념관(지하 위치도) Stiftung Saechsische Gedenkstaetten의 팜플렛

희생자의 이름이 새겨진 벽면(위, 2009년)과 폴란드 정부의 기념현판(아래, 2015년) Boehm, B.(2015). Die ehemalige Toetungsanstalt Pirna-Sonnenstein. Pirna: Graphische Werk-staetten Zittau, pp 44.

과거 가스실로 가기 전의 대기실(22명의 희생자 사진 전시 장면) https://www.tag24.de/nachrichten/hier-begann-vor-jahren-das-toeten-8038

코리 사 제품의 시체소각로 유형 https://de.wikipedia.org/wiki/Kori_(Unternehmen)#/media/File:Mauthausen_verbrandingsoven_3.JPG

옛 희생자 시신 소각실 터 Stiftung Saechsische Gedenkstaetten의 팜플렛

엘베 강변의 희생자 유물(위)/소각로의 희생자 유물(아래)(2013년) Boehm, B.(2015). Die ehemalige Toetungsanstalt Pirna-Sonnenstein. Pirna: Graphische Werk-staetten Zittau, pp 43.

피르나 존넨쉬타인 안락사 희생자 수송차량의 기념 모형 https://deacademic.com/dic.nsf/dewiki/2373731

빌헬름 프릭 https://de.wikipedia.org/wiki/Wilhelm_Frick#/media/File:FrickMinistroDeInterior1933.jpeg

게르하르트 바그너 https://de.wikipedia.org/wiki/Gerhard_Wagner_(Reichs%C3%A4rztef%C3%BChrer)#/media/File:WagnerGerhard.jpg

참고 문헌

Abmayr, H.-G.(2009). Albert Widmann. Chemiker der Vernichtung. In: Hermann G. Abmayr (Hrsg.). Stuttgarter NS-Täter. Vom Mitläufer bis zum Massenmörder ; "wir haben nur unsere Pflicht getan für Volk und Vaterland". Stuttgart: Schmet-terling Verlag.

Adam, U. -D.(2003). Judenpolitik im Dritten Reich. Düsseldorf: Droste.

Albrich, T.(2006). Holocaust und Kriegsverbrechen vor Gericht. Der Fall Österreich. Innsbruck: Studien-Verlag.

Aly, G.(2005). Hitlers Volksstaat. Raub, Rassenkrieg und nationaler Sozialismus. Frankfurt am Main: Fischer.

Arbeitskreis zur Erforschung der nationalsozialistischen "Euthanasie" und Zwangs-sterilisation(2007): Tödliches Mitleid. NS-‚Euthanasie' und Gegenwart. Münster: Klemm & Oels.

Baader, G./Cramer, J./Winter, B.(1991). "Verlegt nach Hadamar". Die Geschichte einer NS-„Euthanasie "-Anstalt. Begleitband zu einer Ausstellung des Landeswohlfahrtsverbandes Hessen; Historische Schriftenreihe des Landeswohlfahrtsverbandes Hessen, Kataloge Band 2; Kassel: Landeswohlfahrtsverband Hessen.

Bab, J.(1920). Hermann von Boetticher. In: Weimarer Blätter. Zeitschrift des Deutschen Nationaltheaters in Weimar, 2, S. 63.

Barbian, J.-P./Fischer, E./Wittmann, R. (Hrsg.)(2015). Geschichte des deutschen Buchhandels im 19. und 20. Jahrhundert. Drittes Reich. Teil 1. Göttingen: De Gruyter.

Barth, C. T.(2003). Goebbels und die Juden. Paderborn: Schöningh.

Bauer, K.(2008). Nationalsozialismus. Ursprünge, Anfänge, Aufstieg und Fall. Wien: Böh-lau.

Bautz, F.-W.(1990). Braune, Paul Gerhard. In: Biographisch-Bibliographisches Kirchen-lexikon (BBKL). Band 1, Bautz, Hamm 1975. 2., unveränderte Auflage Hamm.

Beevor, A.(2014). Der Zweite Weltkrieg. München: Bertelsmann.

Bendig, V.(2003). "Von allen Hoellen vielleicht die grausamste". Das Konzentrationslager an der Havel 1933-1934. In: Benz, W. & Distel, B.: Instrumentarium der Macht. Band 3 der Reihe Fruehe Konzentrationslager 1933-1937. Berlin: Metropol.

Benzenhöfer, U.(1999). Der gute Tod? Euthanasie und Sterbehilfe in Geschichte und Gegenwart. München: Beck.

Benzenhöfer, U.(2009). Der gute Tod? Geschichte der Euthanasie und Sterbehilfe. 2. Auflage. Göttingen: Vandenhoeck & Ruprecht.

Bergau, M.(2006). Todesmarsch zur Bernsteinküste. Das Massaker an Juden im ost-preu-ßischen Palmnicken im Januar 1945. Zeitzeugen erinnern sich. Heidelberg: Univer-sitätsverlag Winter.

Berger, S.(2013). Die NS-Vernichtungslager in Polen. Täter und Organisation von Belzec, Sobibor und Treblinka. (Diss.) Hamburg: Hamburger Edition HIS.

Bierbaum, M.(1964). Galen, Clemens Augustinus Graf von. In: Neue Deutsche Biographie (NDB). Band 6, Berlin: Duncker & Humblot.

Böhm, B.(1994). Geschichte des Sonnensteins und seiner Festung. Hrsg. Kuratorium Gedenkstätte Sonnenstein e. V., Pirna.

Böhm, B./Markwardt, H.(2004). Hermann Paul Nitsche(1876-1948)-Zur Biografie eines Reformpsychiaters und Hauptakteurs der NS-"Euthanasie". In: Stiftung Sächsische Gedenkstätten(Hrsg.): Nationalsozialistische Euthanasieverbrechen. Beiträge zur Auf-arbeitung ihrer Geschichte in Sachsen. Dresden: Michael Sandstein Verlag.

Böhm, B.(2015). Die ehemalige Tötungsanstalt Pirna-Sonnenstein. Geschichte, Gedenken, Leben.(=Pirnaer Miniaturen. Heft 5). Pirna.

Bracher, K.-D.(1997). Die deutsche Diktatur. Entstehung, Struktur, Folgen des National-sozialismus. Berlin: Ullstein.

Bruhns, M.(2001). Kunst in der Krise. Hamburg: Dölling und Galitz Verlag.

Burleigh, M.(2000). Die Zeit des Nationalsozialismus. Eine Gesamtdarstellung. 2. Auflage, Frankfurt am Main: Fischer.

Conrad-Martius, H.(1955). Utopien der Menschenzüchtung. Der Sozialdarwinismus und seine Folgen. München: Kösel.

Dabel, G.(1981). KLV-Die erweiterte Kinder-Land-Verschickung. KLV-Lager 1940-1945. Dokumentation über den „Größten soziologischen Versuch aller Zeiten". Freiburg: Schillinger.

Detzel, R.(1992). Das Gesetz zur Verhütung erbkranken Nachwuchses vom 14. Juli 1933. Seine Entstehungsgeschichte. Universität Heidelberg Diss.

Domes, R.(2008). Nebel im August: Die Lebensgeschichte des Ernst Lossa. München: cbtVerlag.

Dörner, K./Ebbinghaus, A./Linne, K.(1999). Der Nürnberger Ärzteprozess 1946/47. Wort-protokolle, Anklage-und Verteidigungsmaterial, Quellen zum Umfeld. Hrsg. im Auftrag der Hamburger Stiftung Sozialgeschichte des 20. Jahrhunderts. Deutsche Aus-gabe, München: Mikrofiche-Edition K. G. Saur Verlag.

Drechsel, K.-P.(1993). Beurteilt, Vermessen, Ermordet. Praxis der Euthanasie bis zum Ende des deutschen Faschismus. DISS, Duisburg.

Dvorak, H.(2013). Biographisches Lexikon der Deutschen Burschenschaft. Band I: Politiker. Teilband 7: Supplement A-K. Heidelberg: Winter.

Ebbinghaus, A./Dörner, K.(2002). Vernichten und Heilen. Der Nürnberger Ärzteprozeß und seine Folgen. Berlin: Aufbau Verlag.

Essner, C.(2002). Die 'Nürnberger Gesetze' oder Die Verwaltung des Rassenwahns 1933-1945. Paderborn: Schöning.

Evers, U.(1983). Deutsche Künstlerinnen des 20. Jahrhunderts. Malerei-Bildhauere-Tapisserie. Hannover: Ludwig Schultheis Verlag.

Falkenstein, S./Schneider, F.(2012). Annas Spuren. Ein Opfer der NS-„Euthanasie". München: F. A. Herbig.

Faulstich, H.(1998). Hungersterben in der Psychiatrie 1914-1949. Freiburg im

Breisgau: Lambertus.

Fittkau, L.(2006). Autonomie und Fremdtötung. Sterbehilfe als Sozialtechnologie. Frank-furt am Main: Mabuse.

Frei, N.(2013): Der Führerstaat. Nationalsozialistische Herrschaft 1933 bis 1945. Neuaus-gabe, München: Beck'sche Reihe.

Friedlander, H./Friedmann, J.(1997). Der Weg zum NS-Genozid. Von der Euthanasie zur Endlösung. Berlin: Berlin-Verlag.

Frieling, C.(1992). Priester aus dem Bistum Münster im KZ. 38 Biographien. Münster: Aschendorffsche Verlagsbuchhandlung.

Fritz Bauer Institut(2000). Arisierung im Nationalsozialismus-Jahrbuch 2000 zur Geschi-chte und Wirkung des Holocaust. Frankfurt am Main: Campus-Verlag.

Fuchs, P./Rotzoll, M./Hohendorf, G./Mueller, U./Richter, P.(2007). "Das Vergessen der Vernichtung ist Teil der Vernichtung selbst". Lebensgeschichten von Opfern der nationalsozialistischen „Euthanasie". Göttingen: Wallstein.

Gabriel, H.-E./Neugebauer, W.(2002). Vorreiter der Vernichtung? Von der Zwangssterili-sierung zur Ermordung. Zur Geschichte der NS-Euthanasie in Wien, Band 2. Wien: Böhlau.

Graml, H., Benz, W., Buchheim, H., Mommsen, H. (Hrsg.)(1993). Der Nationalsozialismus. Studien zur Ideologie und Herrschaft. Frankfurt am Main: Fischer-TB.

George, U., Goebel, S., Goethling, S., Ley, A.(2012). Die Toetungs-Anstalt Brandenburg 1940: Behinderte Menschen wurden ermordet. Berlin: Metropol Verlag.

Gedenkstaette Grafeneck e.V.(2016). Gedenkstaette Grafeneck. Dokumentations-zentrum. Gomadingen.

Gellately, R.(1994). Die Gestapo und die deutsche Gesellschaft. Die Durchsetzung der Rassenpolitik 1933-1945. 2. Auflage. Paderborn: Verlag Ferdinand Schöningh.

Georg, L.(2011). Der Gasmord in Hadamar, in: Neue Studien zu nationalsozialisti-schen Massentötungen durch Giftgas. Historische Bedeutung, technische

Entwicklung, revisionistische Leugnung. Herausgegeben von Günter Morsch und Bertrand Perz unter Mitarbeit von Astrid Ley(Schriftenreihe der Stiftung Brandenburgische Ge-denkstätten, Band 29), Berlin.

George, U./Göthling, S.(2005). Was geschah in Hadamar in der Nazizeit? Ein Katalog in leichter Sprache, Ausstellungskatalog der Gedenkstätte Hadamar.

George, U./Goethling, S.(2008). Was geschah in Hadamar in der Nazizeit? Druckerei des LWV Hessen.

Gerlach, G.(1993). Als die Zeugen schwiegen. 2. Auflage. Berlin: Institut Kirche und Judentum.

Greiser, K.(2008). Die Todesmärsche von Buchenwald. Räumung, Befreiung und Spuren der Erinnerung. Göttingen: Wallstein.

Grode, W.(1987). Die „Sonderbehandlung 14f13" in den Konzentrationslagern des Dritten Reiches. Ein Beitrag zur Dynamik faschistischer Vernichtungspolitik. Frankfurt am Main: Lang.

Grüttner, M.(2014). Das Dritte Reich. 1933-1939(=Handbuch der deutschen Geschichte, Band 19). Stuttgart: Klett-Cotta.

Hagemann, A.(2000). „Euthanasie" im NS-Staat: Grafeneck im Jahr 1940. Stuttgart: Landeszentrale für politische Bildung Baden-Württemberg.

Hamm, M.(2005). „Lebensunwert": zerstörte Leben. Zwangssterilisation und „Euthanasie". Frankfurt/M.: Verlag für akademische Schriften.

Hamm, M.(2017). Zwangssterilisierte und Geschädigte der NS-„Euthanasie" in der Bun-desrepublik Deutschland. Berlin: Metropol-Verlag.

Heilemann, H.(2001). Gewalt gegen psychisch Kranke. Gestern-heute-und morgen? Zum Gedenken an die Opfer des Nationalsozialismus unter den psychisch Kranken und geistig behinderten Menschen(=Schriftenreihe der Bundesdirektorenkonferenz Psychiatrischer Krankenhäuser, Band 5). Regensburg: Roderer Verlag.

Heusterberg, B.(2000). Personenbezogene Unterlagen aus der Zeit des Nationalsozialismus. Das Bundesarchiv in Berlin und seine Bestände, in-sbesondere des ehemaligen ame-rikanischen Berlin Document Center (BDC).

In: Herold-Jahrbuch N. F. 5.

Hilberg, R.(1990). Die Vernichtung der europäischen Juden. Frankfurt a. M.: Fischer Ta-schenbuch Verlag.

Hilder, D.-J.(1996). Zwangssterilisation im Nationalsozialismus. Die Umsetzung des "Ge-setzes zur Verhütung erbkranken Nachwuchses" in der Landesheilanstalt Marburg. Universität Marburg, Diss. 1996. Marburg: Görich & Weiershäuser.

Hinz-Wessels, A.(2015). Tiergartenstraße 4. Schaltzentrale der nationalsozialistischen Euthanasie-Morde. Berlin: Links-Verlag.

Hoffmann, P.(1985). Widerstand, Staatsstreich, Attentat-Der Kampf der Opposition ge-gen Hitler. 4. neubearbeitete und ergänzte Ausgabe. München: Piper.

Hohmann, J.-S.(1993). Der "Euthanasie"-Prozeß von Dresden 1947. Eine zeitgeschichtliche Dokumentation. Frankfurt a. M.: Lang.

Hörner, S.(2012). Profit oder Moral. Strukturen zwischen I. G. Farbenindustrie und Nationalsozialismus. Bremen: Europäischer Hochschulverlag.

Horsinga-Renno, M./Bauer, M.(2008). Der Arzt von Hartheim: Wie ich die Wahrheit über die Nazi-Vergangenheit meines Onkels herausfand. rororo paperback. Reinbek bei Hamburg: Rowohlt.

Hirschinger, F.(2001). Zur Ausmerzung freigegeben. Halle und die Landesheilanstalt Altscherbitz 1933-1945. Koeln: Boehlau.

Hoffmann, U.(1996). Todesursache "Angina". Zwangssterilisationen und "Euthanasie" in der Landes-Heil-und Pflegeanstalt Bernburg. Magdeburg: Ministerium des Innern des Landes Sachsen-Anhalt.

Kaelber, L./Reiter, R.(2011). Kinder und "Kinderfachabteilungen" im Nationalsozialismus. Gedenken und Forschung. Frankfurt/M.: Lang.

Kater, M.-H.(2000). Ärzte als Hitlers Helfer. Aus dem Amerikanischen von Helmut Dierlamm und Renate Weibrecht. Hamburg: Europa Verlag.

Kater, M.-H.(2002). Ärzte als Hitlers Helfer. München: Piper TB.

Kaul, F.-K.(1973). Nazimordaktion T4. Ein Bericht über die erste industriemäßig durch-geführte Mordaktion des Naziregimes. Berlin: VEB Verlag Volk und Gesundheit.

Kepplinger, B./Marckhgott, G./Reese, H.(2008). Tötungsanstalt Hartheim. 2., erweiterte Auflage. Oberösterreich in der Zeit des Nationalsozialismus, Band 3. Linz: Oberösterreichisches Landesarchiv.

Kershaw, I.(1989). Der NS-Staat. Geschichtsinterpretationen und Kontroversen im Überblick. Reinbek bei Hamburg: Rowohlt Verlag.

Kinast, A.(2010). "Das Kind ist nicht abrichtfähig." Euthanasie in der Kinderfachabteilung Waldniel 1941-1943. Reihe: Rheinprovinz, 18. Köln: SH-Verlag.

Kinzig, J./Stöckle, T.(2011). 60 Jahre Tübinger Grafeneck-Prozess: Betrachtungen aus historischer, juristischer, medizinethischer und publizistischer Perspektive. Zwiefalten: Verlag Psychiatrie und Geschichte.

Klee, E.(1983). "Euthanasie" im NS-Staat. Die "Vernichtung lebensunwertes Lebens". Frankfurt a. M.: Fischer Taschenbuch Verlag.

Klee, E.(1985). Dokumente zur "Euthanasie". Frankfurt a. M.: Fischer Taschenbuch Ver-lag.

Klee, E.(1985b): Dokumente zur "Euthanasie". Dokument 87. Frankfurt a. M.: Fischer Taschenbuch Verlag

Klee, E.(2001). Deutsche Medizin im Dritten Reich. Karrieren vor und nach 1945. Frankfurt am Main: S. Fischer.

Klee, E.(2004). Was sie taten-Was sie wurden. Ärzte, Juristen und andere Beteiligte am Krankenoder Judenmord. 12. Auflage. Frankfurt/M.: Fischer-TB.

Klee, E.(2005). "Aquilin Ullrich" Eintrag in ders.: Das Personenlexikon zum Dritten Reich. Wer war was vor und nach 1945. Aktualisierte Ausgabe. Frankfurt am Main Fischer-Taschenbuch.

Klee, E.(2005b): Adolf Wahlmann. Eintrag in ders.: Das Personenlexikon zum Dritten Reich. Wer war was vor und nach 1945. Aktualisierte Ausgabe. Frankfurt am Main: Fischer-Taschenbuch.

Klee, E.(2007). Das Kulturlexikon zum Dritten Reich. Wer war was vor und nach 1945. Frankfurt am Main: S. Fischer.

Klee, E.(2009). Das Kulturlexikon zum Dritten Reich. Wer war was vor und nach

1945. Vollständig überarbeitete Ausg. Frankfurt am Main: FischerTaschenbuch-Verlag.

Klee, E.(2010). "Euthanasie" im Dritten Reich. Die "Vernichtung lebensunwerten Lebens". Vollständig überarbeitete Neuausgabe. Frankfurt am Main: Fischer-Taschenbücher.

Knauft, W.(1985). Lichtenberg, Bernhard. In: Neue Deutsche Biographie (NDB). Band 14, Berlin: Duncker & Humblot.

Knittel, S.-C.(2018): Unheimliche Geschichte. Grafeneck, Triest und die Politik der Holocaust-Erinnerung. Bielefeld: transcript.

Kohl, W.(1997). Die Pyramiden von Hartheim. "Euthanasie" in Oberösterreich 1940 bis 1945. Steinmaßl, Grünbach: Edition Geschichte der Heimat.

Kohl, W.(2000). "Ich fühle mich nicht schuldig". Georg Renno, Euthanasiearzt. Wien: PaulZsolnay-Verlag.

Kramer, H.(1996). "Gerichtstag halten über uns selbst". Das Verfahren Fritz Bauers zur Beteiligung der Justiz am Anstaltsmord, in: Hanno Loewy, Bettina Winter (Hrsg.): NS-„Euthanasie" vor Gericht. Fritz Bauer und die Grenzen juristischer Bewältigung. Frankfurt/M.: Campus.

Kropat, W.-A.(1997). Reichskristallnacht: der Judenpogrom vom 7. bis 10. November 1938. Urheber, Täter, Hintergründe, mit ausgewählten Dokumenten. Kommission für die Geschichte der Juden in Hessen, Wiesbaden.

Kinzig, J./Stöckle, T.(2011). 60 Jahre Tübinger Grafeneck Prozess, Betrachtungen aus historischer, juristischer, medizinethischer und publizistischer Perspektive, Zwiefalten: Verlag Psychiatrie und Geschichte.

Kufferath, B.(1975). Die Geschichte der Landesnervenklinik Andernach. In: Düsseldorfer Arbeiten zur Geschichte der Medizin. Heft 43, Düsseldorf: Michael Triltsch Verlag.

Landeswohlfahrtsverband Hessen(2009). Verlegt nach Hadamar. Die Geschichte einer NS- "Euthanasie"-Anstalt, 4. Aufl. Kassel.

Landeszentrale für politische Bildung Baden-Württemberg(2000): Euthanasie im NSStaat: Grafeneck im Jahr 1940. Stuttgar.

Lätzel, M.(2005). Schaffran, Gerhard. In: Biographisch-Bibliographisches Kirchenlexikon(BBKL). Band 25, Nordhausen: Bautz.

Leininger, K.-W.(2006). Verordnetes Sterben-Verdrängte Erinnerungen. NS-Euthanasie in Hartheim. Wien: Verlagshaus der Ärzte.

Ley, A.(2010). Der Beginn des NS-Krankenmords in Brandenburg an der Havel. In: Zeitschrift fuer Geschichtswissenschaft 58, S. 237.

Ley, A.(2010b). Der Beginn des NS-Krankenmords in Brandenburg an der Havel. Zur Bedeutung der 'Brandenburger Probetötung' für die 'Aktion T4'. In: Zeitschrift für Geschichtsforschung 58(2010), S. 326.

Ley, A. & Hinz-Wessels, A.(2012). Die Euthanasie-Anstalt Brandenburg an der Havel. Morde an Kranken und Behinderten im Nationalsozialismus, Schriftenreihe der Stif-tung Brandenburgische Gedenkstätten, Bd. 34, Berlin: Metropol Verlag.

Link, G.(1999). Eugenische Zwangssterilisationen und Schwangerschaftsabbrüche im Nationalsozialismus. Dargestellt am Beispiel der Universitätsfrauenklinik Freiburg. Frankfurt/M.: Peter Lang.

Loewy, H., Winter, B.(Hrsg.)(1996). NS-"Euthanasie" vor Gericht. Fritz Bauer und die Grenzen juristischer Bewältigung. Frankfurt/M.: Campus.

Longerich, P.(1989). Die braunen Bataillone. Geschichte der SA. München: Beck.

Maruhn, S.(2002). Staatsdiener im Unrechtsstaat: Die deutschen Standesbeamten und ihr Verband unter dem Nationalsozialismus. Frankfurt /M.: Verlag für Standesamts-wesen, 2002

Mathias, B.(1987). Die Entwicklung der Gaswagen beim Mord an den Juden. In: Vier-teljahrshefte für Zeitgeschichte. 35.

Matzek, T.(2002). Das Mordschloss. Auf der Spur von NS-Verbrechen in Schloss Hartheim. Wien: Kremayr & Scheriau.

Meyer, B.(2002). "Jüdische Mischlinge". Rassenpolitik und Verfolgungserfahrung 1933- 1945. 2. Auflage. Hamburg: Dölling und Galitz.

Merkel, C.(2007). "Tod den Idioten!" Eugenik und Euthanasie in juristischer Rezeption vom Kaiserreich zur Hitlerzeit. Berlin: Logos.

Mitscherlich, A./Mielke, F.(1978). Medizin ohne Menschlichkeit. , Frankfurt/M.: Fischer.

Mitscherlich, A./Mielke, F.(2004). Medizin ohne Menschlichkeit. Dokumente des Nürnberger Ärzteprozesses. 16. Auflage. Frankfurt/M. Fischer-Taschenbuch-Verlag.

Morlok, K.(1985). Wo bringt ihr uns hin? Geheime Reichssache Grafeneck. Stuttgart: Quell-Verlag.

Müller, C.(1997). Das Gewohnheitsverbrechergesetz vom 24. November 1933. Berlin: Ber-liner Wissenschafts-Verlag.

Müller, Y./Zilkenat, R.(2013). Bürgerkriegsarmee. Forschungen zur nationalsozialistischen Sturmabteilung (SA). Frankfurt am Main: Lang.

Mueller-Seidel, W.(1999). Alfred Erich Hoche-Lebensgeschichte im Spannungsfeld von Psychiatrie, Strafrecht und Literatur. Muenchen: Verlag der Bayerischen Akademie der Wissenschaften.

Musial, B.(2004). "Aktion Reinhardt". Der Völkermord an den Juden im Generalgouvernement 1941-1944. Osnabrück: Fibre Verlag.

Nedoschill, J.(2001). Kindereuthanasie im Nationalsozialismus: Die Kinderfachabteilung Ansbach in Mittelfranken. In: Zs. Praxis der Kinderpsychologie und Kinderpsychiat-rie. 50, S. 192-210.

Neuhauser, J.(1992). Hartheim-wohin unbekannt. Briefe & Dokumente. Publication P No 1-Bibliothek der Provinz. Weitra: Bibliothek der Provinz.

Nickolai, W./Brumlik, M.(2007). Erinnern, Lernern, Gedenken. Perspektiven der Gedenk stättenpädagogik, Freiburg im Breisgau: Lambertus-Verlag.

Pampel, B.(2007). "Mit eigenen Augen sehen, wozu der Mensch fähig ist." Zur Wirkung von Gedenkstätten auf ihre Besucher." Frankfurt am Main: Campus Verlag

Perz, B./Dürr, C./Lechner, R./Vorberg, R.(2008). Die Krematorien von Mauthausen. Katalog zur Ausstellung in der KZ-Gedenkstätte Mauthausen. Wien: Bundesministerium für Inneres.

Peters, U.-H.(2011). Nazipsychiatrie, Aufstieg und Fall. Koeln: ANA Publishers.

Rachbauer, M.(2009). Die Ermordung von psychisch und physisch kranken ausländischen ZivilarbeiterInnen im Rahmen der NS-"Euthanasie"-unter schwerpunktmäßiger Betrachtung des Gaues Oberdonau. Diplomarbeit an der Kultur-und Gesellschafts-wissenschaftlichen Fakultät der Universität Salzburg.

Reiter, R.(2007). Psychiatrie im Dritten Reich in Niedersachsen. Hannover: Tectum.

Rensmann, L./Schoeps, J.-H. (Hrsg.)(2008). Feindbild Judentum, Antisemitismus in Europa. Berlin: Verlag für Berlin-Brandenburg.

Richarz, B.(1987). Heilen, Pflegen, Töten. Zur Alltagsgeschichte einer Heil-und Pflegeanstalt bis zum Ende des Nationalsozialismus. Göttingen: Verlag für Medizinische Psychologie im Verlag Vandenhoeck & Ruprecht.

Rieß, V.(2004). Christian Wirth. In: Klaus-Michael Mallmann und Gerhard Paul (Hrsg.): Karrieren der Gewalt. Nationalsozialistische Täterbiographien. Darmstadt: Wissen-schaftliche Buchgesellschaft.

Riha, O.(2005). Die Freigabe der "Vernichtung lebensunwerten Lebens." Beiträge des Symposiums über Karl Binding und Alfred Hoche am 2. Dezember 2004 in Leipzig. Aachen: Shaker.

Roer, D./Henkel, D.(1983). Psychiatrie im Faschismus. Die Anstalt Hadamar 1933-1945 Bonn: Psychiatrie Verlag.

Rößner, F.(2012). Opfer staatlicher Gewalt-Gedenkstättenarbeit am Beispiel Grafeneck. In: Siegfried Frech, Frank Meier (Hrsg.): Unterrichtsthema Staat und Gewalt. Kate-goriale Zugänge und historische Beispiele. Schwalbach am Taunus: Wochenschau-Verlag.

Roth, K.-H.(1989). "Ich klage an"-Aus der Entstehungsgeschichte eines Propaganda-Films. In: Götz Aly (Hrsg.): Aktion T4. 1939-1945. Die "Euthanasie"-Zentrale in der Tiergartenstrasse 4(=Stätten der Geschichte Berlins 26). 2. erweiterte Auflage. Berlin: Hentrich.

Rückerl, A.(1977). Nationalsozialistische Vernichtungslager im Spiegel deutscher Strafpro-zesse. Belzec, Sobibor, Treblinka, Chelmno. München: Deutscher Taschenbuch Ver-lag.

Sachslehner, .(2018). Odilo Globocnik. Hitlers Manager des Todes. Wien: Molden

Verlag.

Sander, P.(2003). Verwaltung des Krankenmordes. Der Bezirksverband Nassau im Nationalsozialismus, Gießen: Psychosozial-Verlag.

Scheuing, H.-W.(2004). "…als Menschenleben gegen Sachwerte gewogen wurden." Die Anstalt Mosbach im Dritten Reich und die Euthanasie-Diskussion heute. 2. Aufl. Heidelberg: Universitätsverlag Winter.

Schilter, T.(1998). Psychiatrieverbrechen im Dritten Reich. Die Karriere Horst Schumanns. In: Internationale Zeitschrift für Geschichte und Ethik der Naturwissenschaften, Technik und Medizin. Heft 1.

Schilter, T.(1998b). Unmenschliches Ermessen. Die nationalsozialistische "Euthanasie"-Tötungsanstalt Pirna-Sonnenstein 1940/41. Leipzig: Gustav Kiepenheuer Verlag.

Schmidt, G.(2012). Selektion in der Heilanstalt 1939-1945. Neuausgabe mit ergänzenden Texten, herausgegeben von Frank Schneider. Berlin u. a.: Springer.

Schmitt, G.(1989). Burgenführer Schwäbische Alb, Bd. 2: Alb Mitte-Süd: Wandern und entdecken zwischen Ulm und Sigmaringen. Biberach an der Riß: Biberacher Ver-lagsdruckerei.

Schulze, D.(1999). "Euthanasie" in Bernburg. Die Landes-Heilund Pflegeanstalt Bernburg/Anhaltische Nervenklinik in der Zeit des Nationalsozialismus. Essen: Verlag Die Blaue Eule.

Schmuhl, H.-W.(1992). Rassenhygiene, Nationalsozialismus, Euthanasie. Von der Verhü-tung zur Vernichtung 'lebensunwerten Lebens' 1890-1945, 2. Auflage, Göttingen: V&R.

Schmuhl, H.-W.(1999). Philipp Bouhler. Ein Vorreiter des Massenmords. In: Ronald Smelser, Enrico Syring, Rainer Zitelmann (Hrsg.): Die braune Elite. Band 2: 21 weitere biographische Skizzen. 2. aktualisierte Auflage. Darmstadt: Wissenschaftliche Buchgesellschaft.

Schneider, F./Lutz, P.(2014). Erfasst, verfolgt, vernichtet. Kranke und behinderte Menschen im Nationalsozialismus. Heidelberg: Springer.

Schrapper, C./Sengling, D.(1988). Die Idee der Bildbarkeit. 100 Jahre sozialpädagogische Praxis in der Heilerziehungsanstalt Kalmenhof. München/Weinheim:

Juventa Verlag.

Schreiber, J.(2001). Schuld ohne Sühne. Die juristische Aufarbeitung der nationalsozialistischen "Euthanasie" in der Bundesrepublik Deutschland. In: Aktion Sühnezeichen(Hrsg.) Zeitschrift zeichen 01/2010, S. 17 /Dirk W. de Mildt (Hrsg.): Tatkomplex NS-Euthanasie. Die ostund westdeutschen Strafurteile seit 1945. Amsterdam

Schwanninger, F.(2011). Hartheim 1940-1944. In: Günter Morsch, Bertrand Perz (Hrsg.): Neue Studien zu nationalsozialistischen Massentötungen durch Giftgas. Berlin: Metropol Verlag.

Schwanninger, F./Zauner-Leitner, I.(2013). Lebensspuren. Biografische Skizzen von Opfern der NS-Tötungsanstalt Hartheim, Innsbruck u. a.: Studien Verlag.

Schwanninger, F.(2011). Hartheim 1940-1944. In: Günter Morsch, Bertrand Perz(Hrsg.): Neue Studien zu nationalsozialistischen Massentötungen durch Giftgas. Berlin: Metropol Verlag.

Seidler, F.-W.(1988). Fritz Todt. Baumeister des Dritten Reiches. Frankfurt am Main/Berlin: Ullstein.

Seipolt, H.(1995). Kann der Gnadentod gewährt werden: Zwangssterilisation und NS- "Euthanasie" in der Region Aachen, Aachen: Alano Herodot Verlag.

Siemen, H.-L.(1999). Psychiatrie im Nationalsozialismus. Oldenbourg: Wissenschaftsverlag.

Steglich, W./Kneuker, G.(1985). Begegnung mit der Euthanasie in Hadamar, Rehburg-Loccum: Psychiatrie-Verlag.

Stiglegger, M.(2009). Birthe Klementowski: Stille/Silence. Euthanasie in Hadamar 1941-1945. Berlin, Mainz.

Stöckle, T.(2012). Grafeneck 1940. Die Euthanasie-Verbrechen in Südwestdeutschland. 3. Aufl. Tübingen: Silberburg-Verlag.

Trautmann, M./Daldrup, C./Marliani-Eyll, V.(2012). Endlich hat einer den Mut zu spre- chen. Münster: dialog Verlag.

Tümmers, H.(2011). Justitia und die Krankenmorde: Der "Grafeneck-Prozess" in Tübingen. In: Stefanie Westermann, Richard Kühl, Tim Ohnhäuser (Hrsg.): NS-"Eutha-nasie" und Erinnerung: Vergangenheitsaufarbeitung-Gedenkformen-

Betroffenen per-spektiven(=Medizin und Nationalsozialismus, Bd. 3). Münster: LIT Verlag.

Vellguth, K.(2014). Aktion T4-Mord mit System. Das NS-Euthanasieprogramm und die Geschichte eines Opfers. Kevelaer: Lahn-Verlag.

Von der Dollen, I.(2000). Malerinnen des 20. Jahrhunderts. Bildkunst der "verschollenen Generation". Muenchen: Hirmer Verlag.

Von der Heydt, M.(2010). Auswanderung von "jüdischen Mischlingen". In: Susanne Heim, Beate Meyer, Francis R. Nicosia(Hrsg.): "Wer bleibt, opfert seine Jahre, viel-leicht sein Leben." Deutsche Juden 1938-1941. Göttingen: Wallstein.

Von Platen-Hallermund, A.(2005). Die Tötung Geisteskranker in Deutschland. Frank-furt/M.: Mabuse.

Vormbaum, T.(20050. "Euthanasie" vor Gericht. Die Anklageschrift des Generalstaatsanwalts beim OLG Frankfurt/M. gegen Dr. Werner Heyde u. a. vom 22. Mai 1962. Berlin: Berliner Wissenschafts-Verlag.

Weber, W.(2008). Von Silbertal nach Sobibor. Ueber Josef Vallaster und den National-sozialismus im Montafon. Feldkirch: Rheticus-Gesellschaft.

Weinke, A.(2006). Die Nürnberger Prozesse(=Beck'sche Reihe 2404 C. H. Beck Wissen). München: Beck.

Werner, M.(1998). Juden in Nürtingen in der Zeit des Nationalsozialismus. Nürtingen/Frickenhausen: Sindlinger-Burchartz.

Westermann, S., Kühl, R., Ohnhäuser, T.(2011). NS-"Euthanasie" und Erinnerung: Ver-gangenheitsaufarbeitung, Gedenkformen, Betroffenenperspektiven (=Medizin und Nationalsozialismus. Band 3). Münster: LIT Verlag.

Wildt, M.(2008). Geschichte des Nationalsozialismus. Göttingen: Vandenhoeck & Ruprecht.

Winter, M.-C.(2018). Gewalt und Erinnerung im ländlichen Raum. Die deutsche Bevöl-kerung und die Todesmärsche, Berlin: Metropol-Verlag.

Wulf, J.(1961). Das Dritte Reich und seine Vollstrecker. Berlin: Arani.

Zimmermann-Acklin, M.(2002). Euthanasie. Eine theologisch-ethische Untersuchung. 2. Auflage. Freiburg(Schweiz): Universitäts-Verlag; Freiburg(Breisgau)/Wien:

Herder.

【인터넷 사이트 자료】

http://www.s522790709.online.de/286.htm.

https://www.gedenkort-t4.eu/de/biografien/20-04-1919-18-09-1940-helene-kroetz-schorndo rf#biografie.

https://de.wikipedia.org/wiki/Anna_Lehnkering.

https://www.aerztezeitung.de/politik_gesellschaft/medizinethik/article/958020/grafeneck-aerz te-moerdern-wurden.html

http://s522790709.online.de/292.htm

https://bnn.de/lokales/karlsruhe/grafeneck-1940-krankenmord-in-suedwestdeutschland

http://s522790709.online.de/265.htm

http://www.gedenkstaette-hadamar.de/webcom/show_article.php/_c-1152/i.html

http://lucifer-pictures.com/ns-toetungsanstalt-hadamar/

https://www.gedenkort-t4.eu/de/wissen/aktion-t4

https://www.ns-euthanasie.de/index.php/judith-th

http://www.gedenkstaette-hadamar.de/webcom/show_article.php/_c-1168/_nr-4/i.html

http://www.gedenkstaette-hadamar.de/webcom/show_article.php/_c-1152/i.html

https://www.ns-euthanasie.de/index.php/emiie-rau

https://www.deutschlandfunk.de/totgeschwiegene-euthanasie-opfer-er-kam-in-meiner-fami lie.862.de.html?dram:article_id=430325

http://www.gedenkstaette-hadamar.de/webcom/show_article.php/_c-691/_lkm-640/i.html

https://www.t4-denkmal.de/Grigorij-Schamrizkij

https://ns-opfer-nt.jimdo.com/warum/ermordet-anna-frank/

http://www.gedenkstaette-hadamar.de/webcom/show_article.php/_c-1169/_nr-3/i.html

https://www.gedenkort-t4.eu/de/biografien/09-07-1891-21-02-1941-emilie-rau-alsfeld#biografie

https://www.lwv-hessen.de/geschichte-gegenwart/psychiatrie-in-der-ns-zeit.html

http://www.gedenkstaette-hadamar.de/webcom/show_article.php/_c-619/_lkm-1361/i.html
http://schloss-hartheim.at/index.php/de/historischer-ort/toetungsanstalt-hartheim-1940-1944
https://www.kz-gedenkstaette-dachau.de/weg_des_erinnerns.html
https://www.porta-polonica.de/de/atlas-der-erinnerungsorte/hermann-scheipers
https://sites.google.com/site/euthanasiestiftung/widerstand-gegen-die-euthanasie—aktionen/widerstand-in-oesterreich
https://www.t4-denkmal.de/eng/Georg-Renno
https://pflege-professionell.at/schloss-hartheim-historische-und-aktuelle-perspektiven
https://www.facebook.com/notes/gelsenzentrum-ev/franz-sitter-war-der-einzige-pfleger-der-den-dienst-in-der-t%C3%B6tungsanstalt-harthe/1520362644657895/
https://www.pflege-wissenschaft.info/datenbanken/who-was-who-in-nursing-history/liste-aller-eintraege/104-datenbanken/who-was-who-in-nursing-history/11822-sitter-franz
http://www.tenhumbergreinhard.de/themenuebersicht/personal-toetungsanstalt-hartheim.html
http://www.antifa-info.at/archiv/HARTHEIM.PDF
https://www.museum.de/museen/lern-und-gedenkort-schloss-hartheim
http://www.wikiwand.com/de/T%C3%B6tungsanstalt_Hartheim
https://www.t4-denkmal.de/biografies/view/21
http://www.schloss-hartheim.at/
https://www.traunsteiner-tagblatt.de/das-traunsteiner-tagblatt/chiemgau-blaetter/chiemgau-blaetter-2019_ausgabe,-gedenkstaette-schloss-hartheim-_chid,249.html
https://www.ns-euthanasie.de/index.php/gedenkstaette-schloss-hartheim
https://www.gedenkort-t4.eu/de/historische-orte/bokdb-t4-toetungsanstalt-pirna-sonnenste in-gedenkstaette-pirna-sonnenstein#schnellueberblick
http://2017.denktag.de/2014corvinianer/pirna-sonnenstein/
https://www.aktion-zivilcourage.de/Pirna__NS_Gedenkstaette_Pirna-Sonnenstein.479d4277/
https://www.aerzteblatt.de/archiv/64055/Zeitgeschichte-Dresdener-Euthanasie-Prozess
https://www.stsg.de/cms/herzlich-willkommen/pirna/startseite
http://mbn.mk.co.kr/pages/news/newsView.php?category=mbn00008&news_seq_no=3528403

http://www.seoul.co.kr/news/newsView.php?id=20190305500166&wlog_tag3=daum

http://medipana.com/news/news_viewer.asp?NewsNum=232832&MainKind=A&NewsKind=5&vCount=12&vKind=1

http://www.jjn.co.kr/news/articleView.html?idxno=772839

http://www.newspim.com/news/view/20190507000033

https://news.v.daum.net/v/20190518120632835?f=o

찾아보기

저자소개

김기흥 金起興

동아대학교 문과대학 독어독문학 전공
독일 쾰른대학교(Universitaet zu Koeln) 특수교육과 졸업(학사)
독일 쾰른대학교(Universitaet zu Koeln) 특수교육대학원 졸업(석사)
독일 쾰른대학교(Universitaet zu Koeln) 특수교육대학원 졸업(박사)
인제대학교 사회복지대학원 졸업(석사)
가야대학교 초등특수교육과 교수(2002~2005)
현 부산교육대학교 유아교육과 교수(2006~현재)

〈주요논문 및 저서〉

- 장애인에 대한 사회적 태도. 지체장애인에 대한 한국과 독일대학생의 태도연구(역서, 2003, 홍익재)
- 지체부자유학교의 직업교육실태 및 개선방안(2004)
- 우리나라의 장애인차별금지 및 권리구제 등에 관한 법률안과 독일의 장애인평등법의 비교 연구(2005)
- 독일의 건강장애학생을 위한 환아 학교의 교육 및 수업운영체제에 관한 연구(2005)
- 장애아(인)에 대한 대학생들의 태도에 관한 연구: 부산 · 경남지역 소재 대학교를 중심으로(2006)
- 우리나라와 독일의 건강장애학생을 위한 병원학교의 운영체제에 관한 비교 연구(2007)
- 특수학교에 재학 중인 장애아동 부모의 통합교육에 관한 인식(2009)
- 특수학급에 재학 중인 장애아 부모들의 통합교육에 대한 인식(2010)
- 한 · 일 다문화 가정 장애자녀의 양육 및 교육에 대한 일본인 어머니들의 인식 및 지원 요구(2012)
- Schulische Inklusion von Schuelern mit Behinderung im Primarbereich der Bundesrepublik Deutschland im Vergleich zu Suedkorea(2013)
- 특수학교에 재직 중인 특수교사들이 바라본 일반학교에서의 통합교육과 특수학교 교육에 대한 인식(2014)
- 독일 정신지체인의 부모 자조모임 '레벤스힐페'의 역사적 발전사 소고(저서, 2014, 집문당)
- 특수학교에 재직 중인 특수교사들의 통합교육에 관한 인식(2016)
- 독일의 특수학교 교사들의 통합교육에 대한 인식-뒤셀도르프, 쾰른 및 부퍼탈 지역을 중심으로(2017)
- 히틀러와 장애인: 독일 제3제국 시대의 주요 정치 이념과 사회 정책 비판(저서, 2018, 집문당)